大道兵法

——老子与中国军事文化

DADAO BINGFA

LAOZI YU ZHONGGUO JUNSHI WENHUA

廖勇传思 著

四川大学出版社

责任编辑：谢正强
责任校对：童际鹏
封面设计：墨创文化
责任印制：王　炜

图书在版编目（CIP）数据

大道兵法：老子与中国军事文化 / 廖勇传思著.
—成都：四川大学出版社，2016.4（2023.9 重印）
ISBN 978-7-5614-9404-2

Ⅰ.①大… Ⅱ.①廖… Ⅲ.①老子－哲学思想－影响
－军事－文化研究－中国　Ⅳ.①B223.1②E291

中国版本图书馆 CIP 数据核字（2016）第 083315 号

书　名	大道兵法	
	——老子与中国军事文化	
著　　者	廖勇传思	
出　　版	四川大学出版社	
地　　址	成都市一环路南一段 24 号（610065）	
发　　行	四川大学出版社	
书　　号	ISBN 978-7-5614-9404-2	
印　　刷	永清县晔盛亚胶印有限公司	
成品尺寸	170 mm×240 mm	
印　　张	15.25	
字　　数	294 千字	
版　　次	2016 年 6 月第 1 版	
印　　次	2023 年 9 月第 2 次印刷	
定　　价	49.00 元	

◆读者邮购本书，请与本社发行科联系。
　电话:(028)85408408/(028)85401670/
　(028)85408023　邮政编码:610065
◆本社图书如有印装质量问题，请
　寄回出版社调换。
◆网址:http://press.scu.edu.cn

谨以此书献给
中国人民抗日战争胜利七十一周年
和我亲爱的母亲！

前　言

癸卯仲夏，忽接出版社电话告知拙著《大道兵法——老子与中国军事文化》（2016 版），因其价值和社会所需，要再版，甚欣然。其时，已持续一年半的乌克兰战火仍硝烟弥漫，国际局势实在牵一而发动全身，渴望和平的人类又一次来到命运的十字路口。当然，虽危，但化危而有机，也是可期的。

在面对自然、面对社会、面对自己这样一些根本性的问题上，古今中外人们的思维实际上是一样的，由此展现出来的智慧之美穿越了时空。所以，老子的哲学思维及其运用于消弥战乱而彰显出来的战争观、战略观、战术观、治军论和军事辩证法，不仅成为亘古烁今的用兵之道，而且从社会治理、文化润世的维度亦蕴藏着无穷的能量！

习近平总书记 2023 年 6 月 2 日在北京出席文化传承发展座谈会时，概括中华文明具有突出的连续性、突出的创新性、突出的统一性、突出的包容性和突出的和平性五大特性。老子富于辩证的和平思维与主张，应该是中华文明和平性的重要来源。在传承中华民族优秀文明、建设中华民族现代文明的今天，我们诵读老子，重温经典，在百年未有之大变局中心境想必会更加豁然开朗！

廖勇传思

2023 年 10 月 19 日

序一

老子是中国先秦时期哲学思想和文化的一座高峰。

自夏商周而来的中央王朝，在公元前770年周平王迁都洛邑后，政治和社会发展格局出现重大转变：此前高高在上的王权日益衰落，而拥兵自重的诸侯列国相互攻伐，在兼并战争中上演了一幕幕争雄称霸的悲喜剧。面对动荡不安与血雨腥风的春秋乱世，胸怀抱负、学有所成诸子百家们，竞相著书立说，议论时事，发表自己的政治主张，对如何结束动乱、救治社会、使天下复归祥和安康提出种种方略。

就是在这样的社会大背景下，老子以"道"作为整个世界的本源，构筑了由"道"而天地万物乃至人类社会的生成体系与生态秩序，提出应遵从"道"的法则，少私寡欲，主张持虚守静，无为而治，号召返璞归真，在无为自然中最终达到"无为而无不为"的理想境界。

治世管理，拯救天下，是老子政治哲学的核心；消弭战乱，实现和谐，是老子大道思想的关键。"国之大事，在祀与戎。"对未来社会依旧抱有希望的老子，在其系统而精粹的道治理论体系中，不可避免地谈到了用兵。"兵者，不祥之器，非君子之器。不得已而用之，恬淡为上，胜而不美。"第三十一章的这段话清楚地表达了老子的战争观。在他看来，战争是不吉利的，要慎重对待，淡然处之；不应好战，但也不能逃避战争，在"不得已"的情况下用兵是可以的，而且是必需的；打仗就要求胜，但胜则胜矣，不要刻意地去溢美它。寥寥数语，却已饱含深刻的启示和严密的内在逻辑，鲜明地昭示出老子对战争与军事独到而深刻的见解。

其实，在五千余言的《老子》一书中，仅直接论兵就有十余章，它们涉及战争观、战略观、战术观、治军论，以及军事辩证法等。对于做过周朝史官、谙熟历史而又目睹当时无数战争杀戮的老子来说，他有自己关于用兵打仗的基本态度和理念，是十分自然的；他在阐述通过道治而恢复质朴纯真社会模式的时候，论及军事的方方面面也是顺理成章的。因为，他既不是生活在真空世界，也不是一个空想主义者。老子很清楚，要想为圣人提供一整套行之有效的治国术，回避现实生活中客观存在的战争问题是根本不可能的；而且，如果真想实现"以道佐人主"，就必须冷静地直面现实，理智地找到结束战争的正确方式与路径。所以，他不遗余力地谈论军事，探讨"不得已"而用兵的求胜之道。当然，老子论兵是基于他的治国之道，用兵的思想与法则归属于他"道"的哲学范畴和政治思想体系，而这反过来又使《老子》哲理喻兵成为普遍的范式。

老子哲学中的军事思想，是中国古代军事文化的瑰宝。历代兵家、政治家在论及用兵与治国的时候，在指挥千军万马驰骋疆场的时候，领会引用《老子》者，可谓比比皆是。可以毫不夸张地说，老子思想是源远流长的中国兵法之重要组成部分，它甚至在相当程度上影响到今天我国的国防与外交战略思维。廖勇传思积二十余年研究心得而写成的这本《大道兵法》，对老子的军事思想条分缕析，就老子思想与中国军事文化的有机融合探幽索微，既开拓了人们认识和理解《老子》的新视野，也丰富了中国军事文化研究的新领域，更重要的是它从文化传承的角度让世人可以感知国富兵强后中国军事未来的真正走势，从而有助于理解这个拥有数千年灿烂文明国家的崛起何以对其他国家而言的确不是威胁！

陈少峰

2016 年 3 月 26 日

注：陈少峰，北京大学哲学系教授、博士生导师。

序二

中华文化历史悠久，内容丰富，传承不绝，影响深远，为世界文明做出了重大贡献。其中，道家的重要经典《老子道德经》以"五千之文"，弘扬"大道"，推阐"无为"，"玄之又玄"，建"众妙之门"，建构了一套涵盖天、地、人并具有中国文化特色的"形而上学"思想体系，对两千多年的中国哲学、宗教、伦理、艺术、民俗，乃至政治、军事、经济等方面产生了十分深刻和久远的影响。近代以来，西学东渐，中西交流，作为中国文化代表经典的《道德经》又先后被译为英、法、德、俄、西班牙、葡萄牙等多个国家文字传播至海外，成为世界文明史上仅次于基督教《圣经》的外译语种最多的文化经典，为中华文明的海外传播做出了重要贡献。

最早对《老子》五千文做出客观学术评价的是晚周《庄子·天下篇》，认为《老子》"建之以常无有，主之以太一"。秦汉以后，代有学人注疏诠解，掘发宗旨，宏阐道论，蔚为大观。其代表者有汉代《老子河上公章句》，提出"内以治身，外以治国"的黄老思想，并首次将《老子》上下篇划分为八十一章；西汉严君平撰《老子指归》，以韵文形式阐释老子哲理，对汉以后的道家哲学思想产生了深远影响；汉末张道陵作《老子想尔注》，将老子神化为"太上老君"，奠定了早期道教的教义基础；魏晋时期王弼通过注解《老子》，主张"本无"玄学，实现了中国哲学由宇宙论向本体论的思想转向；唐代前期，成玄英、李荣援佛入道，撰成《老子注》，完成了道教重玄学的理论建构。自古至今，注疏诠解《老子道德经》的各类著作多达千种以上，或以"道"解老，或以"儒"解老，或以"佛"解老，或以"养生"解老，或以"南面之术"解老，学人如云，著述如林，取得了众多的学术成就。

其中，以"兵法"解老，主张《老子道德经》是一部"兵书"，从军事学的视角对老子思想做出深度解读和理论阐述，形成《老子》研究史上"持之有故，言之成理"的一家之言。现今所见，在早有《隋书·经籍志》"兵家类"列有《老子兵书》一卷，可谓老学言兵之滥觞。后来较著者为唐代汉州刺史王真所撰《道德经论兵要义述》二卷（后析为四卷），其《序言》谓"深衷微旨，未尝有一章不属意于兵也"，乃"以兵战之要"，采撷玄微，撰成是篇，历来视为老学论兵的代表著作。至明清代际，王夫之归纳众言，在《老子衍》中提出《道德经》是"言兵者之祖"。迄至近代，哲学界之军事哲学研究者，多有论文探讨《老子道德经》的军事辩证法思想。可见在诸家解老之中，"以兵解老"已形成一门独具特色的重要传统学问。

余多年浸淫于道家之学，于老学文献的梳理与道家思想的思考略有所得，但对"兵家"之学实未入门。廖勇教授早年为吾同窗之友，曾受学于史学名家赵吕甫先生门下，勤学苦研，得其真传。今在大学教研之余，覃思探赜，独辟蹊径，立足于国家文化发展战略的高度，对道家经典《老子道德经》的军事思想与中国古代的兵家之学进行了客观全面的探讨与研究。该书不但在《老子道德经》的"大道"哲学方面思考深入，而且在"以奇用兵"的战术观、"以柔克刚"的战略观、"兵者不祥之器"的战争观方面论述甚详，尤其对老子的军事辩证法思想颇有新见。廖勇教授书成，嘱余为序，古人云，"学有所长，术有专攻"，于学实未允当；但既为同窗多年，又有互学共进之夙愿，故不揣浅陋，为撰数言，共勉如上。是为序。

华侨大学哲学学院
黄海德
2016 年 4 月 11 日

注：黄海德，华侨大学哲学学院教授、博士生导师，宗教文化研究所主任。

目　录

一、关于中国国防战略的文化思考

1. 新狮子论

2014 年 3 月 27 日，浪漫花都巴黎，春光明媚，全球瞩目，在法国总统奥朗德主持下，中法建交 50 周年纪念大会隆重举行。

带着郁金香高雅、富贵、热烈的芳香，从丝绸之路欧洲集散中心里昂一路走来，中国国家主席习近平纵古论今，娓娓而谈。他在演讲中指出：当前，中国人民正在为实现中华民族伟大复兴的中国梦而奋斗，中国梦是追求和平的梦。历史将证明，实现中国梦给世界带来的是机遇不是威胁，是和平不是动荡，是进步不是倒退。拿破仑说过，中国是一头沉睡的狮子，当这头睡狮醒来时，世界都会为之发抖。中国这头狮子已经醒了，但这是一只和平的、可亲的、文明的狮子。①

习近平主席这一深得中外媒体和国际观察家们广泛赞誉的"新狮子论"，生动而形象地告诉世界：中华民族是一个酷爱和平的、温柔敦厚的民族，中国是一个富有深厚历史文化底蕴的文明礼仪之邦，中国的外交原则是和平共处与人为善，今天日新月异的中国走的是和平发展道路，中国的发展促进世界和平，中国的繁荣温暖世界经济，中国的文明绽放世界的精彩，这是中国梦的世界价值彰显。

作为"新狮子论"的暖场起兴与深刻引申，习近平主席在访问欧洲的许多场合都表达了类似的观点。他在荷兰《新鹿特丹商业报》发表署名文章说：我这次访欧是为和平而来。中国有句古话："天时不如地利，地利不如人和。"当前世界需要发展，发展需要和平。② 他在联合国教科文组织总部演讲时引用总部大楼前石碑上的名言："战争起源于人之思想，故务需于人之思想中筑起保卫和平之屏障"，并强调只要世界人民在心灵中坚定了和平理念、扬起了和平

---

① 2014 年 3 月 28 日，人民网（据新华社）。
② 2014 年 3 月 25 日，新华网。

风帆，就能形成防止和反对战争的强大力量。① 他在德国科尔伯基金会演讲时驳斥把中国描绘成可怕的"墨菲斯托"的论调，称历史上中国曾经长期是世界上最强大的国家之一，但没有留下殖民和侵略他国的记录，相反，"以和为贵""和而不同""化干戈为玉帛""国泰民安""睦邻友好""天下太平""天下大同"等理念代代相传。② 几十年来，中国始终坚持独立自主的和平外交政策。当然，中国将坚定不移维护自己的主权、安全、发展利益，任何国家都不要指望我们会吞下损害中国主权、安全、发展利益的苦果。

"新狮子论"是对中国和平发展战略思维的高度概括与形象表述，它既含蓄地批判了国际社会甚嚣尘上的"中国威胁论"，也告诉了世界中国的底线。这头东方睡狮已经从昏睡中醒来，不过它是和平、可亲、文明的，并不具有征服性；但既然是狮子，而且是醒来的狮子，当然就不会容忍任何人对它的肆意挑衅和侵犯。正如《澳门日报》社论所言，"醒狮论"柔中带刚，凸显东方人的智慧，具有双重现实意义。

2. 防御性战略

在中国的国防思维与实践中，我们长期以来一直奉行着防御性的战略。2015 年中国国防白皮书《中国军事战略》开篇即写道："中国将始终不渝走和平发展道路，奉行独立自主的和平外交政策和防御性国防政策，反对各种形式的霸权主义和强权政治，永远不称霸，永远不搞军事扩张。中国军队始终是维护世界和平的坚定力量。"这是我国政府就外交和国防战略向世界做出的庄严宣告与承诺，也是对改革开放后日渐强大、和平崛起的中国如何与世界打交道的深刻阐释。大致相同的说法，我们还可以从国家领导人的讲话中，从外交部与国防部新闻发言人的答记者问中，从权威的新闻媒体报道中经常看到。

防御性国防战略的核心是：军事考虑的一切出发点是保家卫国，是对国家主权、安全和利益的坚决捍卫，是对和平始终不渝的坚守。按照更规范、更准确的军事术语讲，中国今天奉行的国防战略是积极防御性战略。为了防患于未然，我们必须积极做好军事准备，必须具备随时随地能够击败一切来犯之敌的动员、组织和打击能力，但根本点是防御。

积极防御战略是由开国领袖毛泽东提出并给予系统阐述的。在 1935 年 12 月召开的瓦窑堡会议上，他明确指出："反对单纯防御，执行积极防御。反对

---

① 2014 年 3 月 27 日，新华网。
② 2014 年 3 月 28 日，新华网。

先发制人，执行后发制人。"① 1939 年 9 月，在接受中央社、《扫荡报》和《新民报》记者采访时，毛泽东又铿锵激昂地说："人不犯我，我不犯人；人若犯我，我必犯人。"1940 年 3 月，毛泽东在延安高级干部会议上做《目前抗日统一战线中的策略问题》报告，进一步提出了后发制人的"自卫原则"、斗则必胜的"胜利原则"和适可而止的"休战原则"，并将其概括为"有理、有利、有节"。1955 年 4 月，毛泽东在中共中央书记处会议上讲：中国的战略方针是积极防御，绝不是先发制人，而是后发制人。

毛泽东充满辩证法的睿智见解，成为从战争年代到和平时期对敌斗争与国防战略思想的灵魂。对于一个拥有和平传统的民族来说，主动地率先向别人发起攻击是不可想象的；与此同时，我们也绝不允许别人进犯自己的利益。这实质上是同一条行为准则的两个方面，它们都指向一个共同的目标：止战与和平！前者是从约束自我的欲望与行为出发，倡导安分守己不要伤害他人的利益，而后者是从阻止敌对者的欲望与行为着眼，主张以防卫出击的方式维护自身的正当权益。如果这两者都能得到很好的贯彻执行，那么，一个彼此相安无事、和谐共生的美好世界，是可以期待的。

在新中国的历史上，无论是 20 世纪五六十年代为了应付西方国家封锁下急剧恶化的安全环境而提出准备早打、大打、打核战争，还是 20 世纪 80 年代中期转向着重对付可能发生的局部战争和军事冲突，再到 21 世纪把军事斗争准备的基点放在打赢现代技术特别是高技术条件下的局部战争，以防御、自卫和后发制人原则为核心的积极防御战略，从来都是我国制订和实施国防方针政策的关键。既不会主动惹事，也不会临事示弱，国家的主权、安全和利益一旦遭到侵犯，将毫不犹豫地进行正义的自卫战争，坚决消灭一切来犯之敌，这是我国一贯秉持的基本态度。综观新中国成立以来为数不多的几次战争，如 1962 年的中印边界自卫反击战、1969 年的珍宝岛保卫战、1979 年的对越自卫反击战等，都是御敌自卫性的，即便是 1950 至 1953 年的抗美援朝战争，也是在以美国为首的"联合国军"将战火烧到鸭绿江边、对中国东北边防构成直接威胁的情况下爆发的。

"我们的战略始终是防御，二十年后也是战略防御……就是将来现代化了，也还是战略防御。"② 改革开放的总设计师邓小平在 1978 年讲的这番话，充分说明了中国防御型国防战略的长期性和根本性。

---

① 《毛泽东军事文集》第 1 卷，第 416 页，军事科学出版社、中央文献出版社 1993 年版。

② 《邓小平关于新时期军队建设论述选编》，八一出版社 1993 年版。

3. 文化导航国防

中国政府发布的《国防白皮书》为什么要对防御性战略做如此旗帜鲜明的表白？习近平主席的"新狮子论"又是出自怎样的语境？它们仅仅是为了平息西方人散布的"中国威胁论"？或者安慰那些越来越惶惶不安而对中国充满警惕的周边近邻？中国做出这样的宣告和承诺，是走台作秀？是权宜之计？还是由来已久的文化使然？

如果回眸历史，我们可以惊奇地发现，防御和反击，几乎在中国所有朝代的军事与国防中都是关键词。长城的修建，从周朝一直持续到明朝。在长达2000多年的漫长岁月里，一代代的统治者们调集无数能工巧匠，耗费巨额人力、物力和财力修成的这个浩大工程，本身就是中国穿越时空的国家防御战略的典型象征。毫无疑问，作为文化的符号，长城的修建是南方的农业民族抵御北方游牧民族智慧的结晶，它是被动的，但也是主动的，它反映了世世代代中国人渴望隔绝杀戮、消弭战争的美好愿景。"先王之道，以和为贵，贵和重，而人不尚战也。"唐朝李筌在《神机制敌太白阴经·贵和篇》中写下的这句名言，是对中华民族喜爱和平之民族禀赋与气质的精准概述；而日本历史学家浅野先生通过深入研究中国的军事历史之后，在他的《军事思想入门》著作中则总结出中国军事思想的两个特点：一是以非战主义为原则；二是力争把战争控制在局部并在短时间内结束，"中国的兵学价值是以政略性和道义性为主要内容的"，中国兵家的得意之处在于外交和谋略，"其着眼点是极力避免诉诸武力"，真是一语中的。

文化是一个民族的存亡之本，是一个国家凝聚与发展的强大动力。李克强总理在英国皇家国际事务研究所和国际战略研究所演讲时说：中国人没有扩张的基因，也不能理解和接受"国强必霸"的逻辑。要想完全读懂中国的国防白皮书，弄清中国的和平外交理念与防御性国防战略思维的来龙去脉，要想真正明白中国这样一个东方大国的崛起对世界为什么不是威胁而是机会，要想比较准确地判定她未来的走势，只有回到文化，回到中国文化本身的逻辑。

"兵者，不祥之器，非君子之器，不得已而用之，恬淡为上，胜而不美。"① 老子，这位道家鼻祖，以东方圣哲的博大情怀，在论及由大道而万物、由天地自然而人类社会治理的洋洋大观中，对用兵打仗、对军事举措的方方面

---

① 《老子》第三十一章（帛书甲本、乙本）。本书所引老子语，采楼宇烈《老子道德经注校释》（王弼注），中华书局2008年版。同时，相似内容见于马王堆汉墓帛书本和湖北荆门郭店楚简本的，则于括号内标注。

面，竟有如此深邃的灼见！鲁迅先生曾讲："中国根柢全在道教，此说近颇广行。以此读史，有多种问题可以迎刃而解。"① 笔者在细细研读了老子以及由他而来的道家论兵的种种玄机妙语之后，忽然对鲁迅先生之言、对源远流长的中国兵学文化、对今日中国之和平外交与防御性国防战略思维，甚至对我们这个民族性格气质的认识，顿时有一种豁然开朗、醍醐灌顶之感。

于是，在强烈的激情驱动和长期的理性思考下，这本《大道兵法——老子与中国军事文化》应运而成。我一直认同心理学家们的研究成果：思维决定行为！有什么样的思维方式，就会有什么样的行为方式。老子留给我们的是一整套关于"道"和世间万物的生成体系与生态秩序以及人类如何去应对、怎样在"两不相伤"中和谐共生的生存智慧。尽管本书梳理的是用兵之道，但期望它能够展现老子和道家在中国军事史、文化史上镌刻下的那些熠熠生辉的精彩华章。

---

① 鲁迅 1918 年 8 月 20 日《致许寿裳》。

二、解构老子道的哲学范式

范式是一种概念结构，是看待世界的一种方法。自美国著名科学哲学家托马斯·库恩（Thomas Kuhn）于 20 世纪 60 年代在《科学革命的结构》中提出"范式"一词以来，它作为观察、分析、研究和解决问题的"一种公认的模型或模式"，广泛应用于各个学科领域。老子在两千多年前用高度凝练的语言构筑了其以"道"为中心的严密哲学体系，用来阐释万物的生成体系与生态秩序，期求为统治者提供一整套拯救危难于乱世、"无为而无不为"的治世理念与方法。剖析大道的哲学范式，把握老子思想的内在逻辑，对于理解传承悠久、影响深远的道家兵法和中国军事文化，至为关键。

1. 道的本真意义

无论是今天广为流传的王弼本，还是湖南长沙马王堆汉墓出土的帛书甲、乙本，或者湖北荆门郭店出土的楚简本，"道"都是老子思想的核心和灵魂。

何谓"道"？在不同的场合，老子所讲的"道"有其特定的内涵。如"道可道，非常道"①，这是在讲不同于普通的、作为世界本源的道，它具有无形无象、惟恍惟惚、不可具体名状的特点；"天之道，利而不害；圣人之道，为而不争"②，此处之"道"意为法则；"治人事天莫若啬……是谓深根固柢，长生久视之道"③，这里的"道"又是指规律或者途径；还有其他意义上的"道"，等等。

在关于"道"的各种含义中，什么是老子最本真意义上的"道"呢？"有物混成，先天地生，寂兮寥兮，独立不改，周行而不殆，可以为天下母。吾不知其名，字之曰道，强为之名曰大。"④ 这个先于天地而存在、又生成了万物的大道，在老子看来就是世界的本源。它"视之不见""听之不闻""搏之不

---

① 《老子》第一章（帛书甲、乙本）。
② 《老子》第八十一章（帛书甲本、乙本）。
③ 《老子》第五十九章（帛书甲本、乙本）。
④ 《老子》第二十五章（帛书甲本、乙本，楚简本）。

得"，可以说是无状无象，无声无响，不能一般地通过耳朵、眼睛和身体器官去感知。从最远古的洪荒时代起，它就孤独而寂寞地存在着，并按照自身的运行法则周而复始地、永无停顿地运转着。这个无法具体言说、也不能准确命名的"道"，是世间万物的基本构成因子，它既大得无边无际，又小得微乎其微。"道常无名，朴虽小，天下莫能臣也。"① 道与天下万物的关系，就好像河流溪谷与大江大海的关系一样，江海虽广大，却是由无数涓涓细流汇聚而成，微小而无处不在、实际上也就无比广大的道，构成了普天下的万物。

从"道"的本真意义出发，老子勾勒出从宇宙自然到人类社会的生成与运行概貌，并最终落脚到人们必须依"道"而行，遵"道"而动。所谓"天下有道，却走马以粪；天下无道，戎马生于郊"②。作为统治者的侯王，如果能守"道"而行，就可以达到"万物将自宾""万物将自化""天下将自定"③；而在有"道"君王统领下的普通百姓，如果也都遵行"道"的法则，那么就可以达到"甘其食，美其服，安其居，乐其俗"，普天下虽"邻国相望，鸡犬之声相闻"，彼此间却形成一种"民至老死不相往来"、当然也就无纷争无战乱的祥和共生状态④。

老子以"道"统驭万物，倡导遵行"道"的法则来治理天下，渴望战火纷飞的社会能够回复到和谐安宁的本真世界。作为"众妙之门"的"道"，是他至上的哲学和治世理念，充满了无穷智慧。

2. 道的生成体系

老子认为，"道"生成了万物，并统驭一切。那么，"道"是如何生成万物的？万物之间又是一种怎样的相互关系呢？他对此进行了深刻而精辟的剖析。

首先，老子说："道生一，一生二，二生三，三生万物。"⑤ 从古至今，无数中外学者绞尽脑汁想弄清"道"和"一""二""三"的内涵，对这个问题我们在此不必做进一步的探讨，但我们必须明白老子讲这几句话的逻辑意图。从惚兮恍兮、幽兮冥兮的大道到可触及感知的、具象性的世间万物，在老子看来，它们有一个逐级生成的过程，这个生成体系的完成，便构成了宇宙世界完整而严密的生态秩序，而由每一个人有机组成的社会乃至国家，是包含在这个生态秩序中的。就像他自己所说："故道大，天大，地大，王亦大。域中有四

---

① 《老子》第三十二章（帛书甲本、乙本，楚简本）。
② 《老子》第四十六章（帛书甲本、乙本，楚简本）。
③ 《老子》第三十二章、第三十七章（帛书甲本、乙本）。
④ 《老子》第八十章（帛书甲本、乙本）。
⑤ 《老子》第四十二章（帛书甲本、乙本）。

大，而王居其一焉。"①作为君王，代表的是人类，他是大众之首，与道、天、地共称为"四大"。

老子为什么要揭示这个由道而来的生成体系与生态秩序呢？他当然是想告诉人们这世界是怎样来的，但不仅仅如此！老子真正的目的在于让世人懂得这个宇宙的生成体系与生态秩序后，能够自觉地去遵守和践行这个体系与秩序，所以便有了他那句著名的"人法地，地法天，天法道，道法自然"的格言。其实，对体系与秩序的看重和强调，本来就是老子思想的一个重要诉求，只不过这个体系与秩序是由大道而来的体系和秩序。比如，王弼本第五十一章和帛书甲本、乙本二十一都谈道："道生之，德畜之，物形之，势成之。"第五十二章和帛书甲本、乙本二十三又有："天下有始，以为天下母。既得其母，以知其子；既知其子，复守其母。"这些实质上都是在强调对由大道而来的生成体系与生态秩序的敬重和遵守。

"大道废，有仁义"，"故失道而后德，失德而后仁，失仁而后义，失义而后礼"②。在老子的眼里，通过德、仁、义、礼约束与规范的世界，是在大道的生成体系与生态秩序遭到破坏后充满乱象的世界，或者说是沦丧的混乱世界。道的理论宗旨与践行目标，就是要消除这些混乱和纷争，让世界重归清静、纯真的道源仙境。

其次，大道生成万物之后，万物彼此间又是一种什么样的关系呢？老子是这样阐述的："故有无相生，难易相成，长短相较，高下相倾，音声相和，前后相随。"③有无、难易、长短、高下、音声、前后等，它们既对立又统一，互为存在的前提，相互依存而生。现代人通常说老子具有朴素的辩证法思想，就是从这里来的。无论自然界还是人类社会，这种辩证的依存关系，在本质意义上体现出来的是一种客观而广泛存在的生态法则。这种生态法则指向一个目标，那就是平衡与和谐！在老子的眼里，平衡与和谐有一个专用词叫"和"。所以，他肯定地讲："知和曰常，知常曰明。"④

不仅万物彼此之间存在着这种对立而相互依存的生态关系，万物自身也是由对立的双方组成的一个有机统一体，也追求平衡与和谐的状态，老子的原话是"万物负阴而抱阳，冲气以为和"⑤。如果形成了此和谐之势，当然就会相

---

① 《老子》第二十五章（帛书甲本、乙本，楚简本）。
② 《老子》第十八、三十八章。
③ 《老子》第二章（帛书甲本、乙本，楚简本）。
④ 《老子》第五十五章（帛书甲本、乙本，楚简本）。
⑤ 《老子》第四十二章（帛书甲本、乙本）。

互间有利而不是有害，这便叫"天之道，利而不害"①。只有深刻地懂得和严格地遵循万物以及万物相互间的这种生态法则，才符合"道"的范式；否则，凭自己的主观意气用事，以有为之心来支配驱使自己的行动，就会灾祸丛生，妖邪迭出，"不道"的行为一定带来不祥的结果，"益生曰祥，心使气曰强。物壮则老，谓之不道，不道早已"②。

从根本上而言，万物彼此间对立而共生的依存关系，同样是由大道而来的生成体系和生态秩序的一种客观展现。老子讲"故贵以贱为本，高以下为基"③，主张通过圣人的"不尚贤""不贵难得之货""不见可欲"，达到"使民不争""使民不为盗""使民心不乱"，最终"常使民无知无欲"，不敢胆大妄为，便可以实现"无不治"④。

老子虽然说过"民至老死不相往来"，那是因为他痛恨当时争名争利争霸的硝烟战火，他真实的想法叫"两不相伤"，说在"道"的统领下，鬼、神、圣人和平常人都不会相互伤害⑤。照此原则，老子还提出"大国不过欲兼畜人，小国不过欲入事人，夫两者各得其所欲，大者宜为下"⑥。大国与小国之间应该和谐相处，路径是彼此都不要有过分的欲望，大国不要想去兼并小国，小国也不要想过于依仗大国，并且大国还应更加谦虚退让一些，如此就不会有战乱，也没有杀戮，就能达到天下太平与"和"的境界。无论"老死不相往来"，还是"两不相伤"，或者"不过欲兼畜人""不过欲入事人"，其实都是指一种和谐的社会生态状况。

3. 道的无为特性

在老子心目中拥有至高无上地位的"道"，它有哪些特性？依据"道"的法则，人们又该怎么做？

仔细检读，老子论及"道"的特性主要包括："无为而无不为"⑦ "反者，道之动；弱者，道之用"⑧ 等。其中，"无为"是老子对大道特性的基本界定。但究竟什么是"无为"？有何标准来评判？老子并没有说明，间接提到的有："生而不有，为而不恃，功成而弗居""上善若水。水善利万物而不争，处众人

---

① 《老子》第八十一章（帛书甲本、乙本，楚简本）。
② 《老子》第五十五章（帛书甲本、乙本，楚简本）。
③ 《老子》第三十九章（帛书甲本、乙本）。
④ 《老子》第三章（帛书甲本、乙本）。
⑤ 《老子》第六十章（帛书甲本、乙本，楚简本）。
⑥ 《老子》第六十一章（帛书甲本、乙本，楚简本）。
⑦ 《老子》第四十八章（帛书甲本、乙本，楚简本）。
⑧ 《老子》第四十章（帛书甲本、乙本，楚简本）。

之所恶，故几于道""致虚极，守静笃""见素抱朴，少私寡欲""无名之朴，夫亦将无欲""不欲以静""天之道，不争而善胜""圣人之道，为而不争"等①。从这些玄秘宏奥的言谈中，我们大致可以品出大道"无为"的如下内涵：

首先，它不是指无所作为，而是要"为"。这从老子称赞水与"道"差不多就可以感知。水谦退居下，柔弱不争，此特性与"道"是很相似的，但水是流动的，是"为"的，老子并不否定。第六十四章还直接说"为之于未有，治之于未乱"，提醒人们要"千里之行，始于足下"，可见老子的确是要"为"的。

其次，"为"不能从自我出发，不能因私欲而为。在"为"的时候要少私寡欲或者无私无欲，要"不争"而"为"，就像水的流动从高处到低处，完全是自然而然。这就是他所说的"为而不争"。如果抱着争名争利的主观动机去"为"，就背离了"无为"的本来意义。

既然道的"无为"是"不争"而"为"，那么它"为"的真正逻辑又是什么呢？

任继愈、陈鼓应等先生觉得老子的"无为"是讲不要刻意地"为"，不要妄为；王蒙先生则新解"有所不为"；而汉朝时期黄老之学的代表作《淮南子》早已提出因势利导、"循理而举事"的观点。"夫地势，水东流，人必事焉，然后水潦得谷行；禾稼春生，人必加工焉，故五谷得遂长。"江河依据西高东低的自然地势而向东流，人们只有顺应这种趋势进行有效的疏通治理，才能使洪水一泻千里；禾苗庄稼都在春天萌生，人们只有不误农时勤于播种耕作，才能获得五谷丰登。历史上那些"无为"的先圣都不是"寂然无声，漠然不动"，而是积极有为，他们"不耻身之贱，而愧道之不行，不忧命之短，而忧百姓之穷"。所以，神农氏教民"播种五谷"，勇尝百草及水泉之甘苦，"一日而遇七十毒"；尧"立孝慈仁爱"，大力推行社会治理，其教化西至沃民，东到黑齿，北抚幽郡，南及交趾，"放驩兜于崇山，窜三苗于三危，流共工于幽州，殛鲧于羽山"；舜修造房屋，"令民皆知去岩穴，各有家室"；大禹治水，沐风栉雨，"决江疏河，凿龙门，辟伊阙，修彭蠡之防"；商汤夙兴夜寐，勤于政务，"轻赋薄敛，以宽民氓；布德施惠，以振困穷；吊死问疾，以养孤孀"，终获"百姓亲附，政令流行"。他们劳心劳力，一生致力于为民兴利除害，屡建奇功，"圣人忧民，如此其明也，而称以'无为'，岂不悖哉"！在列举大量事实的基础上，《淮南子》的作者肯定地指出：上自天子，下至庶民，如果"四肢不动，

---

① 《老子》第二、八、十六、十九、三十七、七十三、八十一章（帛书甲本、乙本，楚简本）。

思虑不用"，却梦想事情成功，"未之闻也"，"若吾所谓'无为'者，私志不得入公道，嗜欲不得枉正术，循理而举事，因资而立权，自然之势"①。

我们知道，老子向世人推演了从"道"到"万物"的生成体系和生态秩序，自然界和人类社会无不包含在其中。这便是大"道"的理，大"道"的法则。"道"的法则统领一切，"为"理所当然地应该遵循"道"的生成体系和秩序，这就跟水顺理成章地由高处流向低处一样。所以，作为"不争"而"为"的"无为"，其真正的内涵应该是：遵从"道"本来的生成体系和生态秩序，顺势而为，不要随心所欲，更不要为了自己的私欲而陷入名利之争，扰乱"道"的法则。第四十六章把他内心的这种想法表达得十分清楚："是以圣人不行而知，不见而名，不为而成。"要"知"，要"名"，要"成"，充分说明老子是赞成要结果的，但追求结果的出发点不能是争名争利，追求结果的路径也不是主观人为，而是遵从道的法则。诚如钱钟书先生所言："老子所谓圣者，尽人之能事以效天地之行所无事耳。"②

老子说："人法地，地法天，天法道，道法自然。"③ 此"自然"，即自然的、"道"本来的生态法则，就像《淮南子》所理解的水顺地势而东流、禾苗应春天而萌生。他反复告诫世人，"为学日益，为道日损。损之又损，以至于无为，无为而无不为"④。日复一日地尽量减少欲望和主观人为的因素，抛弃那些智术巧伪之举，最大限度地契合"道"自然的生成体系与生态秩序，这就是老子所认同的恒定生态法则，即"稽式"，"常知稽式，是谓玄德"⑤，如此就可以水到渠成地获得"无不为"的结果。"为无为，则无不治"，做任何事情，"故无败"，"然后乃至大顺"。反之，欲望滋长，"有为"而行，就是背离"道"的法则，就会扰乱"道"自身的生成体系与生态秩序，打破"道"的生态平衡，于是就会天下大乱，出现"民之难治"，"戎马生于郊"，"祸莫大于不知足，咎莫大于欲得"⑥。

自然而为，顺势而为，忧民而为，是"无为"的真谛；由"无为"之举，得"无不为"之果，就可以达到老子所描述的那种治世的最高境界："太上，下知有之……功成事遂，百姓皆谓我自然"⑦，说得更形象点叫"我无为而民

---

① 《淮南子·修务训》。
② 钱钟书《管锥篇》第 2 册第 421 页。
③ 《老子》第二十五章（帛书甲本、乙本，楚简本）。
④ 《老子》第四十八章（帛书甲本、乙本，楚简本）。
⑤ 《老子》第六十五章（帛书甲本、乙本）。
⑥ 《老子》第四十六章（帛书甲本、乙本，楚简本）。
⑦ 《老子》第十七章（帛书甲本、乙本，楚简本）。

自化，我好静而民自正，我无事而民自富，我无欲而民自朴"①。

　　"道"是老子思想的关键词，"道"的哲学范式立体而精深。司马谈在《论六家要旨》中指出："道家无为，又曰无不为，其实易行，其辞难知，其术以虚无为本，以因循为用。无成执（势），无常形，故能究万物之情。不为物先，不为物后，故能为万物主。有法无法，因时为业；有度无度，因物与合。故曰，圣人不朽，时变是守。"② 以因循自然、遵从大道生成体系与生态法则为基本理念的老子学说，就像"道"无所不在、无所不包一样，它"能究万物之情"，在社会治理与人的行为处事中具有极其广泛的适用性。也正因如此，所以老子思想具有了穿越时空的无限魅力。古往今来，人们徜徉在"道"的玄奥世界，从这里拾取治世养生的妙义天机，进而形成了蔚为大观的道家理论与实践体系。

---

　　① 《老子》第五十七章（帛书甲本、乙本，楚简本）。
　　② 《史记·太史公自序》。

三、能从兵学的角度读老子吗？

1.《隋书》列《老子兵书》一卷

《老子》是中国古代的一部政治和哲学名著。但古往今来，有很多人把它视为一部兵书。

由唐朝"一代名相"魏征等在唐太宗贞观年间奉敕编撰的《隋书·经籍志》，是我国现存的第二部图书目录，其中的子部著录除在道家类列有历代所传《老子》各注疏版本外，还在兵家类列有"《老子兵书》一卷"。虽然本书已佚，但它表明至迟在唐朝初年人们还能看到把《老子》当作兵法著述流传的版本。

到了唐宪宗元和年间（805—820），历经"安史之乱"而走向衰落的唐王朝，在藩镇割据中到处是战火纷飞的乱局。朝议郎、汉州刺史、威胜军节度使王真，为消弭战乱，专门撰写《道德经论兵要义述》上下两卷，后分解为四卷，将其献给朝廷，得到唐宪宗手诏褒奖，明朝《正统道藏》和新编《道藏》均收录此书。王真在《叙表》中说："今之所言，独以兵战之要，采撷玄微，辄录《道德经》中章首为题序，列如左，各于题后粗述玄元皇帝圣旨，或先经以始其事，或后经以终其义，谬将臆度，用达管窥。"在他看来，老子"谆谆然五千之文殷勤恳恻"，"原夫深衷微旨，未尝有一章不属意于兵也"[①]。

北宋改革家王安石在推行熙宁变法的第三年便完成了《老子注》，他盛赞老子的军事战略思想为"奇策"。文学家苏辙著《老子解》，称老子"此几于用智也，与管仲、孙武何异？"南宋著名史学家郑樵在200卷的《通志》中再次将《老子》分录于兵家著作之列。明末清初思想家王夫之撰《老子衍》，论及老子言兵之略、用兵之术当为"言兵者之祖""言兵者师之"[②]。倡导"师夷长技以制夷"的近代思想家魏源感慨"《老子》，其言兵之书乎！'天下莫柔弱于

---

① 王真《道德经论兵要义述·叙表》，台湾商务印书馆影印《宛委别藏》本。
② 王夫之《宋论》。

水，而攻坚强者莫之能先'，吾于斯见兵之形"①。清末民初国学大师章太炎更认为《老子》隐括了古代兵书的重要思想，"老聃为柱下史，多识掌故，约《金版》《六韬》之旨，著五千言，以为后世阴谋者法"②。此几乎已将其看作中国古代兵书之宗了。当代学者张文儒、陈葆华所著《军事辩证法》讲"《老子》也是一部兵书"③。

在漫长的历史长河中，《老子》不仅被人们当作兵书来读，而且其言论和思想被许多军事家直接运用于战场实践。帮助越王勾践完成灭吴大业的范蠡，俨然就是老子兵学的忠实执行者。他的"天道盈而不溢，盛而不骄，劳而不矜其功。夫圣人随时以行，是谓守时"④，与老子有关思想可谓血脉相承！在越灭吴之后，范蠡乘扁舟入五湖，抛却一切功名利禄，最终实践了老子所谓"功遂身退"的天道法则。公元383年淝水之战前，前秦苻坚不顾东晋内部安稳、上下团结而前秦久战师疲的客观形势，执意南侵，苻融劝阻说："知足不辱，知止不殆。"《老子》第四十四章上的这句原话，被用为实实在在的战场兵机，只可惜苻坚置若罔闻，终致淝水惨败。明朝平定宸濠之乱的王阳明，清朝镇压太平天国和捻军起义的曾国藩，都十分精通和善于运用老子之学。曾国藩宣称"诸子中惟老、庄、荀子、孙子自成一家之言，余皆不免于剽袭"，他的《圣哲画像记》尽管只录庄子而未收老子，但其言论思想中处处可见老子的身影。如"兵者，不得已而用之，常存一不敢为先之心，须人打第一下，我打第二下"⑤，"兵者，阴事也。哀戚之意，如临亲丧，肃敬之心，如承大祭，故军中不宜有欢欣之象。有欢欣之象者，无论或为和悦，或为骄盈，终归于败而已矣"⑥，"坚持一'慎'字"，"专守一静之法"，"古人云兵骄必败，老子云两军相对哀者胜矣"⑦等，莫不自《老子》引申而来。曾国藩极推崇老子"天下大事，必作于细"的思想，曾在一封信中说："军中阅历有年，益知天下事当于大处着眼，小处下手。"而他在深刻领悟老子思想后所吟"知足天地宽，贪得宇宙隘。岂无过人姿，多欲为患害"，"低头一拜屠羊说，万事浮云过太虚"⑧，则直接反映了他的功名利禄观。同治元年（1861），曾国藩升任两江总督，作为统领三四十万大军的湘军统帅，尽管千里长江水面处处飘扬"曾"字帅旗，

---

① 《魏源集·孙子集注序》。

② 章太炎《訄书·儒道》。

③ 张文儒、陈葆华《军事辩证法》第28页，北京大学出版社1998年版。

④ 《国语·越语下》。

⑤ 唐河主编《曾国藩通鉴·曾国藩论军事谋略·咸丰九年二月日记》。

⑥ 蔡锷《曾胡治兵语录》第十一章"兵机"，漓江出版社2014年版。

⑦ 《曾国藩通鉴·曾国藩论军事谋略》。

⑧ 《曾胡治兵语录》第十三章"治心"。

但他毫无得意扬扬之态,反而多次奏请减少自己的职权。攻克南京后,立即裁减湘军,同时令其胞弟曾国荃解甲归田。正是由于"拙诚""坚忍"行事,在从一介书生到战功显赫的圣哲"武侯"转换中,曾国藩终于达到"花未全开月未圆"之人生境界。

唐高祖李渊尊奉李耳为先祖,唐太宗将《老子》及道家思想融会贯通于军阵之法。精通用兵的李靖在回答太宗所问"兵法孰为最深"时,曾将用兵分为上、中、下三等:"一曰道,二曰天地,三曰将法。"作为最高境界的道法用兵,"至精至微",根据著述和所行事迹考察,张良、范蠡、孙武就是懂得道法用兵的高手,他们因之能"脱然高引,不知所往";其次是像乐毅、管仲、诸葛亮那样懂得天之阴阳和地之险易,能察天时地利,用兵善于"以阴夺阳,以险攻易",战必胜,守必固;再次则如王猛、谢安,他们懂得"将法",善于"任将择才,缮完自固"。所以,学习兵法,"必先由下以及中,由中以及上",并在战场实践中用心体会,如此循序而进,就可以渐次到达至高至深境界。否则,"垂空言,徒记诵,无足取也"①。

2. 五千余言,论兵多多

老子生活在春秋后期,他眼见天下战乱不休,生灵涂炭,痛感名缰利锁已使人类误入歧途。为了挽救这个日益沉沦的衰败乱世,使陷入迷惘和彷徨中的人们重新找回幸福的乐园,老子开出了道治社会的救世良方。他以大道包罗寰宇,以大道统论自然、社会和人生,呼唤人们尤其是呼唤统治者以大道的清静无为不争法则来立身处世,少私寡欲,返璞归真,进而最终实现"甘其食,美其服,安其居,乐其俗,邻国相望,鸡犬之声相闻,民至老死,不相往来"的理想社会。

显然,要实现老子的美好蓝图,首先就必须消除战乱,论兵因之而成为《老子》书中极其重要的一个议题。今本全书八十一章,直接论兵或涉及用兵的就有第三十、三十一、三十六、四十六、五十七、六十七、六十八、六十九、七十三、七十六、七十八等十余章,而哲理喻兵则比比皆是。它们涵盖战争观、战略观、战术观以及治军论等几乎所有的军事领域。老子坚决反对穷兵黩武和争霸战争,认为用兵打仗是不吉祥的,"不得已而用之"。他向人们描绘出战争的悲惨景象:"师之所处,荆棘生焉。大军之后,必有凶年。"并进一步探讨了战争起因和止战途径。老子深知,在春秋乱世,自己不发动有为的战争,并不意味着本身不会遭遇战争。在遭受外敌入侵的情况下,他赞同"不得

---

① 《唐太宗李卫公问对》卷上。

已"而进行御敌自卫战争，"吾不为主而为客"，倡导要"善胜"，并且由此提出一系列用兵治军原则，从而形成了其独具魅力的军事思想体系。

在长期的戎马生涯中，王真以一个军事家的眼光阅读《老子》，认为"王者必先务于道德而重用兵也"，并从用兵角度逐章阐述其义，算得上是中国历史上第一个系统研究老子军事思想的人。他认为《老子》全书论兵有一个严密的逻辑体系，目的是告诫"当时侯王"和"后代人君"不得"轻用其兵也"，"由是特建五千之言，故先举大道至德，修身理国之要，无为之事，不言之教，皆数十章之后，方始正言其兵"。他解释"无为"是"无为兵战之事"，老子之所以"极论冲虚不争之道，柔弱自卑之德"，就在于提醒治国治军者必须仰思天道，俯察人事，要经常进行深刻的自我儆戒，"故经中首尾重叠，唯以不争为要也。夫唯不争，则兵革何由而兴？战阵何因而列？"至于常备军力的存在，那不过是一种威慑和防御工具罢了，"以威天下，不必伤人"，"唯当备守于内，不可穷黩于外者也"。王真将《道德经》第八章理解为老子的治军论，"此一章特论理兵之要深至矣"。治兵如治水。水治理好了，能润泽万物，航行舟船；军队治理好了，则能镇安万民，保卫邦家。"若理兵能象水之不争，又能居所恶之地，不侵害者，则近于道矣。"所以，军队的调动与休整必须择利而行，这叫"居善地"；主将之心必定清澄深净，这叫"心善渊"；用兵打仗大多凶险有害，故用兵者要"与善仁"；军旅管理之政失则为乱，因此要"政善治"；用兵打仗务必崇尚谋虑精微，故名"事善能"；凡兴兵整众而应敌救灾必当其期，叫"动善时"。此外，在王真的笔下，老子的"弱其志"是"谦柔不犯于外"；"坚其志"是"坚固有备于内"；"无之以为用"是指军队"备之以为有，戢之以为无，此即用其所不用者也"；"曲则全"是"诚以此曲全之道，而归根于正静者也，治军治国之道，先此为妙也"；"国之利器"专指"兵者"，称假如将其耀示于人，"终有败绩之辱，岂不慎哉"；"知者不言，言者不知"，是指以道用兵，"则知者必不言其机也，言者必不知其要也"；"塞其兑，闭其门"，是"兵之深机也"，"挫锐解纷，和光同尘"，是"兵之至要也"，它们都是"不可得而言"的，所以称之为"玄同"；"大威"也是"甲兵之谓也"……

总而言之，从军事上破译《老子》，将消除战乱、无为于兵事阐发为老子爱民治国政治思想的关键，是王真《道德经论兵要义述》最为显著的特点。"欲治其国，先爱其人；欲爱其人，先当无为。无为者，即是无为兵战之事。兵战之事，为害之深；欲爱其人，先去其害。故曰无为兵战之事也。"而治军用兵当遵循道的法则，"以道用兵"。应该说，借老子之名宣扬自己的主张，力劝李唐朝廷与藩镇各部都要遵照"太上玄元皇帝"的意旨，修明政治，去兵止战，才是王真写作此书的根本。不过，在魏晋以来人们普遍把《老子》无限

"玄学"化的社会大背景下，《道德经论兵要义述》毕竟给世人提供了阅读和理解《老子》全新的视角。

3. 国之大事，在祀与戎

《左传·成公十三年》讲："国之大事，在祀与戎。"祀与戎，原指祀礼与军礼，都属于礼制范畴，后则引申扩展为祭祀与战争行为。祭祀祖先与天地，是对先辈历史与自然的敬畏和尊重，是文明传承和延续的必然体现；而无论是军队礼制还是用兵打仗，都是指对军事的高度重视，是对国家安全保卫的关注。古今中外，对于任何国家、任何民族来说，不管是否有相应的礼制仪式，如何面对历史、怎样确保政权的稳固与社会的安宁，进而开创新的未来，都是特等大事。祀的背后，是价值体系的继承，是对历史经验教训的汲取；戎的内涵，是关于军事与国防的思维与行为，是国家构建中的柱石之举。

东汉时期，班固在撰写《汉书·艺文志》时曾评价说："道家者流，盖出于史官，历记成败存亡祸福古今之道，然后知秉要执本，清虚以自守，卑弱以自持，此君人南面之术也。""君人南面之术"，也就是帝王统治之术，主要讲如何治理天下、怎样统领臣民，经济、政治、军事、文化等无所不包。既然军队、军事是国家的特等大事，老子在总结提炼成败存亡之历史经验教训、阐发由大道而来的国家治理与社会重建中，论及用兵也就十分自然了。

实际上，站在国家治理的高度，尊崇老子，将《老子》一书奉为治国治军的宝典，在中国历史上可谓源远流长。据史书记载，汉桓帝刘志、魏文帝曹丕、唐高宗李治、唐玄宗李隆基、后梁太祖朱晃、宋真宗赵恒、宋徽宗赵佶、金章宗完颜璟等八位皇帝曾亲临老子诞生地河南鹿邑太清宫朝拜，而南朝梁武帝萧衍、北朝西魏文帝拓跋宝炬、南朝梁简文帝萧纲、梁元帝萧绎、唐睿宗李旦、唐玄宗李隆基、宋徽宗赵佶、明太祖朱元璋、清世祖福临等九位皇帝均曾为《老子》注疏，计约十五种，至今尚存六种，其中包括唐玄宗《御注道德真经》二卷、《御制道德真经疏》十卷、宋徽宗《御解道德真经》二卷、《宋徽宗道德真经解义》十卷，明太祖《御注道德真经》二卷，清世祖《御注道德经》二卷。正如明太祖朱元璋所言："朕虽菲材，惟知斯经乃万物之根，王者之上师，臣民之极宝。"[①]

虽然，像王真那样把《老子》八十一章全部从军事上进行逐章解读，未免过于牵强附会，但不应忘记：老子自己早已告诉世人，作为"天地之始""万物之宗"的"道"，是理解和把握一切的"众妙之门"。"道常无名，朴虽小，

---

① 《道德经明太祖注解》序。

天下莫能臣也。"道虽然幽微细小，却至尊至贵，天下没有什么能臣服它、超越它。"大道泛兮，其可左右。万物恃之而生而不辞，功成不名有。"① 大道广行，或左或右，无所不在。据此，万物生长仰赖道，个人修身遵从道，治国平天下应从道，治军用兵也应从道。换言之，"道"的法则放之四海而皆准。更何况，祀与戎是"国之大事"，治国用兵本来就是一个整体，出则战场将帅入则朝廷命官，老子哲学范式对他们思想灵魂的铸造是完全相同的模板。如此看来，说《老子》是一部兵书，似乎并不过分。

新中国的缔造者毛泽东很喜欢老子，他不仅熟读《老子》一书，而且将其中的思想观点行云流水般地运用于战争分析和战略战术指挥。1936 年 12 月，毛泽东在《中国革命战争的战略问题》中阐述红军为打破国民党的军事围剿而实行必要的战略退却时讲："关于丧失土地问题，常有这样的情形，就是只有丧失才能不丧失，这是'将欲取之，必先与之'的原则。如果我们丧失的是土地，而取得的是战胜敌人，加恢复土地，再加扩大土地，这是赚钱生意。"② 这显然是对《老子》第三十六章"将欲废之，必固兴之；将欲夺之，必固与之"的引述和运用。他以老子的思维方式深刻分析了春秋时长勺之战鲁庄公在曹刿的策谋下如何等待"彼竭我盈"战略反攻时机的到来终于打败齐国的案例，还结合楚汉成皋之战、新汉昆阳之战、袁曹官渡之战、吴魏赤壁之战、吴蜀彝陵之战、秦晋淝水之战等以少胜多、以弱胜强的著名战役，总结说它们"都是双方强弱不同，弱者先让一步，后发制人，因而战胜的"。运用这种思维，毛泽东在开创井冈山革命根据地时就提出了"敌进我退，敌驻我扰，敌疲我打，敌退我追"的游击战十六字诀原则，并率领工农红军一次又一次地打败国民党军队发动的进攻。解放战争时期，当胡宗南调集 6 个整编师 15 个旅共约 14 万人疯狂扑向延安时，毛泽东再次依据"将欲取之，必先与之"的原则，说服全军将士和百姓主动撤离延安，告诉大家：我们打仗，不在一城一池的得失，而在于消灭敌人的有生力量。存人失地，人地皆存；存地失人，人地皆失。自 1947 年 3 月 18 日中共中央和人民解放军总部撤离延安后的一个半月里，西北野战军实施"蘑菇战术"，以不足三万人的兵力同多达十倍于自己的国民党军队从容周旋，青化砭、羊马河、蟠龙三战三捷，消灭国民党军 14000 多人，不仅拖住了胡宗南这支蒋介石的战略预备部队，而且有效地策应了其他战场人民解放军的军事行动，为西北战场和整个解放战争的胜利奠定了基础，最终实现了毛泽东"以一个延安换取全中国"的战略部署。而中国共产党第七

---

① 《老子》第三十四章。
② 《毛泽东选集》第 1 卷，第 211 页，人民出版社 1991 年版。

次全国代表大会召开期间，毛泽东在讲到八路军、新四军之所以能够粉碎国民党军队制造的反共军事摩擦三条经验时，他又说：第一条出自《老子》，"不为天下先"，就是后发制人，不先发制人。由此可见，战争年代的毛泽东，从军事的角度阅读和领悟《老子》，对于其卓越军事思想的形成和军事指挥才华的施展，确有重大成就。

自《老子》问世以来，其中文版本迄今已达 3000 多种，保留下来的就有 1000 多种。而在 1300 多年前的唐玄宗时期，唐代高僧玄奘与成玄英等道士就将《老子》一书翻译成了梵文。近现代西方学者翻译的外国典籍，最多的是《圣经》，其次就是《老子》。现代西方哲学的开创者、德国著名哲学家尼采说："《道德经》像一个永不枯竭的甘泉，满载宝藏，放下吸桶，唾手可得。"美国前总统里根在国情咨文中也引用老子的"治大国，若烹小鲜"来阐述其治国思想。有人说，《老子》是中国哲学的基础和精髓，是中华文化这棵大树的主干，其他则是分枝。与其他任何学科领域一样，军事战略的至高境界依然是哲学。所以，无论是直接论兵的各篇章，还是全书论治世哲学与政治、人生的智慧，《老子》在中国军事文化的发展中都打下了深刻的烙印。

老子的思想对后世兵家影响至为深远。归结起来，主要体现在两个方面：一是开启了道家兵法的先河。从春秋战国时期的《文子》（作者文子传为老子弟子）、《黄帝四经》《鹖冠子》《范子计然》《吕氏春秋》《六韬》，到秦汉之际的《黄石公三略》《淮南子》，再到三国时诸葛亮《将苑》《便宜十六策》、曹操《魏武帝兵法》，唐朝李筌《太白阴经》，明朝刘伯温《百战奇略》等，以及众多道教经籍和道家人物的用兵言论，诸如《阴符经·强兵战胜演术章》等，均宗《老子》而形成我国古代军事领域内蔚为大观的道家兵法流派。二是通过"兵学鼻祖"《孙子兵法》广泛影响着历代战争理论和战场实践。著名学者南怀瑾先生称："春秋时齐国人孙武，他的军事哲学思想，正是由道家思想而来，所著《兵法》十三篇，处处表现了道家的哲学，曾经帮助吴王阖闾击破强楚而称霸诸侯，充分显示了道家思想在事功上的伟大；而所著的十三篇中的军事哲学思想，可以说超越了时空，直到几千年后的现代，人类已登上了月球，武器已发展到太空，到生化战，而仍离不开他的军事哲学的范围。"[①]

历览中国军事文化中的一些基本范畴和用兵规律，可以清楚地看到它们中的多数与《老子》有着内在的逻辑联系：老子的"不以兵强天下"，"兵者不祥之器，非君子之器，不得已而用之，恬淡为上"，演变为一代又一代反对穷兵黩武的慎战传统；老子的"坦然而善谋"，倡导了以谋略取胜、先谋而后战的

---

① 南怀瑾《老子他说》，第 2 页，复旦大学出版社 1996 年版。

谋战思想；老子的"以正治国，以奇用兵""正复为奇"，是中国军事史上最具魔力的奇正思想的直接理论来源，"正"与"奇"也成了兵家们使用频率最高的一对军事辩证法用语；老子的"夫慈，以战则胜，以守则固"，成为历代怀柔治军的重要原则；老子的"知人者智，自知者明"，被阐释为"知彼知己"；老子的"祸莫大于轻敌"，兵家无不视为战场座右铭……诚然，《老子》不是一部纯粹的军事著作，但它如此广泛地涉猎军事领域，如此高屋建瓴地论兵，如此悠远地在中国兵法史上留下丰碑，我们没有理由漠然视之。

沐浴着 21 世纪朝阳的人类正大步前行，和平祷声依旧。穿过二千多年的"时光隧道"，我们走近东方圣哲老子，去攀登他和他影响下历代兵家们那光芒四射的兵学高峰，去品味浩瀚中国军事文化的韬略玄机。

四、回到老子生活的时代

老子姓李名耳，字伯阳，谥聃，春秋时期楚国苦县（今河南鹿邑东）厉乡曲仁里人。做过周朝"守藏室之史"，即管理国家典籍藏书的史官，后见周王室衰落，便辞官离开都城洛邑（今河南洛阳东），经函谷关出西域，退隐于世。这是史书上有关老子生平并不多见的确切资料，至于他的其他行踪尤其是具体的生卒年，至今仍是一个千古之谜。不过，司马迁《史记》之"老子列传"与"孔子世家"，《礼记·曾子问》，《庄子》之"天地""天道""天运""田子方""知北游"各篇以及《孔子家语》《吕氏春秋·当染篇》等，均记载有孔子曾问礼于老聃和二位大贤哲对答之事。专家学者们据此推断，老子应是与孔子同时代的人，且略年长于孔子，而孔子的生卒年（前551—前479）是确知的。所以，老子生活于春秋后期几成定论。

春秋（前770—前476）上承夏、商、西周的统一王朝，下启列国争雄的战国时代，这是中国古代历史上一个风云激荡的重要变革时期。伴随着周王室的衰微，势力强大的诸侯们争强称霸而成为耀眼夺目的舞台主角。他们打起"尊王攘夷"的旗号，兼并小国，相互厮杀，拓地千里或数千里，左右政局的发展，使"礼乐征伐自诸侯出"成为新的时髦；而在大国诸侯叱咤风云的同时，各国卿大夫们亦纷纷效法国君，逐渐形成强宗大族。他们把持国政，削弱公室，决定国君的废立，最终上演了"公室卑""政在私门"的新话剧，成为各诸侯国割据纷争中的协奏曲。这种旧的王权、君权、族权由强变弱和普遍存在的礼坏乐崩现象，如肃杀秋风、萧萧落叶，预示着一种古老的社会制度——宗法奴隶制正在消逝；而以铁农具使用、牛耕技术出现为标志的先进生产力和各国相继推行的经济改革以及由此而来的社会格局的变动，则似春意盎然、蓓蕾初绽，告知人们一种新的社会制度——封建制的历史进程正在不可逆转地到来。在深刻的社会巨变中，诸侯兼并与大国争霸战争、新兴地主阶级夺取政权的战争、华夏诸国与戎狄族的战争、奴隶和平民的起义战争等频频发生，仅《春秋》一书中明确记载的战争即达483次，春秋时期成了中国历史上名副其实的战乱多事之秋。

1. 王纲解纽，诸侯争霸

西周初年，为了加强对全国广大地区的统治，周天子以天下宗主的身份，将土地和土地上的人民分封给本宗室亲戚、异姓亲戚和立有功劳的其他贵族，从而建立了众多的诸侯国。如封周武王弟康叔建立卫国，封周成王弟叔虞建立晋国，封周公长子伯禽建立鲁国，封师尚父姜太公建立齐国，封召公奭长子建立燕国，封商朝旧贵族微子启建立宋国等。据荀子讲，周初共分封了七十一国，其中属于宗室的姬姓之国五十三，占了绝大部分。此外，在周王朝统治之下，还有大量的旧国，如楚、吴等。众多的诸侯国都尊奉周王为"天子"，遵循着"尊祖""敬宗"的宗法制传统信条，形成所谓"普天之下，莫非王土；率土之滨，莫非王臣"① 和"礼乐征伐自天子出"的基本政治格局。在周天子至高无上的赫赫权威面前，诸侯国君们诚惶诚恐。他们要定期朝见周王并贡献特定的礼物，要定时定制向王室交纳军赋和贡税，要派军队随周王出征，要提供劳役协助周王兴建宫室或其他建设工程，要参加王室的重大祭祀活动，甚至周王的婚丧嫁娶，诸侯国也都负有特定的义务。如果不遵从王命或违反规定，周王可以削夺他们的爵位，另立国君，乃至废除封地。

凭借分封制、宗法制和一整套严密的国家统治机器，西周王朝经过文王、武王时期的创建和成王、康王时期的励精图治而达于极盛，出现了所谓"天下安宁"的局面。此后，随着各种社会矛盾的激化，西周江河日下。到周幽王时，历经十二王约二百八十余年的西周王朝，终于在这位昏庸暴君为博取宠姬褒姒一笑、不惜以骊山烽火戏诸侯之后不久犬戎发动的大举进攻中闭上了帷幕。

公元前 770 年，周平王迁都洛邑（今河南洛阳），建立东周王朝，其前半期便是人们常说的春秋时期。此时周天子直接统辖的"王畿"，在犬戎不断袭扰和诸侯蚕食下，仅剩下今河南西北部一隅之地。它东不过荥阳，西不跨潼关，南不越汝水，北仅至沁水南岸，方园只有六百余里的地方。其后，周王又勉为其难地将北、西、东三面的部分土地赐给晋、虢、郑等诸侯国。到春秋中期，周王室的地盘进一步缩小到方圆一二百里，已经只相当于一个小小的诸侯国了。狭小的领土和诸侯朝贡的减少，使周王室财政越来越捉襟见肘，常常不得不向诸侯们"求财求物"，其控制诸侯国的权力和直接拥有的军事力量也日益丧失。周平王东迁洛邑时，尚有三个军的兵力，与当时的诸侯强国实力相当。靠着这支军队，周王室在春秋初年尚能纠合诸侯，北伐叛乱的曲沃庄伯，

---

① 《诗经·小雅·北山》。

东讨对周王不敬的宋国，向西围困魏国擒芮伯，向南戍守申、吕。可是，自从公元前707年周桓王在与郑国的繻葛（今河南省长葛市北）之战中丧军辱身后，王师再也未能重振军威，诸侯国的军队也不再听从调遣。从此，周王室无力抵抗戎族入侵，更无力镇压内部的叛乱了，自身的安全得靠诸侯大国来维护，就连都城洛邑的守卫也要乞求诸侯国派兵支援。所有的迹象都表明：周王室全面衰微了！滚滚向前的历史车轮传递给人们如此沉重的叹息。

在周王室衰微的同时，各诸侯国势力日益强大和愈来愈普遍的僭越行为，却渐渐成为一道颇为亮丽的风景线。早在西周昭王时，楚国的势力就已经强大到足以对周天子敢说"不"了。到了春秋时期，诸侯国们突破周王规定而擅自扩充军力已是常有的事。如晋国被周僖王封为晋侯时规定只设一军，但到公元前588年已扩大到六军。羽毛已经丰满起来的诸侯们，开始在各个方面向周王的权威发起挑战。他们僭用礼数，问鼎中原，竭力寻找天子的感觉；而为了领土扩张和掠夺财富，竟然打起"尊王攘夷"的旗号，"挟天子以令诸侯"，彼此兵戎相见，从而上演出一幕幕列国纷争、图霸天下的悲喜剧，成为春秋时期的大戏。

在春秋之际争霸战争的舞台上，郑庄公父子积极扮演了拉开序幕的角色。西周后期，周宣王封弟友于郑（今陕西华县东），称郑桓公。他眼见周王室政治腐败、诸侯叛离的倾向愈益滋长，遂利用东方的郐、东虢（均在今河南境内）两个小国统治者贪财好利、百姓多不归附的机会，把自己的财货与奴隶预先迁寄到那里，准备时机一旦成熟便取而代之。后来，其子武公终于灭了郐和东虢，迁都于新郑（今河南新郑），郑国由此成为中原地区势力较为强盛的一个诸侯国。郑武公之子郑庄公继承其父担任周王卿士的要职。在王室衰微、周天子无力继续维持统治秩序的情况下，郑庄公依仗其祖、父两代的功劳，利用郑国有利的地位和强盛的国势，举起"以王命讨不庭"的旗帜，联合齐、鲁，攻打宋、卫，制服陈、蔡。与其他诸侯国战争的节节胜利，使郑庄公踌躇满志，对周天子的态度越来越傲慢不恭，周王室与郑国的矛盾日益尖锐，到公元前707年双方终于爆发了繻葛之战。在这次战役中，郑国军队运用先进的"鱼丽之阵"大败王师，连周桓王也被郑国的祝聃一箭射中肩膀。周天子威严扫地，从此一蹶不振，而郑国则进一步扩大了自己的影响。此后，郑国又派军援助齐国抵御向南进犯的戎族，"大败戎师"，俘获北戎大良、少良两位大将，并斩获甲士三百人。自公元前722年到公元前702年前后二十年的时间内，郑国捷报频传，声威大振，宋、卫等国臣服，连齐、鲁这样的大国也听从其指挥，郑庄公俨然成了春秋初期的霸主。但庄公死后，郑国历经二十余年的内乱，国力陡降，很快便失去了诸侯之首的资格，春秋争霸舞台上的主角轮到了齐国。

　　位于今天山东北部的齐国，是春秋时期东方一大国。它地处海滨，拥有丰富的鱼盐和矿藏，自开国之君姜太公开始，就"通商工之业，便鱼盐之利"①。到了春秋年间，农业、手工业，特别是冶铸和纺织业都取得了较大发展。公元前685年，齐桓公继位。他任用管仲为相，积极推行改革，很快便收到了"通货积财，富国强兵"的效果②，齐国国力迅速走向强盛。在此基础上，齐桓公大力拓展其争霸事业，连续灭掉谭、遂等小国，将齐国的边界推进到泰山以南，成为东方的头号强国。公元前680年，齐桓公联合陈、蔡、郑，以天子之命讨伐宋国，次年会盟诸侯于鄄（今山东鄄城北），始称霸。公元前667年，陈、郑归服齐国，齐桓公又会盟诸侯于幽（今河南商丘境内）。不久，周惠王正式赐命齐桓公为诸侯之长，齐国的霸主地位得以完全确立。

　　就在齐桓公称霸中原之时，北方的戎族与狄族势力大规模向南发展，经常袭扰燕、邢、卫等诸侯国。齐桓公及时擎起"尊王攘夷"的大旗，北征戎、狄，有效遏制住了其势力继续南下，取得了救燕、迁邢、复卫的辉煌业绩，在历史上留下"邢迁如归""卫国忘亡"的美名。公元前656年，齐桓公又率领齐、鲁、宋、陈、卫、蔡、郑、许八国联军，旌旗南指攻打楚国。楚成王迫于大军压境之势，只得派遣使臣在召陵（今河南郾城东）与齐国等订立盟约，答应向周王"贡包茅"。此举成功地阻止了势力强大的楚国北进的迅猛势头。五年之后，齐桓公春风得意地在葵丘（今河南兰考东）会盟各诸侯国，周襄王派出特使专程送去祭祀过祖先的祭肉，以示慰问和祝福。葵丘之会，标志着齐桓公的霸业达到顶峰。

　　公元前643年，威名显赫的齐桓公走完了他称霸天下的人生之旅。此后，齐国在内部的争权夺利和社会动荡中骤然衰落，中原诸国相互攻伐不已，北方的狄族和南方的楚国，乘机向中原进击。宋襄公在齐国诸子的内乱中将太子昭扶上了王位，便图谋成为新的霸主。他首先向滕、郯、曹等诸侯国示威，尔后又想出借齐、楚之力称霸诸侯的"锦囊妙计"，不料却在"盂（今河南睢县）之会"上被楚军生擒受辱。公元前638年11月，获释不久的宋襄公亲自率兵与楚国正面交锋于泓（今河南柘城县北）。由于恪守"不鼓不成列"的陈腐教条，错失"半渡而击"的战机，弱小的宋军惨遭大败，宋襄公自己也身负重伤，称霸的美梦昙花一现。

　　继宋襄公图霸之后，一个真正的强者——晋文公，历经多年的磨难和奋斗，终于成为新的霸主。晋文公重耳曾因骊姬之乱而被迫在国外流亡了十九

---

① 《史记·齐太公世家》。
② 《史记·管晏列传》。

年，先后辗转八个诸侯国，备尝人世艰辛，同时也积累了丰富的政治斗争经验。公元前 636 年，重耳回国即位，称晋文公。晋国在重耳的父亲晋献公当政时，已灭霍、耿、魏、虞、虢等国，并战胜骊戎，打败北狄，统辖领地发展到黄河西岸和南岸，成为据有崤（即崤山）、函（即函谷关）天险的北方大国。晋文公执政后，重用狐偃、赵衰等人，大力发展农商，"举善援能"，开创了"政平民阜，财用不匮"的新局面，为霸业打下了坚实的基础。就在晋文公上台的那年冬天，周王室发生了内乱，周襄王被其弟叔带逐出成周洛邑，逃难到郑国的汜地（今河南襄城）。晋文公抓住这一天赐良机，率师"勤王"，诛杀叔带，平定叛乱，恢复了周襄王在成周的统治，从而博得了"尊王"的美名，并从周王那里得到阳樊、温、原和攒茅四个封邑（在今河南省济源市、温县和修武县内）土地的赏赐，可谓名利双收。此后，晋文公积极整军经武，扩军命将，并进行大规模的军事演习，使晋军很快成为当时诸侯各国中最为强大的军队。公元前 632 年，晋楚间爆发了事关中原全局的城濮之战。晋军因战略战术运用得当而大败楚军，缴获战车一百辆，俘虏一千人。由此，中原各小国纷纷归附晋国。晋文公遂大会诸侯于践土（今河南原阳西南），周襄王正式册封其为"侯伯"（诸侯之长）。

与晋文公拓展中原、取威定霸差不多同时，那个曾经因为给周孝王养马有功而受封的"西垂大夫"秦国，在经历了秦襄公到秦穆公一百多年与戎狄的战争和积极开疆拓土之后，借助富饶的八百里秦川——关中平原以及政治、经济、文化的显著进步，正不断凸现出其强盛的国力。怀揣争霸天下之雄心的秦穆公，即位后不久就东跨黄河灭掉了茅戎（处今山西平陆县）。他重用非秦国宗室出身的"五羊大夫"百里奚和蹇叔，使国家大治，国力进一步增强。公元前 627 年春天，秦国乘晋文公去世之机，企图插足中原，派军偷袭郑国，不料行军途中偶遇郑商人弦高。满腔爱国热情的弦高，巧妙机智地假借郑国国君之名义，用十二头牛犒劳秦军，同时秘密派人星夜兼程赶回郑国报信。秦军误以为郑国已经事先得知消息而设防，只得灭滑而归，不料在崤（今河南渑池西）又遇晋军的截击，被打得大败。在尔后的几次东进中，秦军均遭到晋国强有力的遏制，争霸中原受阻，于是转而专注向西发展，抓住戎族"莫能相一"的有利形势，相继灭掉了戎人建立的十二个国家，"开地千里"，取得了独霸西戎的地位。

地处江汉平原的楚国，在西周时已是一支令周人不敢小视的力量。齐桓公、晋文公都曾为阻止楚军北进中原而颇费心思。尽管他们的努力获得了成功，但楚国在步步为营策略的导引下，却相继消灭"汉阳诸姬"和邓、申、息、江、六、蓼等众多小国，占有了江淮广大地区。楚庄王继位后，擢用出身低微的孙叔敖为令尹，"施教于民"，"布政以道"，任贤用能，重视民生，兴修芍陂等水利工程，发展生产，促进了国力的进一步强大。公元前606年，楚庄王率军北伐陆浑（今河南伊水、洛河流域）之戎，随即又炫兵耀武于周王室所辖国土，遣使询问象征王权的九鼎之大小和轻重，欲取周而代之和称霸中原的图谋毕露无遗。公元前597年，楚国大军围攻郑国都城三个月后告破，旋即又在邲（今河南荥阳市北）之战中重创前来救郑的晋军。楚庄王饮马黄河，雄视北方。两年后，宋国在楚军围困下被迫向楚国屈服。邲之战获胜与鲁、宋、郑、陈等中原诸国相继依附楚国的事实表明：在经历了长达几十年的晋楚争霸拉锯战后，楚国终于占了上风，楚庄王也一时成为中原盟主，从而实现了他"不飞则已，一飞冲天；不鸣则已，一鸣惊人"的豪言壮语。

楚庄王死后，楚国的实力有所下降。在公元前575年楚晋两国主力军的第三次大会战——鄢陵之战中，双方胜负各半而晋略占优势。此后，为持续不断的争霸战争弄得疲惫不堪的晋楚两大诸侯国，相继困扰于内部各派势力彼此间的争权夺利以及由此而来的社会动荡，中原争霸的硝烟渐渐消散。而崛起于东南的吴、越，则上演了春秋时期大国争霸战争的最后一幕。

地处今江苏南部的吴国和地处今浙江北部的越国，均濒临大海，土地肥沃，有鱼盐之利。吴王阖闾执政时，重用从楚国逃亡而来的大臣伍子胥和著名军事家孙武，进行了一系列政治、军事方面的改革。强盛起来的吴国首先选择楚国作为进攻对象，先是采取疲楚、误楚的战略方针，将吴军分为三部分（三师），轮番袭扰楚国边境，致使楚国自楚昭王以后"无岁不有吴师"，疲于奔命；其后，在公元前506年，吴国以大约四万人的全国主力部队，并联合唐、蔡大举伐楚，五战五捷，一举攻下楚国的都城郢（今湖北江陵县纪南城遗址），迫使楚昭王仓皇出逃。吴王夫差继位后，吴国又向南打败越王勾践，向北使鲁国臣服，并战胜强大的齐国。公元前482年，吴王夫差大会诸侯于黄池（今河南封丘西南），吴国的争霸达到了全盛时期。

就在吴王夫差会盟诸侯意欲确立霸主地位的时候，会稽战败后的越王勾践在著名政治家范蠡、文种的辅佐下，经过"十年生聚，十年教训"的卧薪尝胆，已使越国重新焕发出了生机和活力，经济发展，府库充实，民心归顺，兵力充足。趁吴王夫差率精锐部队北上黄池会盟而国内空虚之机，越国军队轻松地攻入了吴都，迫使吴王夫差仓皇退军求和。公元前473年，越国终于灭吴，成为雄踞长江下游的一大国。越王勾践循着当年吴王夫差北上的路径，大会齐、晋等诸侯国于徐州（今山东滕州市），周元王派出专使赐越王勾践祭肉，"命为伯"。越王勾践因之而成为春秋时代最后一个霸主。

列国争雄，诸侯称霸，是贯穿春秋时期的主线；战乱频繁，硝烟弥漫，是该时代留给人们最深刻的印象。绵绵无尽的战争，虽然通过大国对小国的兼并而推动了中国统一的步伐，促进了新旧制度的更替和多民族的大融合，但毕竟极大地消耗了各诸侯国的国力，给广大民众带来了莫大的灾难，使人们深深地感到战争的血腥与残酷。《左传》宣公十五年（前 594）记载：楚国围宋时，宋国被迫"易子而食"，并把尸骨劈开当柴烧，真是悲惨之极！战争煎熬之下，人们的厌战、反战思想应运而生，并由此引发了公元前 579 年、公元前 546 年的两次"弭兵之会"，有关诸侯国达成停战协议。但第一次弭兵休战仅仅维持了三年，楚国执政者就喊出"敌利则进，何盟之有？"公然撕毁盟约，出兵讨伐郑、卫，直接点燃了晋、楚鄢陵大战的烽火。第二次弭兵大会后四十多年间，中原战争显著减少，晋、楚两大诸侯国之间基本上没有发生大的军事冲突。但这种均势的形成，却是以牺牲中小诸侯国利益为前提的，在"和平"的背后，宋、郑等诸侯国"仆仆于晋、楚之廷"。面对贪得无厌的晋、楚两霸，各中小诸侯国人民"苦于供亿"，沉重的纳贡负担并未减轻他们生活的痛苦，人们见到的依然是赤裸裸的掠夺和层层勒索。

2. 公室私家，新旧纷争

"公室"是指以诸侯国君为代表的旧贵族；"私家"最初是指卿大夫，后来则演变为新兴地主阶级的代称。春秋中后期，各诸侯国内出现了一个新的迹象：经济实力日益增强的"私家"们，向王公贵族的统治特权发起了挑战。

西周王朝社会生产关系的主体和国家的经济基础是井田制度。周天子以天下宗主的身份将土地和土地上的民众分封给新旧诸侯；诸侯国君们在其封地内拥有最高权力，形成所谓"封略之内，何非君土；食土之毛，谁非君臣"① 的局面。诸侯们再将自己统辖范围内的部分可耕地建立采邑，分封给卿大夫，形成卿大夫之家；各卿大夫之家，再将所属范围内的土地分封给士。各级受封贵族均把受封地疆理为纵横交错、颇为方正且大小相当的"井"字形方块田。在井田制下，贵族所分得的田地称"公田"，如不经王室或公室的特许是不能随意买卖转让的。

春秋时期，伴随着铁制农具与牛耕的使用推广以及水利事业的发展，大量"蓬蒿藜藿狄"之地、"狐狸所居，豺狼所嗥"之野和诸侯国之间的旷土隙田得到垦辟，从而使西周以来不在税收之列的"私田"急剧增加。井田制尽管还在继续，但视野所及到处是因"民不肯尽力"而出现的"公田不治"景象，丛生茂草遮掩了田间小道；各诸侯国连绵不断的争霸战争和贵族们彼此间不绝于史

① 《左传》昭公七年。

书的争田夺土事件，一再突破井田制的封疆沟洫。为了维持和增加财政收入，管仲在齐国"相地而衰征"，即实行按土地多寡和肥瘦征收不同的贡税；晋国废除了周朝初期以来土地的定期分授制，改而推行"自在其田，不复易居"的"爰田制"；鲁国则于公元前594年正式颁布了对公私土地一律按亩征税的"初税亩"法令。各诸侯国赋税制度的变化，促进了国有土地和私有土地的转化。到春秋末期，"土可贾焉"，则昭示着私人占有制下土地买卖已成为公开的秘密。

在井田制崩溃和土地私有化浪潮中，"私家"即新兴地主阶级的势力不断膨胀。他们或由旧贵族蜕化而来，或从下层"平民"乃至"鄙人"中上升而来，或因军功赏赐起家，均拥有大量田土私产。如晋国的郤氏"其富半公室，其家半三军"①，鲁国的季氏"富于周公"②。"私肥于公"，"大夫皆富"，诸如此类的历史记载，充分反映出新的社会景观。而"大夫皆富，政将在家"③ 的预言，很快便在鲁、齐、晋等诸侯国内部"公室"与"私家"的争斗中得到了验证。

鲁国"私家"新兴势力的代表是季孙氏、叔孙氏、孟孙氏。他们均为鲁桓公的后裔，史称"三桓"。公元前609年，鲁国因鲁文公去世而发生了杀嫡立庶的权位之争，"三桓"乘机发展势力，不久便出现了"公室卑，三桓强"的政治新格局。公元前562年，季孙氏、叔孙氏、孟孙氏"三分公室"，三家各统一军，并在各自管辖范围内变革鲁国公室旧制。二十五年后，三家进一步变三军为二军，实行"四分公室"，势力最强的季孙氏独得二分，独掌一军，叔孙氏和孟孙氏各取一分，合掌一军。从财税、军事到政治，三家均拥有极大支配权，而鲁国国君的统治则变成了空中楼阁，鲁昭公、鲁哀公甚至被迫逃亡国外，客死异乡。

对齐国公室形成巨大威胁并最终取而代之的是田氏。他们原本是由春秋初年在陈国内乱中因惧怕祸害加身而逃奔到齐国的陈公子田完发展而来。在相当长的一段时间内，田氏得宠于齐，与公室关系十分密切，势力逐渐强大。为笼络民心，田氏在灾荒年月用自家的量具大斗借贷谷物给百姓，而以齐国通行量具小斗向民众征收赋税，同时还实行"山木入市，不加于山；鱼盐蚌蜃，不加于海"④ 这种生产地与销售地等价的政策。田氏施恩授惠的手段，果然引来民众"归之者如流水"，而重敛于民的"公室"则愈来愈虚弱了。在与齐国旧贵

---

① 《国语·晋语》。
② 《论语·先进》。
③ 《左传》襄公二十九年。
④ 《晏子春秋》卷七。

族的争斗较量中，田氏采取分化孤立、各个歼灭的战术，先打败贪婪奢华的执政贵族栾氏、高氏，并将他们驱逐出齐国，后又战胜国氏、高氏、弦氏、晏氏四大家族，最终连齐景公也抓起来杀掉，另立齐平公为君。到公元前476年，"齐国之政皆归田常"。

在晋文公称霸中原之前，晋国历经多次内乱。大、小宗之间为争夺政权互相厮杀，晋献公宠幸骊姬而诛杀、逐走众公子，"国无公族"一时成为史家对晋国政治格局变化的真实写照。到春秋中叶，旧公族仅剩下栾氏、羊舌氏和祁氏等屈指可数的几家；"私家"力量则逐步强大起来，并不断与旧公族展开斗争。晋厉公在位时，"欲尽去群大夫"，自己反而被"私家"大族所杀；韩、赵、魏、智伯、中行、范氏等为代表的新兴势力，对晋国旧贵族发起一浪高过一浪的进攻，最终将其降为奴隶和平民。面对如此境遇，执政的叔向无可奈何地慨叹："晋之公族尽矣"，"政在家门，民无所依"①。

鲁、齐、晋诸侯国内部的剧烈震荡，是春秋时期"私家"与"公室"政治大决斗的缩影。传统的裂变，从历史发展的角度而言无疑是巨大的进步，但裂变的过程确实充满了血雨腥风。无论是鲁国"三分公室"、田氏代齐，还是韩、赵、魏三家分晋，或者其他诸侯国的新旧之争，莫不伴随着一次次惨烈的流血冲突与战争。鲁昭公、鲁哀公被逼死于国外，田氏掌握齐国刑罚大权而对残留的旧贵族鲍氏、晏氏、监止以及有势力的公族尽行屠戮，晋国公族栾氏及其党羽战败后全部被诛杀……残酷的新旧政治斗争，给春秋时期的中国涂上了另一道浓墨重彩。

3. 戎狄袭扰，民众暴动

春秋时代，居住在周边的蛮、夷、戎、狄不断袭扰中原，一时形成"南夷与北狄交，中国不绝若线"的局势。中原霸主们则以"攘夷"相号召，进而出现了各诸侯国与周边少数民族的战争。如公元前664年，应燕国请求，齐桓公率领大军深入今河北昌黎一带，大败山戎，并从此留下"老马识途"的典故；其后不久，狄人大举进犯邢国，放火烧了邢都，又攻灭卫国，杀死卫懿公及大量卫人；晋国与戎狄杂居，更是冲突不断。晋文公为了对付狄人，在三军之外专门建立了三个步兵组织，称"三行"（后废"三行"而增设新上、下两军）。从公元前627年到公元前588年，在长达四十多年的时间里，白狄、长狄、赤狄等狄人各部相继与晋、齐、鲁、宋、卫兵戎相见。历经多次战争后，狄人各部最终均被晋国灭掉。此外，秦与西戎的战争，楚与百濮、群舒的战争等，也

---

① 《左传》昭公三年。

都属于这个时期的民族战争。

不堪暴虐统治的广大下层民众此起彼伏的抗争活动，也差不多贯穿于春秋始终。他们采取或溃逃或暴动的形式，给执政者以沉重打击。如公元前 550 年陈国"役人"暴动，杀死庆寅、庆虎，其他贵族吓得惊慌失措，发出了"唯命不于常"的哀叹；公元前 522 年郑国起义者据守于萑苻之泽（今河南中牟），严重威胁郑国的统治；卫国工匠因为"公使匠久"（即超强度的劳役）而两度掀起大规模的武装斗争，他们包围卫国宫门，将卫庄公、卫侯先后赶出都城；楚国饿死者"道殣相望"，所以为生存而起义的人到处都有；晋国国都的暴动者出行无阻，连接待外国使节的客馆也要"高其闬闳，厚其墙垣"，才能"无忧客使"①，斗争之尖锐可见一斑。

戎狄袭扰，民众暴动，使动荡不安的春秋社会更加波谲云诡。

道家鼻祖、伟大的哲人老子，就生活在这样一个天下大乱、诸侯割据纷争、新旧势力生死搏斗的时代。战争、掠夺和残杀，是这个时代司空见惯的现象；弱肉强食，胜者为王败者寇，是这个时代通行的法则；崇尚强者，争取出人头地，是这个时代人们普遍的心理。老子以包举宇内的哲人情怀关注、体验着他身边的这个世界。五千言的经典巨著，正是其评点社会和人生的妙言隽语集萃。立足于促进自然、社会和人类的和谐发展，老子以"道"为核心，建构起其庞大的哲学体系与政治主张，并将之视为悬壶济世的良方宣示于世人，以期求混乱的社会化解纷争，恢复自然淳和的安宁状态。

作为一名哲人，老子对战争、战略、战术、治军等有着独特的见解。其富于辩证法的军事思想，在中国军事文化史上拥有极其重要的意义和价值，并至为深远地影响着历代兵法理论与战争实践，甚至直接成为今天我们这个国家和民族国防与外交战略的文化 DNA。

---

① 《左传》襄公三十一年。

五、老子与战争观

　　战争是人类社会的特殊运动状态，是用暴力手段进行的经济、政治、种族、宗教等斗争。自从私有财产和阶级产生以来，战争就一直伴随人类前进的脚步。《吕氏春秋·荡兵》上讲："兵之所自来者上矣，与始有民俱。"意思就是说战争的由来非常久远，是与人类的诞生一起出现的。时至今日，它依然没有在我们这个星球上销声匿迹。

　　自有了战争，便有了人们关于战争的种种认识和基本看法。诸如：对待战争的态度，对战争性质的区分，对战争产生、发展和消亡的主客观条件以及内在规律的认识与把握，对战争与经济、政治、科学技术、意识形态的关系探索等，这些便是军事学上所谓的战争观。

　　置身于春秋时代的老子，他耳闻目睹并亲身体验了众多战争场面；而作为掌管图书史籍的周朝史官，他又谙熟王朝更替和历史上无数的兵燹之灾。为了提供一整套救危济世良方，老子在构筑其以"道"为中心的哲学体系和阐述其政治主张时，很自然地涉及了对战争的认识和解剖。

1. 兵非祥器，不得已而用之

　　《道德经》第三十一章集中反映了老子对待战争的基本态度：

　　"夫佳兵者，不祥之器。物或恶之，故有道者不处。君子居则贵左，用兵则贵右。兵者，不祥之器，非君子之器。不得已而用之，恬淡为上，胜而不美。而美之者，是乐杀人。夫乐杀人者，则不可以得志于天下矣。吉事尚左，凶事尚右。偏将军居左，上将军居右，言以丧礼处之。杀人之众，以哀悲泣之。战胜，以丧礼处之。"

　　这段话翻译成白话文为：

　　兵器是不吉祥的东西，人们大都厌恶它，所以有道的人绝不轻易使用它。君子平时尊崇左方，用兵打仗时才以右为尊。用兵打仗是不吉祥之举，不是有道的君子随便可以施行的，只有在万不得已的情况下才能使用，而平时应恬静淡泊，以和平无战争为最好。打仗胜利了，不能称美，不能大唱赞歌，否则就是喜欢和鼓励杀人。凡是乐于厮杀和取人性命的好战分子，就不可能最终取得天下。遇到吉祥喜庆的事，以左方为尊贵；遭逢不吉利的凶丧之事，才以右方为尊贵。行军打仗时偏将军居左，上将军居右，这就是说要用凶丧礼仪来处理战事。因为打仗时杀人众多，所以要怀着悲哀的心情去莅临战场；即便战争胜利了，也要用凶丧礼仪去处理。

对战争大体上持否定态度，认为用兵打仗是不吉祥之举，这是老子最基本的战争观。他之所以抱有如此观点，是基于对战争灾难的深刻认识。

首先，战争爆发时，生命如同草芥，"杀人之众"，令人震惊。春秋时期，战争频繁，战场也颇具规模，出动兵车几百上千乘，用兵数万人是常有的事。两军交锋，血肉搏杀，不论胜败如何，战场呈现在人们眼前的总是尸横遍野、血流成河的惨烈情景。

公元前632年晋楚城濮（今山东鄄城西南）之战，晋国三军投入战斗，有战车七百乘，士兵五万二千五百人，另有齐国、秦国、宋国军队支援；楚国方面则有子玉率领的楚军主力，子上指挥的陈、蔡两国部队，子西指挥的申、息地方部队，布阵为中、右、左三军。在这次战役中遭到惨败的楚军，不仅左、右两军大部分被歼灭，并且有战车一百辆、军士一千人成为晋军的俘虏，主帅子玉也自杀以谢战败之罪。而在此前晋军攻打曹国国都陶丘的战斗中，曹军顽强抵抗，攻城者死伤甚多，曹人竟然把晋军的尸体堆放在城头上示众，以打击晋军的士气。直到晋文公采纳一士卒计策，将军队营帐移至曹国墓地，示意要挖掘曹人祖坟之后，曹军才把晋军战死者的尸体用棺材装好送出城来。战争之残酷直击人伦底线。

公元前627年，秦晋崤之战，秦军三百辆战车连同数百名将士在狭小的崤山谷地犹如瓮中之鳖，被晋军一举全歼，孟明视等三位年轻的将领亦被生擒。三年之后，秦穆公率领大军攻打晋国南渡黄河，方才掩埋崤山谷中秦军的累累尸骨，全军在此哭祭三天，以哀悼死去的战友，其情其景令人顿首。

公元前659年，北方的狄人大举进攻卫国，卫人连夜弃城而逃，狄军追到黄河边上，对逃难的卫人大肆杀戮，整个卫国仅有七百三十人逃过黄河，幸免于难。

每一次战争都充满了浓烈的血腥味，无数鲜活的生命就在此相互厮杀的战争游戏中灰飞烟灭，这实在是人类的悲剧！

其次，战争以其巨大的破坏性给农业生产和社会发展带来极其严重的损害。《老子》第四十六章上讲："天下有道，却走马以粪；天下无道，戎马生于郊。"意思是说统治者奉行清静无为之治而使得天下安宁，在这样的"有道"之世，将士解甲，兵器入库，战马也不再驰骋疆场，而是被农夫们驱赶着耕田种地，处处充满了生机与活力，处处可见国泰民安的祥和之景。但是，一旦天下无道，统治者贪得无厌，彼此你争我夺，战乱就会降临，此时耕田的战马重新嘶鸣于两军对垒的沙场，连怀胎的母马也在征战之列，以至于生驹犊于战场郊野，正常的农事生产无疑被打破了。老子以战马是使用于稼穑耕种还是征战军旅为喻，形象地说明了战争对社会经济的直接破坏与影响。

《盐铁论·未通篇》以西汉武帝时北逐匈奴、南讨闽越和南越的战争实例，给老子的这四句话做了最好的注脚：据说以前没有征伐胡（即匈奴）、越的时候，徭役赋税都较轻省，老百姓因之而丰衣足食，吃的都是往年的陈粮，新打的粮食总是贮藏起来，用于做衣服的布帛也十分充足，原野上更是牛马成群。农夫们都是用马来耕种庄稼，或运载粮食以及其他物品，同时人们没有不骑马或乘坐马车的。这个时期，称得上是"却走马以粪"。可是后来军队屡屡出征打仗，雄壮的公马已不足军用，只好把母马也征入军阵，所以出现了"驹犊生于战地"的情景。频繁的战争，还造成"六畜不育于家，五谷不植于野"，农牧业生产均受到严重影响，民众没有足够的粮食，只能以糟糠维持生计。

兵凶战危，每一次战争就是一场浩劫。西周中期以来，黄土高原上群翟部落中的猃狁不断南下侵扰，他们掠夺财物，杀害百姓，给渭泾一带（今陕西渭河、泾阳区域）的民众带来严重的灾难。"靡室靡家，猃狁之故"，《诗经·小雅·采薇》中的这两句诗，写的就是此次兵灾之害，没有了房子，也没有了亲人和家园，这该是多么无奈和无助的惨景！公元前771年，犬戎趁周王室朝政混乱、诸侯离叛之机，大举发兵进攻，破都城镐京（今西安市西北）后，不仅将周王朝积攒的财物宝器全部抢走，而且放火烧城，昔日繁华的王室宫阙十不存五，颓墙败栋，光景甚是凄凉。周平王眼见府库空虚，无力再建造宫室，同时考虑到镐京离犬戎太近易遭袭击，遂萌迁都洛邑之念。战争巨大的毁灭性，由此可见一斑。

每当战争爆发时，身强力壮者被征遣入军参战，妇孺及老弱病残则为躲避战乱逃离家园，原本生机盎然、充满希望的肥田沃土在烽火狼烟之后变成了凋残破败、荆棘丛生的荒原。公元前789年，周宣王调"南国之师"讨伐姜氏之戎，千亩（今山西介休市南）之战，惨遭全军覆没。为补充兵源，图谋再举，周宣王下令"料民于太原"，将本地户口按籍查阅，根据各家各户人数寡众和车马粮草多少，强征入伍。由于大量劳动力或风尘仆仆于战场，或颠沛流离于四方，社会生产力遭到严重摧残。其直接恶果是生产停滞，粮食歉收，灾荒蔓延，锋镝余生的人们不得不忍饥挨饿，战争的后遗症无穷无尽地折磨着天下苍生。因此，老子痛彻地感到"师之所处，荆棘生焉"，断言"大军之后，必有凶年"。

鉴于战争"杀人之众"和对经济、社会甚至每一个家庭造成的严重危害，老子拥持强烈的反战厌战思想，认为有道者是不会轻易言兵的，武力并不是"君子"施行统治的利器。但是，老子同时也承认兵器可以"不得已而用之"，就是说在迫不得已的情况下用兵打仗也是许可的。在诸侯争霸、天下战乱不休的大背景下，老子渴望社会安宁，甚至期求人类回复到自然、纯朴、和谐的"小国寡民"时代。但"入军不被甲兵""虽有甲兵，无所陈之"①，表明他并未否定军力的客观存在；而第三十六章、六十七章、六十八章、六十九章、七十三章等诸多章节均论及用兵韬略，可见老子并非像有人理解的那样："把一切战争都看作不道德的事情，非正义的事情"，"把战争不分青红皂白地一律看作是简单的杀人而已"②。

实际上，老子反对的是无道用兵，即统治者为了满足其私欲而主动挑起的侵略战争以及任何穷兵黩武。第二十九章言："将欲取天下而为之，吾见其不得已。天下神器，不可为也。为者败之，执者失之。"老子认为天下是非常神圣的东西，不是凭借强大武力就可以夺取把持的；他坚信像楚庄王那种仗恃武力询问九鼎轻重欲图谋取得天下的"无道"者肯定不会最终获得成功，诉诸武力以夺取天下者必然失败，而施行武力以维持其统治者也一定会丢失天下。唯一正确的途径是："以无事取天下"，"取天下常以无事，及其有事，不足以取天下"③。战乱不起，兵役、徭役不兴，赋敛不加，使百姓安于生产，怡然生活，这是"无事"最重要的内涵，如此就能得到民心进而获取天下；反之，炫兵耀武，图霸天下，就会搅扰民众，丧失民心，最终是不可能取得天下的。所以，老子说"圣人无常心，以百姓心为心"④。圣人没有私心，不会因为个人的私欲而驱使民众赴汤蹈火，其所作所为总是以百姓内心的愿望和需求为导向。

民心向背是有道之治还是无道之治的直接结果，同时也可看作是老子对待战争的基本价值取向。当遭受外敌入侵或本国执政者昏庸无道统治而出现"扰民"进而导致民怨沸腾时，为恢复有道之治，就可以"不得已"而用兵，但即便是这种迫不得已情况下的用兵，也一定要注意把握好尺度，"善有果而已，不敢以取强"。善于用兵的人，只求达到救济危难、平息乱事就行了，绝不敢依仗武力逞强；打了胜仗，不能过分欣喜和夸示，要"胜而不美"，否则就会给人留下好战喜杀人的印象，而这样的好战分子是不可能得志于天下的。尽管

---

① 《老子》第五十章、第八十章。
② 方克《中国军事辩证法史》，第88页。
③ 《老子》第五十七章、第四十八章。
④ 《老子》第四十九章。

是"不得已"进行的有道用兵，但战争毕竟是残酷无情的，兵刃相加，交战双方均有众多将士横尸疆场，从人道主义角度而言，生命被杀戮总是令人深感沉痛的事，故"战胜以丧礼处之"。

2. 名利之争，战乱之源

在中国古代军事史上，老子较早地探讨了战争起因的问题。第三十八章讲："故失道而后德，失德而后仁，失仁而后义，失义而后礼。夫礼者，忠信之薄而乱之首。"道、德、仁、义、礼这五种行为规范，在老子看来是社会由纯朴和谐而滑向战乱的五级阶梯。从根本上讲，"道"的丧失开启了祸乱之门。因为"无道"，人们不再清静无为，无私无欲；因为"无道"，人们贪得无厌，为了满足自己的私欲，不惜大动干戈，争强好斗。

"道"的最显著特点是"无为"，即不恣意妄为，不凭主观想象行事，不孜孜追求个人的私利，一切都遵从"道"的法则行事。"道常无为而无不为。"按照"道"的生成体系与生态秩序，顺应自然之理而不妄为，就没有什么事情不能获得成功的。理想的政治正在于遵循大道，实行无为而自化。这需要有道的"圣人"来倡行和贯彻。老子多次谈到圣人高尚的修行，如第二章言："是以圣人处无为之事，行不言之教，万物作焉而不辞，生而不有，为而不恃，功成而弗居。"第七章称："是以圣人后其身而身先，外其身而身存。非以其无私邪？故能成其私。"第二十九章讲："是以圣人去甚，去奢，去泰。"第八十一章说："圣人之道，为而不争。"总括起来，圣人品行中尤为突出之处，在于其"无私"无欲，"少私寡欲"。圣人依据"无为"的法则顺应自然处理事务，凡事谦退不争，先人后己；圣人教化万民，抚平天下却不居功夸耀；圣人抛弃一切极端的、奢华的、过度的举措，使社会平和安宁。

在圣人之治下，治国的政策导向有两点异常引人注目：

一是"不尚贤"，不推崇和标榜贤才异能。老子认为，如果特别尊崇贤能之士，甚至授之以官位利禄，就会在社会中形成人们争相谋取名位的状况，这样反而要破坏社会的纯朴与和谐。所以，他主张"不尚贤，使民不争"。

二是"不贵难得之货"，反对追求物质享受。老子说："五色令人目盲，五音令人耳聋，五味令人口爽，驰骋畋猎令人心发狂，难得之货令人行妨。"[1]缤纷的色彩使人眼花缭乱，繁杂的声音使人听觉迟钝，美味佳肴使人口舌爽伤，纵情狩猎使人心旌摇荡，稀有物品使人行为不轨，所有这些都属于对物欲的追求，是寻找一种外在感官的刺激，它们使纯真质朴的人类变得流逸奔竟，

---

① 《老子》第十二章。

淫佚放荡，乃至沦为"盗贼"。圣人却能做到"为腹不为目"，他摒弃外界物欲生活的诱惑，但求安饱而不逐声色之娱，持守内心的宁静，确保人类固有的天真。

追名逐利，欲壑难填，这是导致社会混乱与冲突的根源。历史的天空下，每一次战争的爆发，尽管可能是直接起源于王位、疆土或者其他方面的争夺，但归根结底大都离不开名利之争。

《山海经·大荒东经》和古本《竹书纪年》记载有史前时期商人先祖王亥"托于有易、河伯仆牛，有易杀王亥，取仆牛"，"是故殷主（上）甲微假师河伯以伐有易，灭之"，"河（伯）念有易，有易潜出"，化为摇民之国的故事，说的是王亥由于携带的财富引起有易觊觎而遇害，其子上甲微按照古老习俗借得河伯大军，伐灭有易，实行了血亲复仇，幸存的有易人被迫远徙，化作摇民。这是一场由劫夺财物而直接引发的战争。轩辕黄帝"习用干戈，以征不享"，和炎帝大战于阪泉之野，三战而胜，又与蚩尤战于涿鹿①，这是为开疆拓土、争夺中原统治权而进行的战争；夏朝太康之世的"五子"（太康的兄弟五人）争立，商代仲丁到阳甲时的"九世之乱"，则是王位争夺战的典型。春秋五霸战争，既是为了获得威扬天下的美名，也是为了疆土的扩张和其他诸侯国的朝贡进献。

战争满足了一部分人的私欲，却给其他大部分人带来惨重的灾难，真是"祸莫大于不知足，咎莫大于欲得"②。

3. 无为不争，天下自宁

在明确了战争的起因后，老子直截了当地告诉世人："不欲以静，天下将自定。"③ 清静无为，贪欲不起，天下就不会纷争，社会自然走向安定。其具体途径，就是通过圣人倡导并身体力行地贯彻"不尚贤""不贵难得之货"，以此阻止贪欲的萌兴，使民众心神不会因为外在的诱惑而陷入紊乱，使执政者不会因为占有欲望的膨胀而肆意挑起事端。贪欲的泯灭，不仅可以使人"绝巧弃利"，而且可以"绝圣弃智""绝仁弃义"④，从根本上杜绝战乱的发生。伪诈心智，虚假仁义，与赤裸裸的争名夺利一样，都是"无为"政治的反动，是天下扰扰、战乱不休的重要因素，其根源均在一个"欲"字。老子在第四十四章谆谆告诫人们，"甚爱必大费，多藏必厚亡"。贪求名位，必定劳心劳力，损失

---

① 《史记·五帝本纪》。
② 《老子》第四十六章。
③ 《老子》第三十七章。
④ 《老子》第十九章。

巨大；而藏敛过多资财，必定招致横祸。第十九章说只有"见素抱朴，少私寡欲"，人们才能断绝名利之争，而"以其不争，故天下莫能与之争"①。因为他不跟别人争，所以天下没有人能与他争，由此便可以最终达到天下无争。

为了进一步说明"无为""不争"对于消弭战乱的重要意义，老子举例说"上善若水"，水滋润万物却不与万物相争，它谦卑居下，处大家所厌恶的低洼之地而默默地奉献自己，其善德与"道"的属性差不多接近了。拥有上德之人就该像水一样，尽其所能帮助他人，贡献社会，但不与人争功争名争利。第四十五章、八十一章、七十三章所言"清静为天下正"，"为而不争"，"不争而善胜"，是老子景仰和推崇的理想政治模式。在这样的清明治世，万物各得其所，悠然自生，人们"甘其食，美其服，安其居，乐其俗"，社会秩序井然，战争的阴霾烟消云散，世界变成了真正幸福的乐园。

在你争我夺、战乱频仍的春秋时期，老子以其鲜明的反战态度以及对战争起因的深刻把握和无为不争的止战观，备受世人注目。但他反对的是为争夺名利而蓄意挑起的"无道"战争，对遭受外敌入侵"不得已"而进行的自卫战争，则表示认同。他竭力强调战争带来的种种灾难，告诫执政者"不以兵强天下"，"恬淡为上"，凡事要"以百姓心为心"。老子这些战争观的形成，既是他"无为而无不为"政治哲学的自然体现，同时也受到历史和现实生活中诸多因素的影响。

首先，老子的战争观是弭兵时代的产物。

春秋战国时期，兼并战争频繁。然而，在春秋五霸和战国七雄的中间，却存在着一个战争相对缓和的过渡阶段——弭兵时代，其显著标志就是两次弭兵大会的举行。历经春秋前期和中期的大规模兼并，到春秋后期就只剩下十多个诸侯国，并且各小诸侯国又多依附于较大的诸侯国，从而形成了以晋、楚、秦等大诸侯国为首的几个战争集团。这种势力均衡不仅为相对稳定政治格局的出现提供了可能，也直接制约着土地兼并战争的发生，使原来那种纷乱的战争局面趋于缓和；而各诸侯国内统治阶级内部争权夺利斗争以及统治者与被统治阶级矛盾的日益激化，也直接促成了弭兵休战趋势的形成。

公元前588年，晋、楚相互释放邲之战中俘获的对方人员，随后又派遣使臣出访问候，大动干戈已久的两国关系出现了和平的转机。公元前579年的夏天，在宋国执政者华元的奔走下，晋、楚两国卿大夫在宋国西门外盟誓，盟辞说：从此以后，晋、楚不要再以兵戎相见；必须同心同德，互相怜恤灾患。若有别的国家危害楚国，晋国要起兵讨伐；楚国对晋也是如此。两国应让使臣往

---

① 《老子》第六十六章。

来，使道路永不堵塞，并共同讨伐那些不向周王朝贡的诸侯国。谁背叛了这次盟誓，就要受到神灵惩罚，国家灭亡。两国结盟完成，郑国君主到晋国去听命。晋、鲁、卫等诸侯国在琐泽（今河南濮阳县境内）开会，重申了和议。此次结盟弭兵尽管只维持了三年，但和平的呼声却激动着人们的心灵，并在整个社会持续激荡。

公元前546年，在宋国执政者向戍倡议下，第二次弭兵大会在宋国正式举行。此时，弭兵休战的思想已逐渐为各诸侯国所接受。《左传》襄公二十七年上记载说："晋人许之"，"楚亦许之"，"齐人许之"，"秦亦许之"，共有晋、郑、鲁、齐、陈、卫、邾、楚、滕、蔡、许、宋等十三个诸侯国的卿大夫和国君先后到会，僻处西方的秦国也同意弭兵，但未出席会议。经过前后两个月的讨价还价，在同意楚国为盟主和达成晋、楚之附属小国"交相见"（同时向晋、楚两国朝贡）协议下，弭兵大会获得了成功，与会各诸侯国从此十几年内无战争，尤其是晋、楚两大国之间在四十年内没有发生军事冲突。

春秋时期两次弭兵大会的倡议者和主持者均为宋国人，绝非偶然。地处晋、吴、齐、楚交通要道的宋国，对外政策很不灵活，常常一成不变，长期与晋国站在一起，屡屡受到楚国征讨，遭受兵祸深重。一次楚国侵宋，围城九个月，把宋国搞得"易子而食，析骸以爨"，人民无法活下去。饱经战乱的宋国人因之拥有一种渴望和平、反对战争的传统。从华元、向戍到战国时主张兼爱非攻并止楚攻宋的墨子，无不反映着这一传统。

出生于宋国柏邑（楚灭宋后改称苦县）、且生活在弭兵时代的老子，其反战思想无疑受到了这种传统和时代环境的熏陶。

其次，老子的战争观受到其民本思想的直接影响。

自西周以来，重民轻天的社会思潮不断弥漫。人们从商汤代夏和周文王、周武王灭商的历史巨变中，深深地感到"天命靡常"，认为上天是不可信赖的，不能盲目地依恃"天命"，应该"顺乎天而应乎人"。也就是说，既要顺从天意更要顺应民心。周公旦与周武王为讨伐商纣王在盟津大会诸侯时所做的《泰誓》中指出："民之所欲，天必从之"[1]，"天视自我民视，天听自我民听"[2]。他们已将天意与民心直接联系起来，认为天意就是民心的集中表现，从而给"天命"赋予了新的内容。到了春秋时期，从前令人敬畏的上天和神灵更是江河日下，它们在一部分人的心目中再也不是凌驾于一切之上的万能主宰，而是处于人的附属地位。"夫民，神之主也"，"神……依人而行"。这是时代新的呐

---

① 《左传·襄公三十一年》引《泰誓》。
② 《孟子·万章上》引《泰誓》。

喊！虢国史嚚声称："国将兴，听于民；将亡，听于神。"① 他充分肯定，国家兴旺和强盛的关键在于统治者奉行的政策和措施要得到民众的拥护和支持。季梁曾谏议随国国君"先成民而后致力于神"②。很显然，民众在国家治理与社会发展的重要地位和作用正在被越来越多的人所认同。

至于战争胜败与民众的关系，自西周以来也一直有人在探索。《易经》中的晋卦"六三"爻辞讲："众允，悔亡。"意思就是说如果能得到众人的信任，战争取胜就没有什么困难了。观卦"六三"爻辞则言："观我生，进，退。"意为通过观察、了解"生民"的意愿，以此决定战争中的进或退。

晋、楚城濮之战后，有人分析楚国的战败，并非神灵的旨意，其根源在于楚国的执政者"不勤民"。不体恤民意，自然无法获取民心。所以，楚国既不是得不到神灵的佑护，也不是兵力不如晋国的强大，"实自败也"。而晋国之所以取胜，关键的因素是得到了民众的支持。晋文公重耳上台执政以来，由于推行免债轻赋、救贫济弱、发展农商实业的经济措施和"明贤良""赏功劳""举善援能"的用人政策，结束了晋国多年以来动荡的政局，使"政平民阜，财用不匮"③，深得民众拥护和支持。为了在战争中能取信于民，晋文公在围攻原邑（今河南济原西北。周襄王赐给晋的四邑之一，最初不愿归顺晋国）时，预先向士兵宣布：只围三天，只带三天口粮。晋军围了三天后，原邑人仍不投降，晋文公就下令解围而去。晋国派到原邑的谍报人员出来阻止说：原邑人已支持不住，准备投降了。一些将官也要求等一等再说，晋公文坚决不同意，声称：信用是一个国家的最大财富，要得到人民的支持，全靠它。我已经下令此次出兵以三天为期，现在不按期退兵就是失信。如果为了得到原邑而失掉信用，就是得不偿失。于是，他坚决地下了撤退令。结果，晋军撤退尚不到三十里，原邑就派人前来军中表示降意。晋文公在这里巧妙地以诚信之举获得了敌方归顺的民心，达到了不战而胜之至高境界。正是因为晋国的执政者长期以来始终不渝地奉行"民听不惑，而后用之"，所以晋军在城濮大战中能上下齐心，团结一致，最终打败楚国，大获全胜。晋、楚交锋，两相对照，结论是"无众必败"。概览众多风云变幻的史实，《左传》的作者因之公开提出了"无民，孰战"的战争观。

老子依据"贵以贱为本，高以下为基"④ 的辩证思想，认为百姓是执政者统治大厦的根基，因此圣人应该"以百姓心为心"。要想高居民众之上，就必

① 《左传·庄公三十二年》。
② 《左传·桓公六年》。
③ 《国语·晋语》。
④ 《老子》第三十九章。

须心口一致，言辞谦恭，尊重天下众民；意欲领导民众，就必须把自己摆在民众的后面。只有善待民众，随时随地从民众的利益出发，按照民众的意愿办事，"无狎其所居，无厌其所生"，使民众并不感到重压和深受伤害，才能最终得到民众的支持与拥戴，所谓"天下乐推而不厌"①，正在于此。

然而，现实生活中统治者与人民的关系并非如此。春秋后期，各诸侯国的统治者大多奢侈腐化，横征暴敛，荒淫无度。如在齐国，百姓辛勤劳动一年所得，三分之二都被统治者搜刮走了，以致"公聚朽蠹"，而百姓却过着衣食匮乏的贫苦生活，"三老冻馁"。不仅如此，统治者还实行严刑峻法，许多人被判刖刑，脚被砍掉，导致全国各地市场出现"屦（草鞋）贱踊（假肢脚）贵"的惨象。"民人苦病，夫妇皆诅"，此充分反映出统治者与民众尖锐激烈的矛盾冲突。在晋国，统治者耗费巨额人力、物力和财力，大修豪华宫室，搞得百姓疲惫不堪，以至于"民闻公命，如逃寇仇"②。在楚国，灵王为修建章华之台，"国民罢焉，财用尽焉，年谷败焉，百官烦焉，举国留之，数年乃成"③。楚灵王大兴土木的结果是：人民因饥饿而日日消瘦，四境之内，饿死者相望于道。

老子严厉痛斥这些"损不足以奉有余"的"人之道"，认为其在根本上是背离"损有余而补不足"之天道法则的。在他看来，那种不惜田园荒芜、仓廪空虚以追求宫廷华美者，虽穿着华丽衣服，身佩明亮利剑，吃腻了山珍海味，财产多得受用不完，但从不去接济别人者，简直就是强盗行为。老子在第七十五章一针见血地指出，"民之饥，以其上食税之多，是以饥"。第七十二章警告执政者："民不畏威，则大威至"，第七十四章再次强调"民不畏死，奈何以死惧之"。高高在上的统治者如果不顾民众死活而一味追求自己的奢华享受，民众就会不惜一死揭竿而起以求得最基本的生活权利。所以，当民众不再惧怕执政者的淫威时，执政者就面临着真正的大威胁了。

至此，西周以来的"重民"思想发展到了一个崭新的阶段——民本主义时期。基于如此深刻的认识，老子强烈反对执政者为了满足自己的私欲而肆意挑起那些可能给广大民众带来深重灾难的战争，便是顺理成章之事。

最后，老子战争观的形成，还直接从前人的军事思想中汲取了丰富的养分。

大约产生于西周初期的《周易》，蕴含着丰富的军事思想。宋朝王应麟在《通鉴答问》中曾经这样评论说："盖《易》之为书，兵法尽备，其现一矣。"

---

① 《老子》第七十二章、第六十六章。
② 《左传》昭公三年、二十年。
③ 《国语·楚语》。

如兑卦"初九"爻辞:"和兑,吉。"意思是说国与国之间如果和睦相处,就吉利。"九二"爻辞:"孚兑,吉;悔,亡。"这是在讲国与国之间若以诚信相待,就吉利;如果有反悔违约这样的不诚信行为,就会陷于灭亡的绝境。"六三"爻辞:"来兑,凶。"意指任何国家如果依靠强大的武力去威胁他国,强迫别人归顺和服从自己的意志,就凶险。反对恃强凌弱与武力侵伐,主张用和平的方式来解决国与国之间的争端,是《周易》主张的一个重要军事观。

老子在第六十一章对此给予了充分发挥。他说:大国若能像江海一样谦卑居下,以诚信有礼对待小国,就可以取得小国的信服和归顺;而小国如能以诚信有礼对待大国,则能得到大国的保护。"大国不过欲兼畜人,小国不过欲入事人",相互谦卑,相互尊重,彼此和平共处,大家都"各得其所欲"。大国尤其不可以自恃强大而欺凌弱小,所以说"大国者下流","大者宜为下"。

《周易》并不绝对地、简单地反对战争,而是主张师出有名的、自卫防御性的正义战争。谦卦"六五"爻辞:"不富以其邻,利用侵伐,无不利。"其中心思想是讲君王以谦顺之德治国,得到左右臣下及百姓的拥护与信赖,如果仍有不服者,就可以诉诸武力,此时征战就会没有不吉利的。"上六"爻辞:"鸣谦,利用行师,征邑国。"这是说君王有谦谦之德,居人后而不与其争,但在不得已的情况下亦可用兵,以保护自己的正当权益。在《周易》中,还有一专讲战争理论的师卦,其卦辞为:"师,贞,丈人,吉无咎。"贞就是正,是指打仗的目的和意图要正确。丈人是指有才能、有谋略,品德和能力都为大家所敬佩的人,打仗就要选择这样的人做统帅。前者是强调战争要有正义性,后者是讨论如何确定统帅。如果这两个方面都解决好了,不仅能打胜仗,而且还能得人心。"六五"爻辞进一步指出:"田有禽,利执言,无咎。"禽兽进入了田中,损害庄稼,侵害农事,将其拿住,是应该的,也是必要的。此比喻敌人若来侵犯我领土,我被迫起而应战,出师有名有义,当然就不会有凶险。

老子批判性地继承了《周易》关于正当防御的战争思想。他大声疾呼:"兵者,不祥之器,非君子之器,不得已而用之。"尽管他没有明确说明用兵"不得已"的具体内含与指向,但我们从"圣人常无心,以百姓心为心"这一根本大原则出发,很容易地就得出:民心向背是老子认定执政者能否用兵的决定性因素。当外敌入侵致使民众的利益受到损害、人民要求自卫时,使用武力就是被允许的,而且必然会取得胜利。因为这样的战争是为了解除民众的苦难,是为了终止战争可能带来的更大祸患。

春秋时,不少人对战争的性质有了朴素的认识。《左传》成公元年记载,公元前590年,茅戎和周王室之间的矛盾经过晋国的调停而得以化解,双方达成了和平协定。但周室朝廷的刘康公企图趁茅戎因媾和而疏于防备之机发起突然进攻，叔服劝阻说："背盟而欺大国，此必败。背盟，不祥；欺大国，不义。"违背盟约，撕毁和平协议，这样的不义之战肯定会招致失败。但刘康公不听，执意讨伐茅戎，果然遭到大败。

老子则超越了人们对战争"义"与"不义"的一般性认识和分别。因为在他看来，"义"不过是大道丧失后人类行为规范的一级阶梯，它与繁文缛节、拘锁人心的"礼"在功能上并无实质性的不同，况且"义"与"不义"在你争我夺的战乱之世也难于界定和把握；就战争的破坏性而言，"义"战和"不义"之战具有共同性，它们都会给社会生产和人民生活带来巨大的灾难。所以，老子并不抽象地谈论战争性质是"义"与"不义"，他在从根本上否定战争的同时，以人民利益是否受到侵害和社会大众意愿作为"不得已"而用兵的衡量标准，具有极其深远的历史意义，并且直接影响当时和后来许多思想家与军事家对战争的认识与态度。

曾经多次向老子请教并深受启发的儒学宗师孔子就主张慎战。《论语·述尔》载："子之所慎，齐（斋）、战、疾。"战争如同疾病瘟疫一样，直接危及人类的生命安全，当然应该慎重对待。

受业于孔子嫡孙子思之弟子的孟子，是战国中期的一位儒学大师。在《离娄二》《告子下》等篇章里，他从"民贵君轻"的政治哲学思想出发，对当时各诸侯国兼并战争的巨大危害给予了强有力的揭露："争地以战，杀人盈野；争城以战，杀人盈城。"孟子把那些"兴甲兵，危士臣""糜烂其民"的诸侯国君比作残暴的夏桀再生，而那些为国君开疆拓土、聚财敛物、出谋划策或征战疆场的所谓"良臣"，简直就是"民贼"，"此所谓率土地而食人肉，罪不容于死"。他进而主张"善战者服上刑"，也就是说好战的人应该受到最严重的刑罚处治。《梁惠王上》说：聪明的执政者不是依靠穷兵黩武来取得天下，而是靠推行"省刑罚，薄税敛，深耕易耨"的"仁政"。《离娄上》讲："夫国君好仁，天下无敌。"执政者如果能实施"仁政"，天下万民就会像水由高处流向低处、走兽奔驰于平原旷野一样归顺君王。而一旦民心归顺，就会战无不胜。"天时不如地利，地利不如人和"，"得道者多助，失道者寡助"，《孟子·公孙丑下》中的这两句话，已成千古垂训的箴言。《尽心章句下》则断言："春秋无义战！"孟子对诸侯国兼并战争的否定和高度重视普通民众在战争中的关键作用，与老子的战争观何其相似！

战国"显学"墨家的创始人墨子亦高举起老子反战的大旗。《墨子》之《非攻篇》《鲁问篇》等，均无情鞭挞当时各诸侯国统治者发动的掠夺兼并战争。势力强大的诸侯国们依仗其坚甲利兵，"以往攻伐无罪之国"，既毁人城池，烧人祖庙，割人庄稼，砍人树木，抢人牛马、粟米、货财，又"杀其万民"，将大批男女老幼俘为奴仆。作为战争发动者的诸侯国君，不但未深刻反省战争的血腥残暴，反而将其书写于竹帛，铭刻于金石钟鼎，传之后代子孙，还沾沾自喜地声称"莫若我多"。墨子指出，这种掠夺战争对于大国来说即使胜了，也只不过是得到"无所可用"的虚名：获得了土地，"反不如所丧者之多"。为什么这样说呢？因为大国土地有余，人民不足。在血流成河、生命惨遭屠戮的战场上，以人民的无尽死伤去争夺毫无意义的"虚城"，这不恰恰是"弃所不足，而重所有余"吗？因此，战争这柄双刃剑，不仅给受到攻击的国家和人民带来深重的灾难，而且使战争的发动者自身也惨遭损失："春则废民耕稼树艺，秋则废民获敛"，正常的农事生产被打破，百姓因饥寒冻馁而死者"不可胜数"；被征为徭役服务前方战事而死亡不返者"不可胜数"；逃离家乡、流亡奔徙或因疾病而死者"不可胜数"；在战场兵刃格斗的激烈厮杀中，"丧师多不可胜数"……墨子警告那些好战的诸侯国执政者们，无论是从历史上所闻，还是现实中所见，国家"以攻战亡者，不可胜数"。他列举吴王阖闾、晋之智伯等典型案例，指出他们虽曾雄霸一时，然而却因为穷兵黩武，最后都以国败身灭而告终。在深刻阐述战争恶果的基础上，墨子响亮地发出了"兼爱""非攻"的倡议，试图通过"兼爱"来消除纷乱的战争，"若使天下兼相爱，国与国不相攻，家与家不相乱，盗贼无有，君臣父子皆能孝慈。若此，则天下治"[1]。为了实现这一美好的理想，他在《天志下》里提出了"七不"原则，即："大不攻小也，强不侮弱也，众不贼寡也，诈不欺愚也，贵不傲贱也，富不骄贫也，壮不夺老也。"这"七不"原则，表明了墨子伸张人间正义、主持社会公道、推进天下和平的至高理想。他不仅这样主张，而且还以自己亲身的行动去倡导和推进。墨子曾从北方的齐国连续奔行十天十夜而南行至楚国都城郢，劝说公输盘和楚王放弃攻打宋国的念头与举措，从而在历史上留下了"止楚攻宋"的有名故事。

坚决反对为名为利而蓄意挑起争夺战争，反对以兵强取天下，主张各诸侯国之间和平相处以促进天下安稳太平，这是墨子战争观与老子战争观的相通之处；但在止战的途径和手段上，老子主张"无为""不争"，天下自宁，强调遵从"道"的法则，从根本上发扬每个人的自主自发精神，进而达到怡然自乐的安康谐和之境；墨子则希望爱的阳光能普照人间，如果每个人都有博爱的情怀与举止，"兼相爱，交相利"，那么纷争与战乱就可以被终止，天下大治的和平盛世便指日可期。

老子战争观对中国历代兵家的影响更是显而易见。兵学鼻祖《孙子兵法·

---

① 《墨子·兼爱上》。

计篇》开宗明义就指出："兵者，国之大事。死生之地，存亡之道，不可不察也。"用兵打仗作为国家的头等大事，关系到众多军民的生死和国家的兴衰存亡，战争本身又劳民伤财，如《作战篇》所说："百姓之费，十去其六；公家之费……十去其七。"因此，孙武反对好战，主张对战争应采取慎重态度，《火攻篇》讲"主不可以怒而兴师，将不可以愠而致战"。情绪化是战争之大忌。人愤怒之后还可以重新欣喜，气愤了也可以恢复到高兴，可是一旦战火点燃，国家灭亡了就不可能再存在，人战死了也不可能复生，"故明主慎之，良将警之"。贤明的君主和优秀的将领务必对战争保持慎重和警惕，任何人都不能凭自己的主观愿望、个人情感好恶而轻率地发动战争，"此安国全军之道也"。在分析研究战争规律、预判战争胜负的可能性时，孙武提出了著名的"五事七计"。"五事"为道、天、地、将、法。"七计"的第一条是"主孰有道？"而他关于"道"的具体内含理解是："道者，令民与上同意，可与之死，可与之生，而不危也。"能否获取民心、顺从民意，进而使民众跟随执政者驰骋沙场，同生死，共患难，被孙武视为战争的首要问题。因之，"善用兵者，修道而保法，故能为胜败之政"①。善于用兵打仗的人，必定会修明政治，确保法制，从而使民心归顺，稳操胜败兵机。老子民本主义思想于战争中的体现，在孙武这里得到了淋漓尽致的发挥。

曾为越王勾践卧薪尝胆终于洗雪会稽之耻而完成灭吴大业立下汗马功劳的范蠡，是春秋末年的一个大政治家、思想家，也是一位杰出的军事家。在对战争的基本认识上，他说："夫勇者，逆德也；兵者，凶器也；争者，事之末也。"②勇于攻杀违背德政，用兵打仗是凶险之物，纷争好斗是下下之举，这简直就是老子兵凶战危观的翻版。范蠡同样认为轻易挑起战争没有好结果，"始以伐人，人终害之"。他把穷兵黩武称为淫佚放荡之事，"上帝之禁也"，谁先点燃战火，谁就处于"不利"之境。关于战争与民众的关系问题，范蠡称"定倾者与人"，要拯救国家的危亡，就必须获取民心。而战争实践中，在选择向敌人发动进攻的时机上，有一条重要的原则就是看对方是否丧失民心，"人事不起，弗为之始"。用民心来判定是否可战、如何应战，与老子主张的"以百姓心为心"如出一辙。

战国初期的军事家吴起提出治国治军必修"四德"——道、义、礼、仁的理论，认为"修之则兴，废之则衰"。何谓"道"？"夫道者，所以反本复始。"道就是归复事物的原初状态，洞悉其固有的规律，这难道不是在弘扬老子的思

---

① 《孙子兵法》之《计篇》《形篇》。
② 《国语·越语下》。

想？吴起还深刻地分析了战争的五种起因："一曰争名，二曰争利，三曰积恶，四曰内乱，五曰因饥。"① 名利之争，战乱之源，这不正是老子的观点么？吴起还强调："图国家者，必先教百姓而亲万民"，要思民之利，除民之害，不失民众。争取到了民心，胜利就有了保证。他说"百姓皆是吾君而非邻国，则战已胜矣"。当老百姓都称颂和拥戴自己的国君而不是赞誉邻国君王的时候，战胜的结局就已经十分明朗了。从吴起的兵法著述中，我们相信他一定熟读精读过《老子》，才能有如此心得，如此融会贯通，灵活运用。

战国中期军事家孙膑认为，战争只不过是实现政治意图的一种辅助手段。《孙膑兵法·见威王篇》讲："夫兵者，非士恒埶（势）也，此先王之傅（辅）道也。"战争并非军人武士所应经常造就的态势，而是先王所规定的行道（实行政治统治）的辅助手段。鉴于战争巨大的破坏性和严重后果，他反对轻易发动战争。"然夫乐兵者亡，而利胜者辱。"凡是喜欢动用武力的好战分子必将遭到灭亡的厄运，而贪图从战争获胜中取得物质利益的人也一定会自取其辱。《篡卒篇》说："恶战者，兵之王器也。"不好战甚至厌恶战争，才是用兵之根本。只有当用和平方式不能解决政治问题时，武力才是必要和可能的，《月战篇》把这叫作"不得已而后战"。在战争实践中，孙膑强调认识和掌握战争规律（道）是至为重要的，打胜仗"唯知道"。《八阵篇》讲："知道者，上知天之道，下知地之理，内得其民之心，外知敌之情。"懂得天文地理，熟知季节变化与自然地形地貌，得到百姓支持，并对敌情了如指掌，这些都属于他所说战争规律掌握的范畴。其中，能否得民心是关键中的关键。《兵失篇》说战争不能取胜的"大患"，就在于"不能合民心者也"。

孙膑还从多个层面阐述了民众与军事的关系：

其一，如果老百姓困苦于兵役或军队的骚扰，导致军民关系紧张，那么战争就注定要遭到失败，这就是《将失篇》所说的"民苦其师，可败也"。

其二，《篡卒篇》肯定"其强在于休民"。强调执政者若能使民休养生息，努力发展农商经济，增加人口繁殖，人力、物力、财力资源充裕，当然就会有强大的军队和强盛的国力，而战争取胜也就有了可靠的保障。

其三，士卒是战场上冲锋陷阵的主力，也是民众的特殊组成部分。所以，得民心必首先得军心。《篡卒篇》说："得众，胜"，"不得众，不胜"。《将失篇》言"下不服，众不为用，可败也"。得民心的具体化，无疑使政策取向和有关措施的制订与执行有了更强的可操作性。

从孙武、范蠡到吴起、孙膑，作为春秋战国时期兵家的杰出代表，他们在

---

① 《吴子·图国篇》。

战争观上均反对轻易发动战争和炫耀武力，主张不得已方才用兵，将武力使用纳入政治统治的范畴，强调民众在战争中的突出作用等，这些都明显地闪烁着老子思想的光辉。

其后的历代兵家、兵书，也大多沿袭了这一传统。如：

战国《尉缭子·武议篇》言："故兵者，凶器也；争者，逆德也；将者，死官也。故不得已而用之。"《战威篇》讲："夫将之所以战者，民也。"

《六韬·文韬》"文师第一"则有："天下非一人之天下，乃天下之天下也。同天下之利者，则得天下；擅天下之利者，则失天下。"

秦汉之际的《黄石公三略·下略》说："夫兵者，不祥之器，天道恶之。不得已用之，是天道也。"《上略》也说："治国安家，得人也。亡国破家，失人也。"又引《军谶》言："兴师之国，务先隆恩。攻取之国，务先养民。以寡胜众者，恩也。以弱胜强者，民也。"

唐代赵蕤《长短经·出军篇》讲："夫兵者，凶器也；战者，危事也。兵战之场，立尸之所。帝王不得已而用之矣。"

三国时曹操在《孙子兵法注》序中写道："恃武者灭，恃文者亡……圣人之用兵，戢而时动，不得已而用之。"

诸葛亮《便宜十六策·治军篇》说："故兵者凶器，不得已而用之。"

唐朝大军事家李靖在《唐太宗李卫公问对》中言："兵，不得已而用之。"

唐朝李筌《太白阴经·善师篇》说："夫兵者，凶器；战者，危事。"

明朝刘伯温《百战奇略·好战》讲："夫兵者，凶器也；战者，逆德也，实不获已而用之。不可以国之大，民之众，尽锐征伐，争战不止，终致败亡，悔无所追。然兵犹火也，弗戢，将有自焚之患。黩武穷兵，祸不旋踵。法曰：国虽大，好战必亡。"

众多兵法大师几乎都一致性地着力强调：用兵打仗是不吉祥之举，不得已用之；维护人民的利益是用兵的唯一合法理由；只有得到民众的支持，战争才有取胜的可能。随着历史车轮的滚滚向前，老子民本主义战争观可谓深入中国人的骨髓。

六、老子与战略观

战略是战争的谋略，它立足于从总体上谋划如何进行战争，探索和把握战争规律与战争指导原则，如进攻与防守、前进与后退、持久与速决、强弱势转化等。近代军事战略学奠基人、德国军事理论家和军事历史学家克劳塞维茨说："如果人们认为战术是暴力行为（即战斗本身）的实施，而把战略看作是巧妙运用战斗的一种艺术，那么除了各种感情力量（像压缩待发的弹簧一样的炽烈的荣誉心，不易屈服的坚强意志等等）以外，其他禀赋似乎都不能像诡诈那样适合于指导和鼓舞战略活动了。"① 老子高度重视谋略的运用，认为"坦然而善谋"是"天之道"②，无论治国抑或用兵，策谋均必不可少，并且是符合天道法则的；在策谋的时机上，他强调"其未兆易谋"③，在纷乱事变或战争尚未爆发之前甚至还没有出现有关征兆的时候，就应该考虑到其可能性，并预先想出对策。此时谋划，因为时间充裕和精力集中而显得从容，未雨绸缪远胜于临时抱佛脚。老子的战略指导思想，是其论兵的重点。

1. 谦退居下，御敌自卫

老子反对随意发动战争的基本军事思想，决定了他在战略上主张自卫性的防御作战。

在战争实践中，进攻战意味着主动向对方发起攻击，带有强烈的"有为"色彩和"争"的倾向，这显然有悖于老子的整体政治哲学。"不得已"而用兵则是一种战争的自卫行为，它是在遭到敌方侵袭时为免遭灭亡的厄运和恢复安宁祥和的社会秩序而进行的战争。

这种自卫战争的发生，一定是以他人先动武为前提条件的。老子高举"无为""不争"的大旗，崇尚谦退居下的品格。第七章上讲："是以圣人后其身而

---

① 克劳塞维茨《战争论》第三篇"战略概论"。
② 《老子》第七十三章。
③ 《老子》第六十四章。

身先。"第六十六章说:"欲先民,必以身后之。"第六十七章则直接将"不敢为天下先"列为"三宝"之一。在如此思维模式下,很难设想老子会赞同首先向别人发起进攻的战争。而从防御战的主要功能来讲,它只需将进攻的敌人击退,有效地保卫自身安全,就可以说是已经达到目的了。所以,老子说"善有果而已,不敢以取强"①。意思是讲善于用兵打仗的人只求救济危难罢了,绝不敢用兵力来逞强称霸。他还一再提到"知止可以不殆","知足不辱,知止不殆"②。在战场上讲求适可而止,不要过分追击残敌而使自己陷入新的危险,这是一种典型的防御战略思想。

老子在第六十九章还借用古代兵家的话说:"吾不敢为主而为客。"此已是公开宣示其防御战略了。但需要明确提出的是,老子御敌自卫的战争策略,并非像某些人所认为的那样是一种"消极退守"。他的本意是在告诉人们:不要为了自己的私利而肆意挑起战争,不要主动地向他人发起进攻,但在遭受敌方袭击、自身安全和利益面临严重威胁时,奋起抗战自卫,不仅是允许的,而且也是必需的。"不得已而用之"的落脚点,就在于前提条件具备时可以用兵,这便是对自卫战争的肯定与认可。

与此同时,这种自卫战争在老子看来还应该是能够且务必要取得胜利的战争,因为它是一种反侵略性质的保家卫国的战争,能够得到人民的支持,这是战争能够取胜的根本。而只有打败来犯之敌,才能保证国家的完整、社会的安宁和人民的幸福。《老子》不过短短五千余言,但"胜"字却频繁地出现于文中,如第三十一章"战胜,以丧礼处之",第三十六章"柔弱胜刚强",第六十七章"夫慈,以战则胜,以守则固",第六十八章"善胜敌者不与",第六十九章"故抗兵相加,哀者胜矣",第七十三章"天之道,不争而善胜",第七十八章"弱之胜强,柔之胜刚"。此外,尚有与"胜"之含义相同的词,如第九章"功遂身退",第五十九章"重积德则无不克",等等。老子如此津津乐道于论"胜",充分反映出他不战则已、战则求胜的主张和积极进取精神。那么,怎样才能取得自卫战争的胜利呢?老子在第五十七章提出了"以奇用兵"的著名观点,还探讨了许多具体的战术原则(详见本书"老子与战术观")。

由此可见,说老子一味地主张消极退让,"对战争完全采取消极的无所作为的态度",显然是不恰当的。他的确反对战争,尤其是坚决反对侵略战争,呼吁人们通过"无为""不争"的内心修炼来熄灭战争的火焰,自动放弃兼并扩张的念头;但是,在战火已经被人点燃、和平已经遭到破坏的情况下,他不

---

① 《老子》第三十章。
② 《老子》第三十二章、第四十四章。

仅不"消极退让",反而主张被侵略方应坚决迎战,采取包括战场进攻在内的灵活机动的战术,最终取得反侵略自卫战争的胜利。实际上,老子在第四十一章里早已用精粹的语言,将他的这一重要战略观清楚地告诉了人们:"进道若退!"什么叫"进道若退"?单从字面来理解,是说前进的道好似在后退;而从军事的角度来看,它实际上是在讲进攻包含于退守之中。退守是一种战略上的防御,是"无为""不争"思想在军事上的具体贯彻,是不向他国发动侵略战争,是"我不犯人";而进攻则是御敌自卫战中的战术行为,是反侵略战争中的积极进取。

直接继承老子思想的黄老学派,非常准确地把握住了老子这一战略观的精髓。《黄帝四经·十大经》顺道篇说:"委燮恭俭,卑约主柔,常后而不先","端正勇,弗敢以先人"。《黄帝四经·经法》中又讲:"不为兵主,不为祸首。"在两军、两国对垒中,不首先挑起战争,不充当战争罪魁祸首的一方,自然是处于战略防御的地位。

墨子对老子的御敌自卫战略则给予了全面阐释和弘扬,并将其运用于战争实践。他特别对守城方略进行了深入系统的研究,从而成为春秋战国时期防御战的集大成者。《墨子·非攻篇》明确否定以"攻"为特征的战争。所谓"攻",就是指战略上的进攻,即主动向别人发起掠夺性的战争。当有人问及在当时"天下之害孰为大"这一问题时,墨子尖锐地指出:"若大国之攻小国也,大家之乱小家也,强之劫弱,众之暴寡,诈之谋愚,贵之傲贱,此天下之害也。"[1] 强凌弱,大国攻打小国,在他看来正是当时天下的大害。

每每想及强国兼并小国的侵略战争,墨子就有"被坚执锐,救诸侯之患"[2] 的强烈冲动。所以,当他在齐国听说公输盘正为楚国制造攻城器械、准备攻打宋国的时候,不顾路途迢迢,竟连续十天十夜奔行到达楚国都城郢,质问公输盘"宋何罪之有?"墨子认为楚国土地辽阔,人民相对国土而言已显得"不足",以本来不足的人口去争夺早已绰绰有余的土地,这不能说是明智之举;宋国无罪,却要发兵攻打它,这也不能叫仁义之行。随后,墨子又面见楚王,试图从利害得失和逻辑道义上去打消楚王攻宋的战略意图。可是,楚王无动于衷,还回答说:"公输盘为我为云梯,必取宋。"墨子劝说失败,就要求当着楚王的面与公输盘斗法,于是一场攻防演习战拉开了序幕:墨子解下衣带以布城防,把写字用的竹木片当作防守武器,"公输盘九设攻城之机变,子墨子九距(通拒)之",以致公输盘攻城器械用尽,而墨子守御之术仍"有余"。最

---

① 《墨子·兼爱下》。
② 《墨子·鲁问篇》。

后，公输盘想出阴险的一招，欲让楚王杀掉墨子，以为这样便可以完成攻打宋国的大业了，殊不知又被墨子识破："公输子之意，不过欲杀臣，杀臣，宋莫能守，可攻也。然臣之弟子禽滑釐等三百人，已持臣守圉（御）之器，在宋城上而待楚寇矣！虽杀臣，不能绝也。"① 无可奈何之下，楚王只得放弃攻宋之举。

墨子反对攻伐侵略性战争，对反侵略的防御战则挺身而出，义无反顾，并认为这种战争能使"上下相亲，又得四邻诸侯之救"。因为是遭受外敌入侵，所以上上下下能同仇敌忾；又由于是在本国境内作战，于是后勤补给有保障，地形态势也比较熟悉，"我城池修，守器具，樵粟足"，"地形之难攻而易守"②。墨子坚信这样的防御战一定能够取得胜利。经过长期深入细致的研究，他在回答禽滑釐请教城市如何进行防御战时，针对当时战争中常用的攻城方法——高临（在城垣外围筑土山，以便居高临下向城内发起攻击）、钩（用特制的器械来钩取敌军或敌械）、冲（用冲车撞击城门）、梯（用云梯攻城）、水（决河水淹城）、穴（挖地道攻城）、突（穿透城墙攻城）等，提出了十二种防御战术，这便是《墨子》书中的《备城门》《备高临》《备钩》《备冲》《备梯》《备埋》《备水》《备空间》《备轩车》《备突》《备穴》《备蛾傅》十二篇。对每一种防御战术，墨子都给予了详尽的解释和说明，如备守城门术：首先要求设置坚固的城门和悬门，配备专人防守。当敌人进攻时，哨楼上的人要及时报警。待敌橹（上有望楼的战车）靠近时，即以弩矢、沙石和烟火等杀伤敌人，并预先在城门前五步处设陷阱，使敌人无法接近城门。假如敌人用火攻，就用早已备好的水扑火。如城门被攻破，即降下悬门，重新封闭门道。如悬门也被攻破，即以备用辒辌车（上蒙牛皮，下有四轮的战车）迅速堵塞缺口。

在御敌自卫的具体战役中，墨子并不主张单纯的消极防守。《号令篇》说："敌人但至，千丈之城，必郭（廓）迎之，主人利；不尽千丈者，勿迎也，视敌之居（部）曲众少而应之。此守城之大体也。"防守力量雄厚的大中城市，应趁来犯之敌立足未稳之机，主动打开城门迎敌一战，以打击敌人的嚣张气焰，争取对自己有利的战场形势。"凡守城者，以亟伤敌为上。"守卫城市，并非将敌人挡在城门外了事，果真那样的话，将是下下之策，最终也会使城市失守，应该采取的上策是运用各种方法随时随地尽可能多地打击敌人，直到将其彻底击溃。在被动中争取主动，在防守中发动进攻，墨子可谓深得老子论兵要义。

---

① 《墨子·公输篇》。
② 《墨子·备城门篇》。

老子御敌自卫战略在中国古代军事史犹如一面光辉的旗帜，它不仅宣告了自卫战争的正义性，而且开启了我国一代又一代反侵略自卫战争的传统。

2. 以柔克刚，以弱胜强

老子反对以兵强天下的兼并战争，赞同御敌自卫。而在春秋时期以大国争霸为主角的政治舞台上，处于防守地位的通常是弱小的国家。它们在遭到大国攻击时，如何才能取得自卫战争的胜利，从而免遭败亡的厄运？老子开出的良方是以柔克刚、以弱胜强。柔与刚，弱和强，本身构成矛盾，它们之间的相互关系及其如何运用于军事，向来是人们探索的重点。第三十六章首先提出了"柔弱胜刚强"的命题，这是一种超越常人的全部思维模式。柔弱之所以能够战胜刚强，其理论基础在于"弱者道之用"①。在老子看来，大道无为而生养万物，万物在生生灭灭的过程中蕴含道的法则却没有感到道的任何压力。道之无为在道产生效力即生养万物时体现出柔弱谦卑的特征，然而柔弱谦卑无为的道却"无不为"，它生养一切，战胜一切。

为了进一步论证柔弱胜刚强的道理，老子列举了他认为与道最相似的水（"故几于道"）来形象地说明，"天下莫柔弱于水，而攻坚强者莫之能胜，其无以易之"②。的确，普天之下还有什么比水更柔弱的呢？假如我们用一只碗来盛水，碗是圆的，水则成圆形；碗是方的，水则成方形。总之，有什么形状的碗，水就被规范成什么样的形状，实在是够柔弱了。但这仅是问题的一方面，如果换一个视角，我们就会发现柔弱之极的水竟然又同时具有无限的穿透力，"天下之至柔，驰骋天下之至坚"③。所有坚硬无比的东西都无法战胜柔弱的水，反而会为水所渗透、涵盖和化解，抽刀断水水更流，"水滴石穿"早已成为人们所熟知的成语。

在自然界和人类社会中，除了水以柔弱无比之性格而战胜坚强之物外，柔弱胜刚强的事例还很多。第七十六章说："人之生也柔弱，其死也坚强。万物草木之生也柔脆，其死也枯槁。"人在活着的时候，身体是柔软的，死了才变得僵硬；万物也是如此，花草树木活着的时候是柔软的，死了才变得枯槁坚硬。从这些生活经验中，老子得出结论："故坚强者死之徒，柔弱者生之徒。"坚硬刚强的东西是死亡之物，柔弱者却是充满生机之物。两相对照，便有了"强大处下，柔弱处上"这句至理名言。

---

① 《老子》第四十章。

② 《老子》第七十八章。

③ 《老子》第四十三章。

在进行了一番严密的逻辑推论和事例举证后，老子断言"守柔曰强"，并将其引入军事领域，"是以兵强则不胜，木强则兵"，"故抗兵相加，哀者胜矣"①。军力强盛而到处炫兵耀武的好战者，是不可能获得胜利的，终将自取灭亡，就像树木长大了便会被人用刀砍伐一样。在战场交锋中，柔弱悲愤慈爱的一方能团结一致，军民同心，这种力量远胜于凶残暴虐的好战之师，因而最终的胜利一定属于他们。

柔弱能战胜刚强，除了其自身属性使然外，把握它们之间态势的转换是十分重要的。"含德之厚，比于赤子……骨弱筋柔而握固。"②德性深厚的人，就好像是天真无邪的婴儿，这些婴儿虽然筋骨柔弱，但握起小拳头来却是非常的牢固硬朗。老子将生活经验中的这个典型事例援引入其经典著作的寓意和真实意图是什么？我们认为：

首先，老子是在强调柔弱者必须注重德性修养，按照无为的法则规范自己的言行举止，从细小事情做起，"图难于其易，为大于其细。天下难事必作于易，天下大事必作于细"③。努力使其军队或国家变成有道者的军队或国家，这是最终战胜强敌的根本，"重积德则无不克"。

其次，筋骨柔弱的婴儿何以能使拳头牢固硬朗？关键在于一个"握"字，握就是把五个独立分散的手指捏合起来，这是把散力凝聚为合力的过程，是团结的过程。战场上柔弱的一方，不仅要有道的修养、德的积累，而且要注意内部的团结，将士同心，军民同心，上下同心，如此便可以使柔弱转化为强大，进而战胜骄妄强霸者。老子在第七十八章感叹："弱之胜强，柔之胜刚，天下莫不知，莫能行。"柔弱可以战胜刚强的道理，天下人没有不清楚明白的，却没有人或很少有人能够真正做到。为什么呢？或许老子觉得人们并没有真正明白和把握柔弱与刚强的转化规律吧！

将老子以柔克刚、以弱胜强战略运用得炉火纯青的是范蠡。这位出身卑微、少不得志、常"被（披）发佯狂，不与于世"④的楚国奇才，曾拜老子的弟子文子（号计然，历史上传说计然授范蠡七计）为师。自从成了越王勾践的左右膀之后，他出谋划策，使越国"十年生聚，十年教训"，终于灭掉吴国，雪了当年会稽之耻。

越与吴同处江东（今江苏、浙江一带）富庶之地，越在南，吴在北。许久以来，越国一直处于弱小地位。公元前494年，吴王夫差发兵攻越，在夫椒

---

① 《老子》第五十二章、第七十六章、第六十九章。
② 《老子》第五十五章。
③ 《老子》第六十三章。
④ 《越绝书》卷七。

（今江苏太湖椒山）会战中大败越军，并一直攻入越国境内。越王勾践率领仅存的五千甲士，退守会稽山（处今浙江绍兴东南）。在此万分危急的关头，范蠡献策：为了保住越国不被吴国完全吞灭，只有"卑辞尊礼，玩好女乐，尊之以名。如此不已，又身与之市"①。即用卑下乞求的言辞和尊贵大礼，并送上珍宝美女，尊奉吴王的霸王英名，以换取吴军撤退。如果这样还不行的话，尚有一计，那就是勾践本人亲自到吴国充当吴王的臣仆。这是范蠡以柔克刚、以弱胜强连环策略的第一环——首先要生存下去，尽管为此要付出巨大代价，忍受包括丧失尊严在内的莫大屈辱，但"留得青山在，不怕没柴烧"。结果，吴王夫差以越王勾践到吴服侍为条件同意撤军议和，越国终于度过万死之劫而保有了一线生机。

军队惨遭大败，自身又被迫离开越国王宫，由尊贵的君主沦为侍臣，勾践心灰意冷，颓丧到了极点。而范蠡却为议和成功而感到欣喜，他从越国眼前的劣势中已经看到了未来无限的希望。因此，当他陪同越王勾践前往吴国做侍臣时，心情可是轻松多了。为了开导劝慰郁郁不乐的勾践，范蠡从吴越的历史讲到现实，说两国本来势不两立，"彼兴则我辱，我霸则彼亡"。现在君王您遭此危难，这是"天道"运行使然啊，何必自我伤感呢！并从老子第五十八章"祸兮福之所倚，福兮祸之所伏"的名言中，引出"夫吉者，凶之门；福者，祸之根"②，称目前越王和我们越国虽然处于危困之境，但谁知道它不是从此转向畅达的先兆呢？

三年后，越王勾践结束了他在吴国王宫驾车养马、夫人打扫宫室的屈辱历程，获得赦免归国。此时，范蠡又献计说，现在是埋头苦干、积蓄力量的时候，为了能使越国由弱转强，他日能够东山再起，必须实行与民休养生息政策，不违农时，大力发展生产；只有田野开辟，府库殷实，民众富庶，才能使民心安稳而不致祸乱发生。当内部能量得以积聚、自身实力得以强大后，再选择恰当时机行动，"乃可以有天下之成利"。越王勾践严格按照范蠡的计谋行事，卧薪尝胆，在范蠡、文种、计然等人的辅佐下，采取了一系列行之有效的措施，如：提倡"垦其田畴"，使"民俱有三年之食"；发展冶铸手工业；鼓励男女适龄婚嫁，繁息人口，产妇生育均由公家派医护理，凡生男者奖酒二壶、犬一条，生女者奖酒二壶、豚（猪）一头，生三个孩子者公家派保姆抚养或供给饮食；对鳏寡孤独者进行照顾；整饬内政，宽刑薄赋；广招贤士，因材使用；征聚兵员，加强军事训练，以重赏严刑教育士卒，使其"进则思赏，退则

---

① 《国语·越语下》。
② 《吴越春秋》卷七。

思刑"；重建城郭，加固国防。经过十年的励精图治，越国终于呈现出民富国强、社会安定的欣欣向荣景象。在内部养精蓄锐的同时，对外则针对吴国与楚、齐、晋争霸交锋的状况，确定了"结齐、亲楚、附晋"方针，实现"三国伐吴，越承其弊"的战略。

当越国扭转劣势、一步步由弱转强时，吴王夫差却一直沉浸在击溃越国的胜利喜悦中，认为越国小，从此将会一蹶不振，不足为患；同时也被越国的甘辞与厚赂所迷醉，生活日益奢侈，出行驻扎有豪华的台榭陂池，住宿有美丽的妃嫱嫔御，"一日之行，所欲必成，玩好必从，珍异是聚，欢乐是务，视民如仇，而用之日新"。对外则频繁发动战争，伐陈、迁蔡、讨鲁、攻齐，一心争霸中原。历史的天平正在由吴国重新偏向越国，范蠡密切注视着这种态势的转化。

自返回越国的第四年起，勾践就急不可耐地想兴兵伐吴，以报会稽之耻，但均为范蠡所劝阻："蠡闻之，上帝不考，时反是守，强索者不祥。"① 反击的时机不成熟，就只能继续防守，勉强求成是不吉祥的。他所强调的时机，既包括越国自身走向强大，也指吴国军力衰败，民心丧失，只有天时、地利、人和三者俱备，敌人内部腐烂达到极点，矛盾尖锐激化的时候，才能果断出击。

公元前482年，吴王夫差挥师北上，大会诸侯于黄池（今河南封丘南），以谋求霸主地位，"吴国精兵从王，惟独老弱与太子留守"②。越国君臣们终于等来了伐吴雪耻千载难逢的良机，范蠡说："臣闻从时者，犹救火，追亡人也，蹶而趋之，惟恐弗及。"时机成熟了就要毫不犹豫地抓住它，就像救火、追捕逃犯一样，急起直追，唯恐不及，他主张立即兴师伐吴。勾践遂调集大军，兵分三路，断北上吴军归途，直捣吴国都姑苏（今江苏苏州）。此时，范蠡又审时度势，认为越国尚不足以彻底打败吴国，力主争取后发制人的持久战略，极力反对冒险决战的速胜战略。

经过几年的战略相持，吴国进一步走向衰败。公元前478年，越国了解到吴国发生了大饥荒，"市无赤米"，粮仓空虚，老百姓都跑到海滨去采捞螺蚌为生，吴国的经济完全崩溃了，而其精锐之师也在北上伐齐、抗晋战役中遭到极大消耗，可谓军民疲惫，上下离心，风雨飘摇。于是，越王勾践大会群臣民众，对留守者严令职守，对将士严肃军纪，号召国人踊跃送子弟入伍。范蠡则一再重申："得时无怠，时不再来，天予不取，反为之灾"，"得时不成，天有还形"，毅然谏止勾践同意吴王派来使臣议和的念头。公元前473年，经过二

---

① 《国语·越语下》。
② 《史记·越王勾践世家》。

十年苦练内功的越国，终于完成了灭吴大业，不仅一洗会稽之耻，而且开辟了通往霸主尊荣的坦途。

从越国败而重新崛起的历史事实中，我们清楚地看到：范蠡这位吃透老子思想的军事战略家，将以柔克刚、以弱胜强谋略运用得是何等的娴熟！其效果又是何等的神奇！

3. 以退为进，后发制人

以柔克刚，以弱胜强，需要敌我之间强弱形势的转化，需要自身能量的积聚，第八章说要"动善时"。在时机尚未成熟之前，是不可能克敌制胜的，此时唯有退守等待。鉴于"无为""不争"的基本指导思想，老子强调"不敢为天下先"，主张"圣人后其身而身先"，"欲先民，必以身后之"[①]。这些思想在军事上的运用，就体现为以退为进、后发制人的战略。第六十八章说"善胜敌者不与"，善于战胜敌人者，是不会与其对攻硬拼的；第四十一章则明言"进道若退"，战术上的进攻包含于战略防御之中，而防御作战的最终目的是要在退守中打败来犯的强敌。

以退为进，后发制人，是防御战争中常用的策略。对于弱小的一方来说，它既可以避敌锋锐，有效地保存自己，以逸待劳，发现强敌弱点，伺机反击；又能争取时间，积蓄力量，由弱转强，化被动为主动，最终战而胜之。所以，早在西周时期的军事著作《军志》中，已有"后人有待其衰"的说法，意即等待敌人衰竭后再发动攻击。春秋前期的齐鲁长勺之战，是该种战略运用成功的典型。公元前684年，齐军仗着兵强马壮，挟此前不久乾时战役大胜鲁军之余威，步步深入鲁国。鲁国兵少国弱，处于劣势，为保存实力，只好向后撤退，一直退到一个有利于反攻的地方——长勺（今山东莱芜东北），才开始扭转战局。

齐军到达长勺后，便先发制人，向鲁军发起猛烈进攻，鼓声震天动地。鲁庄公见鲁军阵地受到威胁，心急火燎，欲下令擂鼓冲击。足智多谋的曹刿连忙阻拦说：且慢！眼下敌人士气正旺，如果我军出击，正合其意，不如暂不和他们交锋，先消磨消磨他们的锐气。说话间，齐军随着咚咚战鼓声已冲杀过来，鲁军突然万箭齐发，将齐军牢牢阻隔在鲁军阵地前。求胜心切的齐军一连擂了三次战鼓，冲了三次锋，却始终未能与鲁军正式交上锋，人人泄气，个个疲惫；而鲁军阵地纹丝不动，队列齐整，将士斗志高涨。曹刿瞅准这个机会，让鲁庄公赶快下令擂鼓反击。只听战鼓一响，鲁军以排山倒海之势冲向齐军，锐

---

① 《老子》第六十七章、第七章、第六十六章。

不可当，齐军阵地很快被冲垮，并向后败逃。鲁庄公一见齐军溃退，就要下令追击，曹刿又拦住。他走下战车察看齐军败逃时车辙紊乱，重新登上战车远望齐军旗帜东倒西歪，方才让鲁庄公下令追击。鲁军杀声震天，很快追上齐军，经过一番厮杀，终于把齐军赶出了国境。

长勺之战，是中国古代军事史上以少胜多、以弱胜强的著名战例。战后，鲁庄公向曹刿提出了一系列问题，比如为什么要在齐军三次击鼓冲锋后鲁军才发起反击？为什么齐军已经溃退还不让鲁军立即追击？曹刿回答说："夫战，勇气也。一鼓作气，再而衰，三而竭；彼弱我盈，故克之。夫大国，难测也，惧有伏焉。吾视其辙乱，望其旗靡，故逐之。"①其意是说打仗靠的是勇气，当士兵听到第一次冲锋的战鼓声时，士气旺盛；如果第一次冲锋没有成功，再次击鼓冲锋时，士气已开始衰退；到第三次击鼓冲锋时，士气已消失殆尽。此时，敌人士气衰竭，而我军将士正斗志高昂，击鼓反击，所以能一鼓作气，战胜齐军。之所以不急于追击，因为齐国是一个大国，不能低估他们的实力，要严防假装溃退而中其埋伏。后来我见齐军车辙混乱，旌旗偏偏倒倒，知其确已败退，所以才让您下令追击。在长勺之战中，鲁军充当的是弱小者的角色，但他们沉着应战，以退为进，以静制动，正确掌握战机，从被动中争取主动，后发制人，终于取胜。

春秋时期，采取以退为进、后发制人战略的另一著名战例，是晋、楚城濮之战。公元前652年，楚国猛将子玉气愤于晋国离间楚与曹、卫的同盟关系，率军北上向晋军挑战。晋文公见楚军逼近，立即命令晋军后撤三舍之地（古时一日行军三十里为一舍，三舍即九十里），一直退到城濮（今山东范县临濮集）才驻扎下来。当时晋军中不少将士对这种不战而退的举动十分不理解，认为晋国的国君躲避楚国的臣是耻辱，何况楚军在外转战多时，又攻宋不下，士气已衰，实在不该后退。狐偃出来解释说，这是为了报答当年晋文公流亡到楚国时楚成王的贵宾相待之恩，兑现"两国若交兵，退避三舍相报"的诺言。其实，晋文公"退避三舍"除了显示不忘旧恩，取得道义上的先胜之外，更是一种避敌锋芒、以退为进、选择最佳决战时机和地势的战略。

遗憾的是，骄横气盛的子玉未能识破晋军战略性后撤的真实意图，反而误以为这是晋军惧楚的表现，于是率领楚军急追至城濮，并派大夫斗勃向晋文公挑战，说：我请求同您的士兵在这里游戏一番，您可以站在车上靠着前面的横木与得臣（子玉的名）共同观赏。晋文公让栾枝答复说：贵国请战的事，我们国君已经知道了。楚君的恩惠不敢忘怀，所以我们才退到这里。既然得不到贵

---

① 《左传·庄公十年》。

国的谅解，只好烦你转告你们的主将，准备好战车，整顿好队伍，谨慎地执行你们国君交付的任务。明天早晨，我们在战场上见面吧。这场春秋时期最大规模的会战，终因晋军采取正确的战略方针取胜而告终。在后代军事家们的眼中，"退避三舍"也就成了主动退却、诱敌深入的同义语。

老子从前人的相关论述和战争实践中，总结提炼出以退为进、后以制人的战略思想，从而在中国古代军事史上正式提出了与先发制人战略并列生辉的重要战争指导原则。

关于先发制人的战略，《军志》上讲："先人有夺人之心。"意思是说战场上先发动进攻者，可在气势上压倒对方，破坏敌人的军心士气，取得主动权，俗称"先下手为强"。春秋时期，这句话被政治家和兵家们反复引用。如：公元前 620 年，晋国赵盾在决定进攻秦师时说："'先人有夺人之心'，军之善谋也。"公元前 597 年晋、楚邲之战中，楚国令尹孙叔敖声称：要主动发起进攻，宁可我胁迫别人，不要让别人胁迫我。……《军志》上讲"先人有夺人之心"，这就是说要主动进攻胁迫敌人啊。公元前 521 年，宋国的华登借助吴师攻宋，厨邑大夫濮对宋公说："《军志》有之：'先人有夺人之心，后人有待其衰。'"要趁敌人初来乍到立足未稳且疲劳之机首先发起进攻，如果等到敌人站稳脚跟、势力壮大了再进攻，后悔也来不及了。

先发制人战略特别着眼于对战争主动权的掌握，这一点也得到了孙武等军事名家的认同。《孙子兵法·虚实篇》说："故善战者，致人而不致于人。""致人"，就是争取主动而使敌人陷入被动；"致于人"，则刚好相反。孙武因而提倡进攻战法，强调"可胜者，攻也"[1]。《尉缭子·战威篇》也说："善用兵者，能夺人而不夺于人。"孙膑则公开宣示："必攻不守，兵之急者也。"[2]

总之，先发制人战略强调通过进攻的方式来争取和控制战争主动权，它与以退为进、后发制人这种防守反击型战略有着明显的差异。

自从老子明确提出"动善时""善胜敌者不与"，主张以退为进、后发制人战略后，许多战场对峙中的弱小方纷纷加以灵活运用，从而创造出一个又一个以少胜多、以弱胜强的战争范例。

毛泽东在《中国革命战争的战略问题》一文中指出："楚汉成皋之战、新汉昆阳之战、袁曹官渡之战、吴蜀彝陵之战、秦晋淝水之战等等有名的大战，都是双方强弱的不同，弱者先让一步，后发制人，因而战胜的。"[3]

---

① 《孙子兵法·形篇》。
② 《孙膑兵法·威王问篇》。
③ 《毛泽东选集》合订本第 187～188 页。

4．知人者智，自知者明

任何战争都是敌我双方在政治、经济、军事实力与智慧方面的较量。在战争游戏中，有一条最基本的法则，即不管是进攻方还是防守方，均涉及对彼此情况的全面了解、分析和把握。假如对敌我双方情况完全不了解，盲目地行动无异于瞎子摸象；仅仅了解一方，片面地行动也不行。只有熟知敌我详情，胸怀全局，才能采取正确的对策，从而打败敌人，获取胜利。老子以哲人的眼光，在第三十三章敏锐地指出："知人者智，自知者明。"能深入了解洞察别人者是聪明的人，而能认清自己则是高明之举。

在军事领域两军交锋中，"知人"和"自知"都是必不可少的。商汤之所以能以"良车七十乘，必死六千人"① 战胜夏人，其中一个重要因素就是他对敌我情况十分熟悉，尤其是准确地把握了敌情。商汤懂得"人视水见形，视民知治不（通'否'）"的道理②，对内"修道"，善于用人治国，使自己的势力得以不断壮大；他先后两次派伊尹到夏了解情况并进行"内间"工作；而为试探夏桀的号召力，又曾两次停止对夏的贡纳。第一次停止贡纳后，夏桀"起九夷之师"，准备从东西两面夹攻商汤，商汤见九夷还听从夏桀的指挥，知其势力仍然强大，就恢复了贡纳。第二次停止贡纳后，夏桀在有仍召集诸侯，商议讨伐，而有缗氏带头叛夏。"九夷之师"不起，商汤知夏桀已陷于孤立，于是下令出师，与夏桀先战于有娀之墟（今河南巩义市附近），又战于鸣条（今山西运城夏县西，一说在河南封丘东），终于推翻了夏王朝。

杰出的军事家孙武继承和发挥了老子"知人者智，自知者明"的光辉思想，且由此演绎出"知彼知己，百战不殆"③ 这一争取战争胜利千古不朽的名言。

"知彼知己"首先体现在战前"庙算"之中，即依据对敌我双方优劣的比较和策谋而预计战争胜败。从哪些方面进行战前分析？孙子《计篇》说："故经之以五事，校之以计，而索其情。""五事"为："一曰道，二曰天，三曰地，四曰将，五曰法。"它们是决定战争胜败的五大因素；"计"有七，分别是："主孰有道？将孰有能？天地孰得？法令孰行？兵众孰强？士卒孰练？赏罚孰明？"从这七个方面对敌我双方优劣条件进行全面分析比较，就可以预知战争的胜败，"吾以此知胜负矣"。要对敌我双方情形进行优劣比较，关键是要"知

---

① 《吕氏春秋·简选篇》。
② 《史记·殷本纪》。
③ 《孙子兵法·谋攻篇》。

彼"。《用间篇》说："凡兴师十万，出征千里……不知敌之情者，不仁之至也"，"故明君贤将所以动而胜人，成功出于众者，先知也"。如何才能预先知道敌情？"先知者……必取于人，知敌之情者也。"最了解敌情者，是那些和敌人接触得最多的人。因此，孙子把间谍的使用称为"神纪"，"此兵之要，三军之所恃而动也"。在他看来，派间谍打进敌人的营垒，取得有关的机密情报，是用兵打仗极其重要的一着，是三军赖以行动的可靠依据。

其次，"知彼知己"战略原则也贯穿于战争的全过程。孙子在《行军篇》强调，在进军和接敌时，要注意"相敌"。就是说要不断观察了解敌情并作出判断，而且要善于区别敌人的真相与假相，透过现象看本质，不要为假相所迷惑。此外，"知彼知己"不应该仅仅停留在静态上，还要从动态上去把握，《虚实篇》所谓"候之而知动静之理"。总之，孙子极端重视调查研究敌我情况，自军国大事以至行军作战，都要以"知"字当头。他说："不知彼而知己，一胜一负；不知彼，不知己，每战必殆。"① 只有"知彼知己"，才能百战百胜。

楚汉战争中，弱小的刘邦终能战胜强大的西楚霸王项羽，靠的是一群策谋高手和善战良才，韩信就是其中的代表。这位很早就失去了父母而一度在乡下过着流浪生活的孤儿，自从投身军营以后，由于其勤奋刻苦，很快便成长为一位天才的军事指挥人员。"韩信将兵，多多益善。"他用兵打仗有一个突出的特点，即对敌我双方的情况掌握得十分清楚，能从战争全局的角度来制订具体的战斗部署。

在刘邦拜其为大将的那一天，韩信把自己对当时敌我形势的详细分析与看法和盘托出：项羽不得人心，虽强必败。其理由很多，诸如项羽不会任用人才，不过是"匹夫之勇"；他表面上仁爱恭敬，实际上残暴吝啬；他不知道占据经济和政治的中心地区，而以僻处一方的彭城作为国都；他背信弃义，凭个人的好恶分封诸侯王，致使许多诸侯心里不服；尤其是他到处烧毁城市，杀害百姓，天下人都怨恨他。正因为不得人心，所以项羽虽然很强大，但容易被削弱，最后一定会失败。韩信对项羽本人及其军队可以说是了如指掌，此得益于他曾在项羽跟前担任过侍卫工作。而对刘邦统领的汉军，韩信也做了比较符合实际的分析：汉军初入关中时，纪律甚佳，而刘邦又下令废除秦朝的苛法，与关中父老"约法三章"："杀人者死，伤人及盗抵罪。"② 因此，汉军颇得老百姓支持；同时，汉军官兵大多为东部地区人，都想打回老家去，士气可用。根据双方对峙的这种态势，韩信建议刘邦迅速抓住战机向东推进，并具体提出了

---

① 《孙子兵法·谋攻篇》。
② 《史记·汉高祖本纪》。

"明修栈道，暗度陈仓"，首先夺取三秦（秦朝旧将章邯、司马欣、董翳投降后，被项羽相继分封在今陕西省西部、东部、北部一带，史称"三秦"）的计策。刘邦欣然采纳，迅速出兵打败章邯等，袭取了地势险要、物产丰富的关中地区，为最终战胜项羽打下了坚实的基础。

如果没有对敌我情况的准确把握，韩信焉能提出如此良策！而在攻打项羽所建楚国的一系列战斗中，他亦能从动态上随时做到"知彼知己"。公元前205年，为了剪除楚的羽翼，动摇楚的后方，形成一个对楚的强大包围圈，韩信受命向北方的代、赵发起进攻。赵国号称有二十万大军，力量相当雄厚，并事先以重兵扼守于形势险要、汉军必经的井陉口（今河北井陉境内）。为了掌握赵国的情况，韩信秘密派人前往侦察，得知善于用兵的将军李左车提出的断汉军后路之计不为赵军主帅陈余采用，这才大胆向井陉口进发。战斗中，韩信根据自己千里挺进、粮草等辎重运输困难，以及部队中新兵居多、未受过严格的军事训练、战斗意志也不坚强等实际状况，灵活运用"陷之死地而后生，置之生地而后存"的兵法原则，背水一战，终于大获全胜。

在战争史上，不善于"知人"和"自知"，要么轻估敌人，夸大自己，要么夸大敌人，对自己估计不足，单凭个人主观意识和愿望行事而遭败绩者，实在是不胜枚举。

南北朝时，前秦苻坚先后灭掉前燕、前凉、代国，又占有了东晋的汉中、梁州、益州等地，成为长江以北唯一强大的军事力量。公元383年，苻坚征集各州兵马，共计步兵六十多万、骑兵二十七万、羽林郎（禁卫军）三万，"旗鼓相望，前后千里"，向东晋展开大举进攻。进行如此浩大的军事行动，苻坚却犯了致命的错误。

首先，他没有正确估计东晋的实力。尽管东晋偏居江南，政府内又有南北大族之间的矛盾斗争，但政权基本巩固，"君臣和睦，上下同心"，大批流亡的爱国军民无时不眺望失去的家园，从祖逖到桓温，多次采取北伐行动。此时执政的谢安，"镇以和靖，御以长算"，弘大纲，去小察，深得朝野拥护，并用其侄谢玄在京口一带招募北方流民和江淮民兵，训练出了一支精锐的新军——"北府兵"。所以，在前秦王苻坚发兵前夕于长安太极殿召开的御前会议上，不少文武官员均认为东晋据有长江天险，内部还没有涣散，何况还有谢安、桓冲这些杰出人才，不可轻举妄动。但苻坚固执己见，自谓有强兵百万，"资仗如山"，声称只要把马鞭投进长江，足以使江流阻断，东晋不过是"垂亡之寇"，战则必克。可见，苻坚并不真正"知彼"，或者说在利令智昏下未能正确地、客观地评估对手。

其次，苻坚对自身的情况也缺乏透彻的分析与把握。由于长期进行侵伐战争，民众早已怨声载道，军队则"兵疲将倦，有惮敌之意"①。而居于统治地位的氐族与汉族和其他民族的矛盾也异常复杂尖锐，前秦政权并不稳固，随时面临土崩瓦解的危险；并且，在后方还有前燕贵族慕容垂、羌族首领姚苌蓄谋叛乱已久。战争开始后，又错用伺机反正的东晋降将朱序去打探晋营，恰恰给了朱序以倒戈联晋的机会。苻坚这般不"自知"，还狂傲地说："今有劲卒百万，文武如林，鼓行而摧遗晋，若商风之陨秋箨"，战前连俘虏东晋皇帝、宰相等众多官员后的公馆住处都准备好了。

苻坚不顾朝廷内外"皆言不可"，一意孤行，结果却是洛涧一败，八公山上，草木皆兵，淝水尚未全面交锋，秦军已溃不成军，等到逃至洛阳，清点人马，九十万大军只剩十余万人，苻坚本人也因被流箭射中而负伤。对敌我双方基本情况估计失误，既不"知彼"，也不"知己"，这是苻坚在淝水大战中惨遭失败的一个极为重要的战略因素。

"知人者智，自知者明，"既要善于洞察别人，又要辩证地看待自己，只有将二者有机地结合起来，才能做出正确的决策。社会生活中是这样，战争中也莫不如此，这就是老子告诉我们的真理。

5. 不争善胜，用人之力

老子反对为了自己的私欲而主动向他人发起进攻的战争，但对御敌自卫则表示赞同，并认为这种战争应该取得胜利。那么怎样才能取得胜利呢？第七十三章提出了一条重要的原则，叫作"不争而善胜"。第六十八章又对自卫战争中这条原则的具体运用作了较充分的说明："善为士者不武，善战者不怒，善胜敌者不与，善用人者为之下。是谓不争之德，是谓用人之力，是谓配天古之极。"善于做将帅的人，绝不会炫耀武力，逞强好斗；善于打仗的人，含藏内敛，养精蓄锐，绝不会轻易动怒；善于战胜敌人者，绝不会直接与其硬拼；善于用人的长官，总是心中装着部下，常常为他们着想，对下属的关怀超过了自己。这些都称为"不争"的德行，叫作真正善于借用别人的力量，都是符合上天自然法则的。老子在这里提出了战场上的一些战术思想，并将他们从战略高度给予归纳概括，从而得出了一个十分重要的观点：不争善胜，用人之力。

不主动与人争疆夺土，争名夺利，这是"善胜"的第一层含义。"争"是一种有为的举动，它必然涉及矛盾的双方，胜败的可能都存在；而"不争"则使矛盾自然化解。所以，老子说："以其不争，故天下莫能与之争。"因为他不争，所以没有人与他争，彼此间自然相安无事，和谐安宁。谁能说这不是一种

---

① 《晋书》卷一一四《苻坚载记》。

胜利呢？它不但是胜利，从境界上说还是一种远胜于经过血肉搏杀、战火洗礼所获得的胜利！因为它避免了血腥和残酷，但同时又实现了生命的价值，缔造了人类共有的欢乐。

遭人侵伐，被迫为捍卫自己的权利而进行战争。对此，要善于借用别人的力量以求得自卫战争的胜利，这是"善胜"的第二层含义。用人之力，包括用民众之力、盟友之力以及敌人之力。

老子是一个民本主义者，他依据"贵以贱为本，高以下为基"的辩证法则，一再强调统治者应该奉行大道无为之治，使天下百姓在不知不觉中自化；次一等也该用德来教化百姓，如此还能得到天下百姓的亲近和赞美；再次就只会用刑罚来治理人民，这时人民就只有畏惧国君了；最末一等的国君，无道无德，只会以权术愚弄人民，人民也就轻侮他了。人民是不可战胜的。"民不畏死，奈何以死惧之？""民不畏威，则大威至。"① 像夏桀那样对百姓施以暴虐之治，致使"百姓弗堪"，终于发出"时日曷丧？予及汝偕亡"（你哪天完蛋呵？我们宁愿与你同归于尽）的怒吼，败亡之日也就近在咫尺了；人民的力量也是无穷无尽的，圣贤统治者通过自己的道治，贵重号令，诚信言语，便可获得人民的信任与支持，最终必能"功成事遂"。

自卫战争总带有正义的性质，它更能使军民同仇敌忾，共逐来犯之敌。明朝中后期，倭寇（元末明初，日本正处在南北朝分裂时期，封建诸侯为了掠夺财富，组织一些封建主、没落武士、浪人和走私商人，经常在中国沿海进行武装掠夺和骚扰，历史上称为倭寇）肆虐我国东南沿海，屠戮人民，烧毁房屋，"驱掠少壮，发掘冢墓。束婴竿上，沃以沸汤，视其啼号，拍手笑乐"，造成"积骸如陵，流血成川，城野萧条，过者陨涕"的悲惨景象②。各地愤怒的各族人民纷纷自发地组织起来，实行抗倭自卫。公元1555年5月，由汉、壮、苗、瑶等族人民组成的抗倭军队，在明朝爱国将领张经领导下，于王江泾（今浙江嘉兴北）大破倭寇，斩敌三千。1558年，倭寇攻掠福建长乐时，城破二十余丈，当地居民自动列栅抵御，"少壮守阵，老稚妇女运砖石"③，迫使倭寇败退。在如火如荼的抗倭斗争中，曾立下"封侯非我意，但愿海波平"豪言壮语的民族英雄戚继光，特招募浙江金华、义乌一带的矿夫和农民组成戚家军，经严格训练后成了一支纪律严明、勇敢善战的抗倭劲旅。1561年，数千倭寇焚掠浙江台州桃渚、圻头等地，在广大民众的支持和配合下，戚继光率领精锐

---

① 《老子》第七十四章、第七十二章。
② 《嘉靖东南平倭通录》。
③ （明）谢杰《虔台倭纂》上卷《倭变》，见《玄览堂丛书续集》。

军队给予坚决有力的反击，取得决定性胜利，扫除了浙东的倭寇。随后又南下福建，破横屿，攻牛田（今福建省福清市境内），扫荡兴化（今福建莆田），连战皆捷，不久即平定了福建的倭寇。历史的经验充分证明，民心可用，民力可恃，善战者对此是不会漠视的。

利用敌人的弱点，因敌制胜，是战争中用人之力的另一个方面。老子说："善胜敌者不与。"强敌扑来，我不与其正面交锋，在闪避中使其充分暴露，然后伺机以柔克刚，以弱胜强，这种战术本身就反映了借敌之力以收到四两拨千斤之效的战略思想。凡争强好斗，将帅骄妄，暴躁易怒，上下不和，兵无斗志等，均可视为敌人的弱点而加以充分利用，促使战争局面向着有利于自己的方向发展。

孙武曾从多方面论述"兵者，诡道也"这样一个命题。如："利而诱之"，是说利用敌人贪得无厌的弱点，用利益来引诱它；"乱而取之"，则是指趁敌人阵营出现混乱时加以攻取；"怒而挠之"，是讲在敌将性格暴躁的情况下，可以故意挑逗激怒他，使其轻率出战而胜之；"卑而骄之"，是用贬低自己的办法来骄纵敌人，使其放松戒备；"佚而劳之"，是采用疲劳战术，使我能以逸待劳；"亲而离之"，是设法离间敌人的内部团结，破坏其战斗力[1]。诸如此类，都是借敌之力而胜之这一战略的具体表现，其在战争中的运用可谓俯拾即是。

春秋时期，郑桓公袭击郐国，发兵之前，他先打听好了郐国有哪些辩智果敢的文臣武将，列出名单，然后对外宣称一旦打下郐国，将按名单分别封官并赠送郐国的全部土地。随即，郑桓公又在城外高筑祭坛，将此名单埋于坛下，举行隆重仪式，对天盟誓，永不负约。郐国国君知悉后大为震惊，怀疑这些臣僚有叛国之心，一怒之下全部杀掉。郑桓公用间之计获得成功，于是乘虚而入，不费吹灰之力就夺取了郐国。

同样，南宋时期抗金名将岳飞被宋高宗政府调往湖南洞庭湖地区镇压杨幺起义。他采用分化诱降为主、军事进攻为辅的策略，"因敌人之将，用敌人之兵，夺其手足之助，离其腹心之援，使桀黠孤立，而后以王师乘之"[2]。黄佐、周伦、杨钦等将领先后投降宋军，几天之后，杨幺大寨即被攻破，历时五年多的洞庭湖地区农民起义终于因岳飞巧妙实施因敌制胜策略而被镇压下去。

关于借敌力而胜之的战略思想，《兵经百篇》下卷第七十九《借》作了较全面的总结：引诱敌人去做我们想做的事，叫"借敌之力"；设计使敌人去歼灭我们想要杀死的人，叫"借敌之刃"；据有敌人的钱财，叫"借敌之财"；夺

---

[1] 《孙子兵法·计篇》。
[2] 《金陀粹编》卷六《行实编年》。

取敌人的粮草储物，叫"借敌之物"；离间敌将，令其自斗，叫"借敌之军将"；把敌人的著述资料为我所用，使敌人的谋略变成我的谋略，将计就计，叫"借敌之智谋"，等等。而三十六计中的借刀杀人、趁火打劫、浑水摸鱼、反间计等，从战略上讲都是用人之力的典范。

6. 祸莫大于轻敌

战争是敌我双方真刀真枪的交锋，打败敌人赢得胜利是战争永恒的法则。从战略上讲，任何对手都是强大的，只有高度重视敌人，周密地考虑战争全局，严阵以待，才有必胜的机会；如果自恃强大，轻视敌人，随意出战，败亡之祸就在眼前。

所以，老子谆谆告诫人们："祸莫大于轻敌，轻敌几丧吾宝。"[①] 他在第六十七章中把"慈""俭""不敢为天下先"称为"三宝"，持守"三宝"，战则能胜，守则坚固。轻敌好战，将士卒驱迫于殊死搏斗之战场，这不是慈爱的举动；战争必然消耗大量的人力、物力，使资财浪费，此有悖于节俭的原则；而出于骄纵妄为，肆意发动战争，更是违背无为不争、"不敢为天下先"大道法则的。"三宝"尽失，灾祸降临，归根结底在于轻敌。老子又说："夫轻诺必寡信，多易必多难。"[②] 随随便便许诺的话一定缺乏可信度，将事情看得很容易，做起来肯定就困难重重。为了鼓舞士气，树立必胜的信心，对来犯的强敌进行一定程度的蔑视，是必要的也是许可的，但如果把对方真的看得很弱小，对战场上的各种困难估计不足，就轻易发动战争，无疑凶多吉少。

战争史上因轻敌而遭败亡厄运者，实在多多。公元前 225 年，秦军攻进魏都大梁城（今河南开封），灭掉了魏国。加上此前已灭掉的韩、赵、燕，战国七雄只剩下了楚和齐，战争形势十分有利于秦国。正是在此背景下，秦王嬴政决定向楚国发起进攻，以加快统一的进程。战前，秦王问青年将领李信：我准备发兵攻打楚国，在将军你看来需用多少人马才够？年少壮勇的李信回答说二十万人即可。秦王又问在灭亡赵、燕战争中立下汗马功劳的老将王翦，王翦称：非六十万人不可！秦王于是错误地认为王翦老了，对楚国胆怯，而李信"果势壮勇，其言是也"[③]。于是拜李信为大将，蒙武为副将，令其率二十万人伐楚。秦军兵分两路，李信仗着年轻气盛与骁勇，一鼓作气攻下了平舆（今河南汝宁县东南）、申城（今河南南阳）等地，并与蒙武相约会师城父（今河南

---

① 《老子》第六十九章。
② 《老子》第六十三章。
③ 《史记·白起王翦列传》。

襄城西），欲合兵以捣郏城（今湖北黄冈西）。可是，就在李信连下数城而踌躇满志的时候，他已经犯下了轻敌冒进的致命错误。

楚国自春秋以来就一直雄霸南方，屡屡问鼎中原，广袤的疆土，强盛的军力，独特的文化体系，使其成为秦国之外最具有统一实力的强国。身经百战的王翦对此有着十分清醒的认识，他后来给秦始皇分析为什么攻打楚国要用六十万人时说："况楚国地尽东南，号令一出，百万之众可具"，而当时列国兵争，以强凌弱，以众暴寡，动辄用兵数万、数十万，"围城动经数年"，从这个势态看，六十万兵力"尚恐不相当"①。实践证明，王翦高度重视楚国的强大，充分估计到攻楚的艰巨性是无比的英明，而李信骄纵轻敌则付出了惨重的代价。楚王负刍听说秦兵攻入楚国，乃拜项燕为大将，领兵二十万，水陆并进，前往阻击。经三天三夜急行军后，楚军终于在西陵（今湖北省黄冈西北）截住了秦军主力，两军当即展开了一场大厮杀。李信依然恃勇冒进，指挥军队奋勇向前，他本人亦与项燕捉对拼杀起来。激战中，楚军预先设下的七路伏兵一齐杀出。秦军抵挡不住，大败而逃。此役使秦军损失了七个都尉（较将军略低的武官），军士死伤无数，而楚军乘胜追至平舆，尽复失地。秦王闻讯大怒，尽削李信官邑，亲自前往王翦居处，恳请其再度出马。

王翦受命，率六十万大军声言伐楚，但行军至天中山（今河南省汝阳县境内）后，却连营扎寨十余里，天天让将士们在酒足饭饱之后比赛投石、跳远、跳高，"外益收敛为自守之状，不许军人以楚界樵采"。项燕、景骐以四十万楚军相拒，虽然天天派人挑战，王翦始终坚壁固守。就这样相持了一年多，项燕始终不能与秦军主力交战，便判定王翦虽然名义上是讨伐楚国，但实际上不过是到此驻防自保，"遂不为战备"。王翦等待已久的战机终于出现，他果断下令大举出击，屯兵练武多时的秦军"不胜技痒"，个个奋勇争先，大呼冲锋陷阵，"一人足敌百人"。斗志已松懈且粮草不足的楚军，未曾料到秦军会突然发起进攻，仓促抵御后便纷纷出逃。王翦军大获全胜，势如破竹，相继打下淮南、淮北，并一举攻下楚都寿春（今安徽寿县西南），俘虏了楚王负刍。公元前222年，王翦又率兵渡过长江，消灭了楚国的残余势力，彻底灭了楚国。

李信因轻敌冒进而惨遭大败，王翦以稳重用兵终能立下赫赫战功。同样的攻楚战争，同样的战场对手，却是两种完全不同的结果。"祸莫大于轻敌"，堪称金玉良言！老子还进一步说："故抗兵相加，哀者胜矣。"在两军对垒中，为什么弱小的"哀兵"能取胜？一个十分重要的因素就在于其不轻敌，败亡的威胁，求生的欲望，使他们从上到下时时刻刻都处于百倍警惕之中。戒心常存，

---

① 《东周列国志》第一百零七回。

使"哀兵"防守严密，并能在严密的防守中捕捉到反击的良机，收到一招制胜的奇效。

7. 慎终如始，则无败事

骄纵轻敌是战争之大忌。只有在战略上对敌人给予足够的重视，谨慎用兵，相机出击，才有获胜的可能。老子曾对古代善于行道的高士在风貌和人格形态上进行过一番惟妙惟肖地描绘："豫焉若冬涉川，犹兮若畏四邻，俨兮其若容（客）……"① 这是说那些高道之士灵性精妙，思想深刻，本性通达，所以行为处事极小心谨慎，绝不急迫冲动，就好像行路之人冬天过河一样，河水冰冻，走在上面必然是战战兢兢，凡事警觉戒惕，三思而行，就好像要随时提防四周邻居的攻击；而行为端谨庄严，又似作客别人家一样。总而言之，凝静敦朴，谨严审慎，是老子非常强调的道行风范，治国用兵乃至个人修养，都应该是这样。

第五十二章说："见小曰明，守柔曰强。"能察知细微之物，才是真正的精明，正如持守柔弱，才是真正的刚强一样。老子进一步认为，慎重行事并不仅仅限于一朝一夕，而应该是"慎终如始"。他叹息"民之从事，常于几成而败之"。许多人在事情的初始阶段能够谨小慎微，冷静考虑周详，却不能一直保持下去，往往在事情即将成功的时候却因为急躁、骄傲等而遭到失败。所以，他在第六十四章毅然指出："慎终如始，则无败事。"对战争而言，不仅要慎战，迫不得已才能御敌自卫，而且在对整个战争的谋划以及战争进行的过程中，都必须自始至终地贯彻谨慎行事原则，慎终除微，慎微除乱，绝不可轻敌冒进，绝不可耀武扬威，绝不可麻痹大意。"果而勿矜，果而勿伐，果而勿骄，果而不得已，果而勿强。"② 打了胜仗，赶跑了来犯之敌，用兵目的已经达到，这就行了，不要再矜持、夸耀、骄横甚至逞强霸道。

三国时期蜀汉名将关羽有谋有勇，有"万人敌"之美称。自桃园三结义后，他就跟随刘备左右，立下卓著功勋，深受器重，被委以镇守荆州的重任。

地处魏、蜀、吴三国之间的荆州，辖长江南北二十余郡，四通八达，资源丰富，人口比较集中，经济发达，文化兴旺，是兵家必争之地。诸葛亮在刘备三顾茅庐"隆中对"时就鲜明地指出："荆州北据汉沔，利尽南海，东连吴会，西通巴蜀，此用武之国……"③ 建议袭取荆州而为立国之本。东吴鲁肃也曾提

---

① 《老子》第十五章。
② 《老子》第三十章。
③ 《三国志·诸葛亮传》。

醒孙权说：荆州紧挨着我们的边境，形势险要，土地肥沃，百姓富足，如果占有了它，就可以创立帝王的事业。荆州初归刘表，后降了曹操，赤壁大战后大部分地区名义上归孙权所有，而刘备较早就近攻下了长江以南的武陵、长沙、桂阳、零陵四郡（均在今湖南境内），以后又从孙权那里借得位于长江北岸的南郡（荆州治所江陵即在此郡），实际控制了整个荆州。

在三国的历史上，围绕着对荆州的争夺，蜀、吴间展开了一系列外交和军事行动，荆州问题实际上成为两国关系的一个焦点。关羽取代诸葛亮镇守荆州后，不敢马虎，针对孙吴可能的进攻进行了严密布防，即便在北上攻打魏国的襄阳、樊城时，也留下精兵防守在公安、南郡一带，并于长江沿线布置了监视岗哨，可谓慎之又慎。遗憾的是，关羽未能"慎终如始"。当孙吴大将吕蒙改变计策，称病回建业（今江苏南京市）休养而推荐年轻将领陆逊取代自己驻守陆口后，骄傲的关羽不幸落入了对方为诱使他麻痹轻敌、松懈荆州戒备而精心设置的圈套。陆逊一到陆口，就写信给关羽，措辞十分恭敬，把关羽擒于禁、斩庞德、围樊城的一连串胜利比作历史上有名的晋、楚"城濮之战"和韩信"破赵之战"，又十分谦虚地声称自己是书生，没有经验，不能胜任职守，请求关羽指教帮助。关羽对孙权以名望不高的青年将领陆逊取代吕蒙已感不屑，而阅读陆逊的来信后更是飘飘然忘乎所以，误以为荆州从此安如泰山了，进而大胆地抽调了部分守军，加紧攻打樊城。正当关羽在樊城外围与魏国展开激烈战斗的时候，吕蒙率领大军扮成商人和商船模样沿长江逆流而上发动偷袭，驻守公安、江陵的蜀将傅士仁、糜芳先后投降，吴军很快便不战而夺江陵。关羽闻讯，立刻收兵南下，准备反攻。但由于吕蒙采取了不少收买人心的举措，关羽军将士失去斗志，军心涣散，无奈之下他只得退守麦城（今湖北当阳东南）。不久，又从麦城突围逃走，其部下纷纷散去，随行者仅十几个人，最后关羽竟被吴军生擒，惨遭杀害，身首分离。

关羽败走麦城，大意失荆州，是他个人的悲剧。对刘备而言，此不仅使其痛失爱将和结拜兄弟，而且从此丢掉了荆州这一东可攻吴、北可攻魏的重要军事基地，蜀汉在三国鼎立中相对处于弱势，与此有着直接关系。假如关羽能够铭记并真正贯彻老子"慎终如始，则无败事"的至理名言，焉能有如此大祸！

8. 先易后难，先小后大

在军事斗争中，面对驻扎于数处且有强弱众寡之分的敌人，怎样选择进攻目标以确保大获全胜，也是一个重要的战略问题。

西周时期的兵书《军志》言："知难而退。"《周书·武称解》说："攻弱而袭不正，武之经也。"古文《尚书·仲虺之诰》则称："亡者侮之，乱者取之。"

这些都是在讲军事行动应该首先针对弱小者、内部不稳定者进行，它们在春秋时期的战争实践中被人们广为应用。

老子从哲学的高度将此战略思想给予了更加系统深刻的阐述。他说："大小多少"，即大生于小，多起于少，因而"图难于其易，为大于其细。下天难事必作于易，天下大事必作于细。是以圣人终不为大，故能成其大"①。用兵布阵，千头万绪，敌人的各个分部不可能全都是精兵强将，即使如此，也还可能有士气高低、内部是否协调统一等差别。作为战争谋划，一项极其重要的内容就是在全面分析敌情、弄清其强弱的基础上，采取先易后难、先小后大的具体行动方案。在御敌自卫战争中，要达到以弱胜强、以柔克刚目的，"图难于其易，为大于其细"战略思想的实施更具现实意义。因为只有从弱小敌人入手，逐一蚕食，不断扩大战果，才能促使敌我力量发生变化，从量变到质变，最终战胜强敌。

孙武充分发挥老子的这一思想，并直接从纯军事学的角度进行了阐释："古之所谓善战者，胜于易胜者也。"②从容易战胜的弱小之敌突破，这是善于打仗者的制胜要诀。明朝刘基写了一部以论述作战原则和作战方法为主旨的军事理论书籍《百战奇法》（关于《百战奇法》的作者与成书朝代，学术界尚有较大争论），其中第九卷专门列有《易战》一略："凡攻战之法，从易者始。敌若屯备数处，必有强弱众寡。我可远其强而攻其弱，避其众而击其寡，则无不胜。"接着，作者还引用了孙武的上述之言。显然，老子先易后难、先小后大的战略思想已经具体化为避强击弱、避众击寡的战场法则了。

南北朝时期，北周武帝宇文邕于公元575年7月率军向北齐发动进攻。战前问计于群臣，内史都上士宇文弼献策说："今若用兵，须择其地"，河阳虽是军事要冲，但那里有北齐"精兵所聚"，即使倾尽全力去攻打，恐怕也很难达到目的，而汾曲戍卫的城垒较小，且山势平缓，是齐军防御的薄弱地段，进攻易于夺取。所以，他建议北周军队应该把进攻目标选在汾曲。然而，最高决策者宇文邕并未采纳他的计策，弃易攻难，先讨河阳，结果遭到重创，无功而返。次年，周武帝汲取教训，采宇文弼先易后难之计，向相对弱小的汾曲齐军发动攻击，迅速攻陷晋州（治所在今山西临汾），尔后继续东进，于577年正月攻占齐都邺城（今河北省临漳县西南），终于灭亡了北齐。从北周武帝前后两次对齐作战的实践可以明显地看到，由于战略首攻目标选择的难易不同而导致完全相反的结果，此充分证明"图难于其易，为大于其细"思想运用于军事

① 《老子》第六十三章。
② 《孙子兵法·形篇》。

作战，的确是克敌制胜的又一条重要用兵法则。

9. 守虚不盈，战不逞强

作为万物本源的大道有一个非常突出的特点，即道体空虚、不盈满。老子在第四章言："道冲而用之或不盈，渊兮似万物之宗……湛兮似或存。"道体是虚空的，然而其作用却不可穷竭。它渊深似大海一般，仿佛万物的宗主；又幽隐没有固定的形状，好像是消亡了而实际上却存在。第五章又说："天地之间，其犹橐籥乎！虚而不屈，动而愈出。"天地之间就像一个风箱管笛，其内空虚但包罗万象取之不竭，天地运行，万物便生生不息。

老子十分推崇道的空虚而不盈满，认为这应该成为行道之人的行为准则。"保此道者不欲盈。夫唯不盈，故能蔽不新成。"① 能够保持此"道"的人，一定虚心知足，不自满自傲。也正是因为他谦虚不自满，所以能去故更新，常保鲜生，获得成功。而执意追求盈满，不仅违背道的本性，还会招致祸患。"持而盈之，不如其已；揣而锐之，不可长保。金玉满堂，莫之能守；富贵而骄，自遗其咎。"② 执着于追求盈满，不如适可而止；锋芒显露，锐势不可能经常保持长久。虽然有满堂金玉，却依旧是身外之物，随着生命的消失，终将难以守藏；富贵而骄奢淫逸，必然自取祸患。如秦朝李斯做宰相时，可谓集富贵功名于一身，显赫不可一世，然而终究未能避免遭人忌恨和迫害而做了阶下囚。临刑前，他满怀着对欢乐人生的眷恋对儿子说：我真想和你一块儿再牵着那条勇猛可爱的老黄狗，出上蔡东门外去打猎、嬉戏，去追逐狡兔走兽，可哪里还有这样的机会呢？面对即将丧失的生命，李斯也许依然还没有弄明白他人生悲剧的根源。老子在第二十二章语重心长地告诉人们："少则得，多则惑。"应该放弃那些太多的占有欲望，少索取反而能多得，内心安适充满，心安理得，忧愁和烦恼就会大为减少，生活便会显得轻松愉悦，生命就能延续长久。反之，贪得无厌，妄求名利，必然使心灵迷惘，误入歧途，最终走上不归路。正确的途径应该是"功遂身退"，当功业完成时不要贪慕名利禄位，更不能居功自满，咄咄逼人，要含藏内敛，守虚不盈，急流勇退，戒骄戒躁，此乃"天之道"。

将大道虚而不盈之特性运用于军事领域，便是战不逞强的战略思想。依靠强盛武力东征西讨，称王称霸，显然属于老子所坚决反对的"有为"之举。此处所说战不逞强，专指御敌自卫战争中应该遵循的一个战略原则。尽管在迫不得已的情况下进行御敌自卫战争是无可非议的，但战争过程中一定要注意把握

---

① 《老子》第十五章。
② 《老子》第九章。

好分寸，适可而止，"善有果而已，不敢以取强"。如果打起仗来没完没了，来犯之敌已经被击溃赶跑，自身的危险也已被解除，却仍不收兵停战，继续大动干戈，那就变成穷兵黩武了。老子在专门论述用兵之道的第三十章中写道："物壮则老，是谓不道，不道早已。"世上万事万物的生长都依循着共同的自然法则，即由弱小而壮大，由壮大而衰老，由衰老而死亡。用兵打仗同样受到这一规律的制约。王弼在给《老子》作注时，便将此句中的"壮"字解释为"武力暴兴，喻以兵强于天下者也"。该止战时不止战，就会兵老气衰，这是不合乎大道的，而不合大道就会很快走向衰亡。

历史上持盈强战而遭败亡者，屡见不鲜。神机妙算的诸葛亮以弱小的蜀汉五出祁山，北伐曹魏，"疲师劳兵"，结果是自己"出师未捷身先死"，蜀汉国力亦消耗殆尽，终于成为三国鼎立中最先灭亡的一国，可以说是最具典型性。在曹操、孙权、刘备三大军事集团长期的对垒较量中，刘备集团实际上一直处于劣势。诸葛亮在"隆中对"时就精辟地指出："今操已拥百万之众，挟天子而令诸侯，此诚不可与争锋。孙权据有江东，已历三世，国险而民附，贤能为之用，此可为援而不可图也。"[①] 以后三大集团分别建立魏国、蜀国和吴国，成"三分天下，鼎足而立"之势。但蜀汉僻居西南，土地浅狭，钱粮鲜薄，实力明显逊色于魏、吴。当时载入户籍者共二十八万户，人口仅九十四万，较魏国少了三百多万；蜀有军队十万，而曹魏用来对付蜀的一线军队就有二十万。如此家当，靠着诸葛亮的足智多谋和刘备、关羽、张飞、赵云等人的奋发努力，东联孙吴，北拒曹操，才占有了西南一席之地。对蜀国而言，显然劳师远征是不适宜的，而据险守土，恤军爱民，以"天府之国"的自然条件发展经济，使民富国强，才是保国安邦之举。可是，诸葛亮不顾已经变化了的客观形势，为了报答刘备"三顾茅庐"和"临终托孤"的知遇之恩，为了实现他所谓"北定中原，庶竭驽钝，攘除奸凶，光复汉室，还于旧都"的人生理想，竟以区区蜀国向强大的曹魏屡屡发起攻击，"知其不可为而为之"，虽尽心尽力，却终是劳而无功，得不偿失，徒耗国力。成都市武侯祠有一副楹联这样写道："能攻心则反侧自消，从古知兵非好战；不审势即宽严皆误；后来治蜀要深思。"不审时度势，为了圆梦人生的理想，不休养生息却频频举兵出击，诸葛亮本人以及蜀汉政权都付出了惨痛的代价，留下发人深省的历史殷鉴。

老子守虚不盈、战不逞强的战略思想，为历代兵家所重，莫不奉为战场圭臬。

---

① 《三国志·诸葛亮传》。

大约成书于战国齐威王时期的《司马穰苴兵法》，就强调说："战惟节。"①其所谓"节"，就是指战争、战场、战役、战斗中都要有所节制，在实战中讲究进退攻守均要适时而动。又说："军旅以舒为主，舒则民力足。"②"舒"即宽舒沉稳有节制，"以舒为主"无疑是对穷兵黩武、逞强争霸的根本否定。用兵打仗，只有适可而止，与民休息，才可能使民力蓄足而军力充沛；如果好战不止，最终将使国力消耗殆尽，"故国虽大，好战必亡"。

《黄帝四经》上讲："天地之道，不过三功。功成而不止，身危又（有）央（殃）。"③无论是御敌自卫战争，抑或讨伐不义的战争，打胜了就要及时停止攻战；假若征战不已，杀戮不止，就会劳师疲民，这是违背"天地之道"的，必然遭到国人反对，终将有灾祸降临。

《淮南子》的作者亦认为不得已而举义用兵，胜则要适时休战，不可贪得无厌而用兵不止。如果攻战不断，以杀人为乐，即使"数战而数胜"，也会使君王骄横，民力疲惫，最终会物极必反而走向灭亡。

唐代李筌指出："兵非道德仁义者，虽伯有天下，君子不取。""所谓叛而必讨，服而必柔，既怀且柔，可以示德。"④有道之君，不是凭借武力来强横天下，而是通过行道、行德和行仁义来悦服天下。假如是出于为民除害、解危救难而不得已用兵进行讨伐叛逆，当目的达到后，就要立即以道德仁义安抚天下，实施怀柔之举，绝不可用兵无度，征战不止。

以上数论，实质上都是对老子思想的直接继承和发展。"物壮则老"，"不道早已"，睿智的老子向人们揭示了又一战争规律。

10. 知常善谋，谋于未兆

战争是力量的博弈。但力量并非仅仅指人体所具有的气力和物化的力量即武器装备所拥有的威力，更重要的是智力。依靠智慧来进行战争，运筹帷幄，打败敌人，这就是兵韬谋略。

"国之大事，在祀与戎。"战争是关系到一个国家、一个民族生死存亡的大事。要进行战争，就必须经过深思熟虑，周密计谋，运筹决策。《周易》中有《豫》卦，其卦辞为："豫，利建侯，行师。"顺天地而动，做好谋划，就利于封侯建国和行军打战。商汤时的名相伊尹，可以说是中国最早的卓越军事谋略家之一。他在受到重用后，精心辅佐成汤，一方面促其加强政治，注意"修

---

① 《司马穰苴兵法》卷中《定爵第三》。
② 《司马穰苴兵法》卷上《天子之义第二》。
③ 《黄帝四经·经法·国次》。
④ 《太白阴经》卷二《人谋下》。

德"，努力争取民众和诸侯的支持；另一方面运用军事手段由近及远地削弱夏桀的外围力量，征服夏的属国。待时机成熟后，伊尹进言商汤集中兵力向夏王朝发动总攻，经鸣条决战，大败夏军，终于灭夏而建立了商朝。就战争谋略而言，伊尹至少有三点是值得大书特书的。

一是将人心向背这一政治因素纳于战争指导，"人视水见形，视民知治不（否）"。经过前往夏朝的管辖区实地暗察，他发现夏桀"不恤其众，众志不堪，上下相疾，民心积怨"，从而得出夏朝气数将尽的结论，于是与商汤果断决定："必灭夏。"① 在战争准备期间，伊尹针对夏桀"不务德而武伤百姓"的情况，劝诫商汤着力"修德"，争取民心。在决战前夕的动员令中，又历数夏桀的暴行，称其耗尽民力终于被民众所抛弃，现在对他发动进攻是替天行道，借以争取民心、军心，鼓舞士气。

二是进行间谍、策反活动，开"上智为间"的先河。《竹书纪年》《吕氏春秋》都有记载说伊尹利用与夏同姓的有利条件前往夏都谋取到了不错的官职，进而开展了大量卓有成效的谍报工作，连夏桀身边的妹（末）嬉氏都被他发展成为间谍。伊尹从这位美貌的女子口中知晓了好多夏朝的机密，甚至夏桀晚上睡觉做梦的内容都能及时获悉。难怪后来孙武评论殷商的兴起，是由于伊尹在夏间谍工作所致，主张君王和带兵的将领都应向他学习，"故明君贤将能以上智为间者，必成大功"②。

三是重视战机的选择与把握，轻"天命"，注重根据客观形势的变化，由人的理智来决定是否进行战争和选择最佳战机。

做过史官的老子，从历史的经验中肯定谋略的突出作用，确信"坦然而善谋"是"天之道"。但从战略观的角度来进一步审视，他对军事策谋的认识又有着独特和深刻之处。

首先，老子强调的是"善谋"。怎样才能算作"善谋"？它不仅仅在于一般的知己、知彼以及知天时、晓地利、懂人和基础上的谋划，更为重要的是"知常"，即懂得并且掌握"道"关于万物运行变化的永恒规律与法则。《老子》有两处谈到"知常"：第十六章讲"夫物芸芸，各复归其根。归根曰静，是谓复命。复命曰常，知常曰明。不知常，妄作，凶"。第五十五章说"知和曰常，知常曰明"。万物纷纭，蓬勃生长，走过生命的每一周期最后都要各自回到其本根。回归本根，就是致虚守静，致虚守静就是恢复大道本来的运行使命。恢复大道本来的运行使命，深藏厚养，以及阴阳合和，协调和谐，都是道恒定不

① 《吕氏春秋·慎大览》。
② 《孙子兵法·用间篇》。

变的法则。懂得道的法则，就是明了事理；遵守并践行道的法则，则为明智之举。而不明白和不遵守道的法则，胡乱行动，就会有凶险。对于掌控兵权的人来说，只有践行道的法则，懂得致虚守静，才能真正做到从容应对复杂的战场事宜，坦然善谋，出奇制胜；只有洞晓"和"的宝贵，才不会随意发动战争，逞强争霸。所以，老子说："知常曰明"，知道这些最基本的规律和法则并遵照执行，才是真正的明智。以此来谋划战争，才称得上是"善谋"。而不知晓这些规律或违背这些法则，就容易轻举妄动。果真如此，战乱的灾祸便会接踵而至了。

其次，老子强调"未兆易谋"。纷乱事变尚未发生之前，或者战场上两军对垒还没有正式交锋之前，容易谋划和控制。第六十四章上讲："其安易持，其未兆易谋。"凡事都是开始时很小，后来才逐渐变大，比如那数人合抱的大树木起初也是由一粒细小的种子萌芽成长而来，九层高的平台也是由一筐筐泥土堆积而成，"千里之行，始于足下"。因此，要"为之于未有，治之于未乱"。做任何事情，都必须未雨绸缪，防微杜渐。这些论述充分表明，老子认定策谋应当具前瞻性。就实际指挥战争的谋臣将帅而言，每一次采取军事行动，都必须要有远大的战略眼光，精心策划，把握先机。切不可战事已开，却计策未定，那样势必弄得穷于应付，疲于奔命，获胜的可能性自然微乎其微。

诸葛亮"隆中对"，可以说是知常善谋、谋于未兆的经典。他在《便宜十六策·治军第九》中讲："夫用兵之道，先定其谋，然后乃施其事。"东汉末年，经过黄巾农民大起义的冲击，中央政府名存实亡，各地豪强大族纷纷起兵，你争我夺。军阀混战中，众多有识之士出谋划策，纵论天下。出身于琅琊阳都（今山东沂南县）的诸葛亮，就是一位精通兵法、善于计谋的"天下奇才"。当刘备前来请教复兴汉室、统一天下的大计时，这位躬耕于南阳，好为《梁父吟》，自比管仲、乐毅的卧龙先生，将他深思熟虑已久的、对天下世事的精辟分析和刘备应该采取的对策口若悬河地道出：自董卓专权乱政以来，豪杰之士纷纷起兵，跨州连郡的割据者数不胜数。如今曹操已经拥兵百万，并"挟天子以令诸侯"，这的确是不可与之直接较量争锋的；孙权占有江东地区，已历经三代，那里地势险要，民心归顺，贤能之士均受到重用，这也只能引以为援而不可图谋攫取；荆州北依汉水、沔水为屏障，南至海边有丰富的资源可供利用，东接吴郡、会稽郡，西通巴、蜀二郡，称得上是用兵的战略要地，可惜其统治者刘表却无力守住它，这大概是上天用来资助将军的吧，将军可有意于此么？益州险塞，沃野千里，有"天府之土"的美誉，高祖刘邦就是靠这里成就了帝王大业。现在职掌益州的刘璋暗弱无能，张鲁又在北边与之作对，虽然民殷国富，却不知道怜恤爱抚，致使有才能的人都渴盼英明的君王。由此，诸葛亮力劝刘备利用其汉室后裔、信义又名扬天下的优势，总揽英雄，及时占领荆、益二州，"保其险阻，西和诸戎，南抚夷越，外结好孙权，内修政理"，等待天下形势一旦发生变化，即从荆州、秦川两路北伐，对曹操形成钳形攻势，果真如此，则"霸业可成，汉室可兴矣"①。诸葛亮在这里实际勾画出了天下三分的未来发展走势，而夺取荆、益二州以建立稳固基地和"联孙抗曹"，则是一个比较符合客观实际的、既稳健而又有进取精神的战略构想。刘备后来几乎一丝不苟地执行了这一战略奇策，蜀汉政权应运而生；同时，也正是由于"联孙"策略执行上出现的偏差，关羽大意失荆州，致使北伐大业终于未能如愿。诸葛亮之所以如此"善谋"，在于其谙熟天下大势，懂得治国用兵之道。他认为，天地是万物化生之本，天生万物，地长万物，人成万物，所以理政治兵，都要考虑天、地、人的因素，"天之阴阳，地之形名，人之腹心，知此三者，获处其功"②。他的《思虑第十五》还着重强调深谋远虑，"思虑之政，谓思近虑远也。夫人无远虑，必有近忧"，"大事起于难，小事起于易"，故"君子视微知著，见始知终"，能够做到如此，便可以"祸无从起"，战无不胜。毫无疑问，诸葛孔明足智多谋，留有老子"善谋"战略思想深深的烙印。

老子虽不是策谋智胜战略思想的首创者，但他在中国军事谋略学的发展史上较早地提出了"善谋"的观点，并从"知常""谋于未兆"等方面给予了具体阐述，从而极大地影响着后来的兵家谋士。他关于要懂得并且应遵守践行致虚守静、和合协调这一道的法则之观点，被军事家们普遍解读为必须掌握并灵活运用的战场法则。

孙武著兵法，首列《计篇》，认为战前的策谋即"庙算"对战争胜负有直接的影响，"夫未战而庙算胜者，得算多也。未战而庙算不胜者，得算少也"。又作《谋攻篇》，全面构建其以谋取胜的战略思想体系，"故善用兵者，屈人之兵而非战也，拔人之城而非攻也，毁人之国而非久也"。百战百胜并非就是最高明者，"不战而屈人之兵"才是"善之善者"。他在《军形篇》中阐述的"胜兵先胜而后求战"论，实际蕴含着通过"庙算"而"先知"的思想，"知"的内容就是《谋攻篇》所谓"道""天""地""将""法"等战争诸要素，"知之者胜，不知者不胜"。知而谋，谋而战，战而胜，"胜乃可全"。

孙膑强调："故明主、知道之将必先□，可有功于未战之前，故不失可有之功于已战之后。"据考证，□内缺失之字应为"计"或"算"。英明的君主、懂得用兵之道法则的将帅，一定要在出兵之前首先做好谋划，如此方有获胜的把握。

① 《三国志·诸葛亮传》。
② 诸葛亮《便宜十六策·治军第九》。

两军交战，"而先知胜不胜之谓知道"。在孙膑看来，通过策谋而预先了解战争是否可以取胜，这才是懂得用兵之"道"。知"道"，实际上就是要求在充分掌握敌我军情的基础上，根据战场法则先定计谋，以智取胜①。

《六韬》《黄石公三略》，其兵书名称就直接凸现了军机谋略在战争中的突出作用。

乱世枭雄曹操在注解《孙子兵法·谋攻篇》时讲："欲攻敌，必先谋。"要向敌人发动攻击，务必要首先策谋。用兵之道，以计为先，计谋的内容包括选举贤才良将、全面分析比较敌我强弱众寡以及地形大势等，"计于庙堂也"②。

宋朝许洞《虎钤经·先谋篇》开篇即是"用兵之法，先谋为本"。他提出"谋"的各种内涵是：想要谋划行师打仗，"先谋安民"；想要谋划攻敌，"先谋通粮"；想要谋划布阵疏朗，"先谋地利"；想要谋划战胜敌人，"先谋人和"；想要谋划如何坚守，"先谋储蓄"；想要谋划怎样让军队具有强大的战斗力，"先谋正其赏罚"；想要谋划夺取远方的阵地疆土，"先谋不失其迹"。假若能够知道这些利害根本，"谋以御敌，虽有百万之众，可不劳而克矣"。可谓论之深刻！

"运筹于帷幄之中，取胜于千里之外。"论兵重谋略，打仗讲智慧，这是中国军事的优良传统，它充分显示出东方文化的无穷魅力。美国学者戴维·莱伊曾以国际象棋和中国围棋为例，对中西方战略思维进行了比较研究。他说："中国的战争和外交政策与西方截然不同，中国将重点置于战略和谋略，而西方依赖于优势地位的武力和先进的军事能力。"据称，国际象棋是一种基于力量的比赛，棋盘上的每个棋子都有不同的分量，它们反映了政治和军事实体中的权力与级别，国际象棋比赛的结果可由计算棋子及其能量进行预测；而发明于中国的围棋，则是一种讲求整体布局的游戏，每个棋子的有形力量尽管相同，但无形和潜在的力量却基于因势变化与近乎无限的组合而巨大无比。宋朝张拟撰写的《棋经十三篇》，是黑白围棋世界的战场兵法，书中不仅直接有"《老子》曰：'自知者明'"等语，而且大量运用老子的哲学与军事思想来论棋。如："善胜者不争，善阵者不战。善战者不败，善败者不乱。夫棋，始以正合，终以奇胜。""躁而求胜者，多败。""持重而廉者多得，轻易而贪者多丧。不争而自保者多胜，务杀而不顾者多败。因败而思者，其势进；战胜而骄者，其势退。"等等。围棋布局，讲究既不可太偏于势，也不可太重于地，而是要势地兼顾，方能不顾此失彼，完全体现了大道"无为而无不为"的思想。

---

① 《孙膑兵法》下编《客主人分》、上编《陈忌问垒》。
② 《曹操集·孙子·始计篇注》。

围棋尚柔，讲究不争，自古有"争棋无名局"之说，充分表明大道"以其不争，故天下莫能与之争"特性。

"黑白谁能用入玄，千回生死体方圆。"唐朝张乔《咏棋子赠弈僧》中的这句诗，或许更能让人们从围棋的"动静无度"中领略到老子"知常""善谋""谋于未兆"等军事战略观的万千智慧。

七、老子与战术观

战术是战争过程中每一战役的具体打法，它探讨的是在兵刃相接的战场上如何保存自己、歼灭敌人、取得胜利的战争技巧问题。诸如兵力的配置与布阵、攻击目标与时机的选择、进退取舍、攻防转换、胜败善后处理等等，都属于战术的范畴。战术与战略息息相关，战术的选择必然受到战略观的制约，而战略思想则通过具体战术的运用得以全面贯彻执行和充分展示。在老子的军事思想体系中，无论是以哲理喻兵，还是直接论兵，都涉及了大量的战略战术问题。他的战略思想博大精深，而战术论则极具实用价值，均受到历代兵家的高度重视和称羡，并且被广泛地运用于战场实践。

1. 以奇用兵，正复为奇

老子在第五十七章提出了一个十分著名的论断："以正治国，以奇用兵，以无事取天下。"意思是说要用清静无为的正道来治理国家，以诡秘奇巧的方法来用兵打仗，以不搅扰民众而得民心来获取天下。他把"治国"之道与"用兵"之略紧密地联系在一起，二者最终都是为了得民心取天下。

所谓"以正治国"，就是以"道"治国。"道"是老子思想的中心，它又可分为"常道""天之道""圣人之道"等，它们都是由大道而万物之生成体系和生态秩序中的有机组成部分。常道是造化万物和养育万物的永恒存在的本源，天之道是自然界及其运行变化的规律，圣人之道是得道者行为处事的行为准则。它们是一贯的、有机联系的、不可分割的整体，因为圣人之道是从天之道引申出来（"人法天"），而天之道又从常道引申出来（"天法道"）。换句话说，圣人之道是把常道和天之道运用于社会治理，以解决人生和政治问题。道具有无为、不争、清静、持虚、守雌、贵柔、谦退居下等一系列特点。以"道"治国，就必须遵从道的生成体系和生态秩序，持虚守静，无为而治，以慈为怀，体恤民情，不折腾，不侵扰民众，使民众"自化""自正""自富""自朴"。治理国家，如果人为主观设定的规范禁忌太多，人民就会深感不便而无法进行正常的社会生产，经济不发展，便只会越来越贫穷；如果民间有太多锐利的武器，相互打杀的事件就会层出不穷，国家就会陷入混乱；如果世人多智巧机诈，社会上奇奇怪怪的东西就会越来越多；严刑峻法越是显明，盗贼之事越会频繁发生。"其政闷闷，其民淳淳；其政察察，其民缺缺。"① 只有清静无为，政治清明，人民才会忠厚纯朴，国家因之而容易治理；假如政治严苛，人民反而狡诈难治。老子的治国论归结为一句话，就是要用至真至纯的大道法则，而不要用人为因素浓厚的仁、义、礼以及其他邪术。

老子反对争霸与兼并他国的"有为"战争，在御敌自卫战争的战略指导思想上也大量援引大道的属性。而针对每个战役的实际进行、具体的战争打法，却认为不能仅限于常规的策略与战术。战场瞬息万变，交战双方斗智斗勇斗力，战争的结果不是你死就是我亡。在如此残酷的激烈交锋中，只有机动灵活，出其不意，袭其不备，才能战胜敌人，保存自我，真正达到御敌自卫的目的。如果固守陈规，僵化保守，就只有被敌人消灭，又怎能实行御敌自卫？怎能通过"无为而无不为"以拯救乱世、返璞归真，最终实现"甘其食，美其服，安其居，乐其俗，邻国相望，鸡犬之声相闻，民至老死，不相往来"的理想世界呢？所以，老子主张"以奇用兵"，在战争中要想方设法尽可能地使各种因素向着有利于自己的方向转化，以确保夺取胜利。

"以奇用兵"是一条总的战术原则，它是相对于常规作战而言的。我国古代战争大致沿车战、步战、骑战而发展。军队投入战斗时，必须根据地形地貌、敌我双方力量配置以及谋略等具体情况布置为一定的战斗队形，从起码的一卒、一伍、一列开始，直到全队、全营、全军，都必须"立卒伍，定行列，正纵横"②，这叫布阵。"阵而后战，兵法之常。"③ 作战时，就是以自己的一定阵式去冲击敌人的阵地或迎击敌人一定阵式的进攻。战争的胜负与阵的布置及交战中是否能始终保持阵式的严整息息相关。

春秋以前，车战是主要的作战方式。如：商汤以"良车七十乘，必死六千人"而灭夏④；周武王率戎车三百乘、虎贲（勇猛的战士）三千人、甲士四万五千人而与商纣王大战于牧野。战车方阵是当时阵式的基本形态，军队作战的基本配置是中军为主而左、右两军配合进攻并掩护中军，从总体上构成一个横列的长方形阵式。后世军事家称之为"鸟阵雁行"，意即像鸟儿展开翅膀飞行时的身子（中军）和双翅（左右军），也像群雁在空中呈"人"字形地飞行前

---

① 《老子》第五十八章。
② 《司马法·严位篇》。
③ 《宋史·岳飞传》。
④ 《吕氏春秋·简选篇》。

进。殷墟出土的甲骨文记载商朝军队的编制是："王作三师，右、中、左"①；《左传》桓公五年描述春秋时期郑国的军队出征是"曼伯为右拒（拒通'矩'，意指矩形的方阵），祭仲足为左拒，原繁、高渠弥以中军奉公"，都是方阵形布局。所以，先秦文献中关于战场方阵的记载甚多。如《国语·吴语》称："万人以为方阵，皆白裳，白旗，素甲，白羽之缯，望之如荼。……左军亦如之，皆赤裳，赤旗，丹甲，朱羽之缯，望之如火。"这是成语"如火如荼"的出处，当时每个方阵横竖都是一百人，由一个将领统率。《逸周书·大明武解》说："方阵并功（通'攻'），云何能御？"《吴越春秋·吴王夫差内传》则讲："吴师皆文犀长盾，扁诸之剑，方阵而行。"

就具体阵形排布而言，方阵内兵力部署情况和行列纵横间距离等都有着明确的规定。如《六韬·犬韬·均兵》上说："易战之法，五车为列，相去四十步，左右十步，队间六十步。险战之法，车必循道，十车为聚，二十车为屯。前后相去二十步，左右六步，队间三十六步。五车一长，纵横相去二里，各返故道。"实际交战时，要"徒不驱，车不驰，逐奔不逾列"②，即步兵不要疾走，战车不要奔驰，以便"不乱军旅之固，不失行列之政"。如果阵形在敌人攻击之下或由于其他因素而受到影响，就要随时进行调整。周武王在牧野誓师时，一再叮嘱众将士要不断整顿队列，协调作战动作："今日之事，不愆于六步、七步，乃止，齐焉。勖哉夫子！不愆于四伐、五伐、六伐、七伐，乃止，齐焉。"③他的意思是说，战斗时，每前进六步、七步，就要停下来，整齐队伍后再前进；两军交锋时，经过四个回合、五个回合、六个回合最多七个回合（一击一刺称一"伐"，即一个回合），就要停下来，整齐队伍，恢复阵形后再战。

这种整齐的方阵战法还有许多比较严格的人为规定。《司马法·仁本篇》讲："古者逐奔不过百步，纵绥不过三舍，是以明其礼也；……成列而鼓，是以明其信也。"其意是说追击逃跑的敌人不超过一百步的距离，跟踪退却的敌人不超过九十里地，这是为了表明他的礼节；而等待双方都调整好阵式再击鼓进攻，则是为了表明他的诚信。据传商周打仗时，还有不在险要隘口阻击敌人的惯例，因为这样的地方不宜于排兵布阵，利用险要地形阻击对手也被视为不仁义之举。

公元前638年，宋、楚泓水之战中，愚蠢的宋襄公就是因为墨守这种方阵

① 郭沫若辑《殷契粹编》，第597页。
② 《司马法·天子之义篇》。
③ 《尚书·牧誓》。

战法的陈规而惨遭失败，成为千古笑谈。其时，宋军已摆好阵势，楚军正在渡河，大司马子鱼请求出击，宋襄公回答说"不可"；当楚军过了河而尚未排列好阵形的时候，子鱼又请求趁其混乱之机发动攻击，宋襄公仍然回答说"未可"。等到楚军重新整理好队伍布阵完毕，宋襄公才下令发动攻击。可小小的宋军哪是楚军的对手，宋军很快被打得大败，宋襄公的卫队全部被歼，他本人大腿上也中了一箭。大家都把失败的责任归结到宋襄公头上，非常埋怨他一再错失战机。然而，宋襄公却振振有词地辩解说："君子不重伤（不再伤害已受伤的敌人），不禽二毛（不俘虏头发花白的敌人）。古之为军也，不以阻隘也。寡人虽亡国之余（宋国为殷商后裔），不鼓不成列。"① 显然，在宋襄公的脑海里，严格遵守商周时期进行车战时排兵布阵的战术思维根深蒂固；与此同时，对战场上已丧失战斗力的敌方伤员和年纪较大、战斗力较弱的敌方兵士，宋襄公也都因为固守所谓君子之信义而贻误战机，其战败的结局也就不足为奇了。

以右、中、左三军布阵为核心的车阵战法，是商周到春秋前期最常规的作战方法。整齐的阵容，步调一致的行动，有利于发挥出强大的攻击威力和难于被攻破的堡垒作用，这是列阵而战的最大优势；但它机械呆板、缺乏灵活性和机动性的弱点，也是显而易见的。恩格斯曾分析评论过欧洲 18 世纪初仍在采用的步兵方阵战法："军队的全体步兵排成三线，形成一个非常狭长而中空的四边形，只能以战斗队形为一个整体来运动；最多只准许两翼之中的一翼稍稍前进或后退。这种运转不灵的队伍，只有在十分平坦的地形上才能整齐地运动，而且只能以缓慢的步伐（每分钟七十五步）行进；战斗队形的变换在作战时是不可能的，步兵一进入战斗，只经一次突击，在很短的时间内就决定胜败了。"② 此与我国先秦时期的战车方阵有很大的近似性。

尽管《周易》对用兵的诡诈性、隐蔽性已有所论及，如《需》卦"六四"爻辞说："需于血，出自穴"，在多次血战的地方要注意隐蔽，应先于暗处（穴、阴路）幽隐起来，等待时机，出其不意，攻其不备；《同人》卦"九三"爻辞说："伏戎于莽，升其高陵，三岁不兴"，要把军队埋伏在深山密林草莽深处，以免被敌人发现。如果驻扎在高山丘陵之地，就容易被敌人侦知虚实，这样就会招致失败，此一败便长时间不能兴兵作战了。但是，从总体上而言，商周时期的战争具有极大的公开性和透明度，战场上双方的阵式一摆，彼此的情况便一目了然，中军对中军，左右对左右，将对将，兵对兵，一击一刺，进退攻防战法都颇为简单。

---

① 《左传·僖公二十二年》。
② 《马克思恩格斯全集》第 20 卷，第 183 页。

到了春秋时期，战事规模扩大，战车编制由西周的二十五人增加到七十五人（其中甲士三名，步卒七十二名），过去处于附属地位的步兵渐渐成为车战的主导力量，而盛行已久的战阵常法也开始出现新的变化。

公元前707年秋天，周、郑繻葛（一名长葛，今河南长葛市东北）之战中，郑国的子元根据周军的部署情况提出不用中军突击的老式阵法，而把主力放在左、右方阵（名为左、右拒）上，主将所在的中军则摆在左、右两方阵中间靠后。方阵中又抛弃步卒在前、战车在后、步车分离的传统队形，将战车摆在前面，把步卒分散配置在战车的左右和后面，密切步卒与车协同，互相掩护，从而使战斗队形结成一个坚固的整体。作战时，让左、右方阵先接敌，待打垮敌军力量较弱的左、右翼，然后三军合围敌人的中军。左、右两个方阵在前面就像张开捕鱼的网一样，以捕捉敌人的中军主力，所以这种新的著名阵法被称为"鱼丽（罹）之阵"。郑庄公采纳了子元的计策，战场情况果然按子元预先的设想发展，周桓王率领的诸侯之师被打得大败。

此外，泓水之战中，与宋襄公的"仁义"之师、食古不化截然相反，大司马子鱼认为："勍（强）敌之人，隘而不列，天赞我也；阻而鼓之，不亦可乎？"强敌在前，我有险可依，敌人又未准备好，正是天赐良机，此时击鼓进攻，不也是当然之举么？这实际上是在讲要抓住敌人的弱点，争取主动，转弱为强。他还从军事指导思想的高度指出："明耻教战，求杀敌也"，"三军以利用也，金鼓以声气也"[①]。战争之目的，就是消灭敌人以保全自己。为了取得战争的胜利，三军将士必须趋利避害，对敌人的弱点"利而用之"。因此，凭借天然险阻以及对尚未摆好阵式的敌人发动突袭，都是战场上天经地义的事。

公元前575年，晋、楚鄢陵之战中，晋国的苗贲皇在子元"鱼丽之阵"的基础上，举一反三，首创了侧翼进攻法。他曾在楚国生活，熟知楚军的精锐是集中于中军的王卒，于是向晋军主帅厉公建议：先以晋军两翼同时攻击楚军侧翼，迫使其中军增援两翼，然后趁机以自己强大的中军主力突破楚军的中央阵地。这种两翼侧击与中央突破相结合的战术，是车战史上战术的重大进步，它使晋军大获全胜。

从子元、子鱼到苗贲皇，他们全新的战术思想十分清楚地表明，自商周以来的列阵常规战法正在悄悄地发生着重大变化。如何寻找敌人的弱点，运用灵活机动的战术，出奇制胜，已成为越来越多的战场将帅和谋士高参们思考的焦点。大智慧的老子以及许多思想家、政治家和军事家都敏锐地看到了这种新的景象，他们对此给予了积极的肯定，并从军事理论上进行提炼和概括。如《管

---

① 《左传·僖公二十二年》。

子·兵法篇》讲："径乎不知，发乎不意。径乎不知，故莫之能御也；发乎不意，故莫之能应也。"从不为人知的路径行军出击，敌人就无法防御；出其不意地发动进攻，敌人就无法应对。"故全胜而无害。"《幼官篇》又说："奇举发不意，则士欢用。"乘敌人不备发动奇袭，将士们就会非常欣喜地受命出击。为什么呢？因为"奇举"有获得战斗胜利的绝对把握。老子则将这种趁敌人防备不周或料想不到而发动突然袭击的战术思想用十分精练的语言准确归纳为"以奇用兵"，同时提出"善胜敌者不与"，"将欲夺之，必固与之"等许多具体的战术原则，从各个方面对这一战术理论给予系统阐释和论证，从而在中国古代军事史上全面开启了奇战思想的先河。

对于战争的指挥者来说，要实现"以奇用兵"，就必须善于开动脑筋，认真调查研究，察知阴阳之变，洞晓敌我之情，做到"知人""自知"，根据各种不同的情况，采取相应的对策，像水无常形那样运用灵活机动的战术，制造各种假象迷惑敌人，自己又能识破敌人所制造的各种假象而不被其迷惑，在虚虚实实中抓住战机，出其不意，攻其不备，最终达到"以战则胜，以守则固"①。

公元263年，魏元帝曹奂诏令魏军大举征伐蜀国。在大将军司马昭的统领下，钟会、邓艾、诸葛绪三路兵马共十八万人同时向蜀军发起攻击。其中，镇西将军钟会率领魏军攻入汉中后，顺阳平关（今陕西勉县西）直下，企图一举夺取剑门雄关而进逼蜀都成都。但蜀将姜维率领蜀军主力退守剑阁，据险抵御，致使钟会部受阻于剑阁而不得前进。这时，征西将军邓艾上书献策说：目前敌人已遭重创，我军应当乘势追击，宜从阴平小路经汉时德阳亭直插涪城（今四川绵阳北），也就是从剑阁以西百余里绕道而行，到达距成都三百里的地方，"奇兵冲其腹心"。如此一来，防守剑阁的姜维军必定回援涪城，钟会部就可以长驱而进。假如姜维军不回援，那么接应涪城的蜀国援兵就很少了，魏军必能乘机攻占。兵书上讲要进攻敌人无所防备之地，出击敌人不曾意料之处。现在我们如能奇袭敌人的空虚薄弱地方，"破之必矣"。这一年的十月，邓艾率军从蜀军不曾设防的七百里阴平道（自甘肃省文县起，翻越四川省青川县的摩天岭，越过唐家河等，到达平武县南坝乡）艰难行军七百余里，他们凿山开路，架设栈道，由于沿途荒无人烟，粮运不畅，几乎陷入绝境。虽历尽艰险，魏军却避开蜀军主力而成功开通了直取成都的坦途，接连攻下江油、涪城、绵竹，迫使蜀主刘禅出降，从而顺利实行"以奇用兵"战术，达到了一举灭蜀的战略目的。

老子"以奇用兵"的战术观，经孙武继承和发挥而成了著名的兵者诡道

① 《老子》第六十七章。

论。《孙子兵法·计篇》言："兵者，诡道也。"《军争篇》又说："兵以诈立。"都是在强调用兵打仗为奇异诡谲的行动，使用诈术迷惑敌人，使其做出错误的判断和决策，进而克敌制胜，是作战的一般规律。在此总的战术原则指导下，孙武总结春秋时期的战争经验而罗列出了十二条具体的战术，人们习惯称之为"诡道十二法"："故能而示之不能，用而示之不用，近而示之远，远而示之近。利而诱之，乱而取之，实而备之，强而避之，怒而挠之，卑而骄之，佚而劳之，亲而离之。"① 这些战法的要旨均在于"攻其无备，出其不意"。《虚实篇》进一步阐释说："出其所必趋，趋其所不意。行千里而不劳者，行于无人之地也；攻而必取者，攻其所不守也；守而必固者，守其所必攻也。故善攻者，敌不知其所守；善守者，敌不知其所攻。"这是说，战斗中要出击敌人必定要去的地方，而且要让敌人意想不到我军的攻击。行军千里而不疲劳，未遭挫折，是因为沿途无敌阻拦。进攻就必然取胜，是因为攻击所选择的目标是敌人没有防守或不易防守的阵地；防守就一定牢固，是由于守的是敌人必然进攻之处。所以，善于进攻者，使敌人不知如何防守；善于防守者，使敌人不知怎样进攻。孙武可谓深刻领悟和掌握了"以奇用兵"的精髓！在他的亲自策谋下，公元前 506 年，吴国对楚国采取远距离战略突袭的战术，"选多力者（即大力士）五百人，利趾者（指善于奔走的人）三千人"打前阵，简师轻装，长驱直入，出奇制胜，大败楚军。

孙武之后的历代兵家无不奉"以奇用兵"为作战宝典，恪守"攻其无备，出其不意"的战场逻辑与信条。如：

《孙膑兵法·威王问篇》载："威王曰：'以一击十，有道乎？'孙子（即孙膑）曰：'有，攻其无备，出其不意。'"

《六韬·龙韬·军势篇》说："动莫神于不意，谋莫善于不识。"《奇兵篇》又言"不知战攻之策，不可以语敌；不能分移，不可以语奇；不通治乱，不可以语变"。

曹操在注解《孙子兵法》时讲：打仗要"发奇谋"，"兵无常形，以诡诈为道"，"故料敌在心，察机在目也"。

诸葛亮在《便宜十六策·治军篇》称："故军以奇计为谋，以绝智为主。"

《唐太宗李卫公问对》卷中肯定："敌虚，则我必为奇。"

《百战奇法·奇战篇》则言："凡战，所谓奇者，攻其无备，出其不意也。"

而中国民间妇孺皆知的"三十六计"，作为"对战之策"，差不多全都可以看作是"以奇用兵"的典范。

---

① 《孙子兵法·计篇》。

　　老子精通辩证法，深谙强与弱、实与虚、福与祸、奇与正、攻与守、胜与负等对立双方相互转化的规律。因此，他在提出"以奇用兵"战术总原则的同时，又进一步探讨了奇正转化的问题。第五十八章上讲："祸兮福之所倚，福兮祸之所伏。孰知其极？其无正？正复为奇，善复为妖。人之迷，其日固久。"灾祸中倚傍着幸福，幸福中潜藏着灾祸。祸福相依，互为转化，物极必反，有谁知道其究竟？有谁能在无形中去认识和把握这些真理呢？它们本身并没有一个定准啊！所以，"正"又可以转变为"奇"，善也可以转化为恶。世人不知晓这种循环倚伏之理，而迷惑于奇正善恶的分别，已经有很长的时间了。老子主张用正道来治理国家，以诡奇的战术来用兵打仗。但根据"正复为奇"的转换法则，在他的战略思想中，随处可见"道"的踪影，诸如"天之道，不争而善胜"，谦退居下，"守柔曰强"，守虚"不盈"，"恬淡为上，胜而不美"，等等，他的将帅观和治军思想更是照耀在"道"的神秘光环下，即便是具体的战术也浸透了"道"的根因。因此，如果将老子的军事思想称为"道"的兵法，一点也不言过其实。他本人就是由"常道"而及"天之道"再及"圣人之道"来构筑其庞大的思想体系，以一"道"而论天、地、人，治国用兵，养生处事，无所不容，无所不包。

　　仅就战术运用的角度来看，"正复为奇"更增添了"以奇用兵"无穷丰富的内涵。列阵对垒本是古代战争中的战场常法，即所谓"正战"，它与据险设伏、侧翼迂回、突击钳制、偷袭等相对；但如果在阵式上有所变化或在交锋时不按常规出击，就变成奇阵奇战了。《史记·廉颇蔺相如列传》称"李牧多为奇阵"，"大破杀匈奴十余万骑"。李牧为战国末期赵国的名将，他所谓的"奇阵"是什么呢？史书上讲得很清楚，就是"张左右翼击之"，即不把兵力按常规集中于中军出"正兵"，而是集中于两翼发动进攻出"奇兵"。如此说来，郑国子元的"鱼丽之阵"，晋国苗贲皇的侧翼进攻与中央突破，均称得上是早期的"奇阵"了。这种集中兵力于两翼的阵法，秦汉以后经常被采用。直到太平天国时期，太平军还常用"螃蟹阵"。这也是一种三队平行配置的战斗队形，中间一队人数少，两翼的人数多，形似螃蟹，所以叫作螃蟹阵①。

　　战争的法则有千万条，但对于所有的参战者来说，有一条是最根本的，而且是永恒不变的，那就是消灭敌人保全自己。为了求得战争的胜利，不管采用何种神秘诡道战术，都可以称得上是正道、正战。老子追求得"道"的境界，崇尚清静无为之治，反对"以兵强天下"。但如果有人发动侵略战争，试图威胁和破坏这种"道"治社会（小国寡民是其理想模式之一），老子也会毫不迟

---

　　①　张德坚《贼情汇纂》卷四《伪军制》上《阵法》。

疑地倡导御敌自卫，要"柔弱胜刚强"。只有战胜来犯之敌，才能重新实现"无为而无不为"，恢复社会的安宁和谐。由此观之，老子的"以奇用兵"，不也正是一种正道、正战么？只要熟知奇正相依相存、互为转化的辩证原理，并在战场上灵活运用，就可以实现正为奇，奇为正，实为虚，虚为实，奇奇正正，虚虚实实，使战术运用达到出神入化之境地。

公元前279年，齐国的田单在即墨（今山东平度东南）坚守三年之后，以火牛阵反攻燕军大获全胜之战，可谓"正复为奇"战术运用的典型案例。此前，燕昭王以乐毅为大将，率燕、赵、魏、韩、秦五国联军攻齐，大败齐军，齐湣王出逃，齐国七十余城相继变成了燕国的郡县属地，仅剩下即墨与莒二城。田单被燕国军队围困在即墨，四周全是燕军，处境极为艰难，固守（却无任何援军可待）是唯一可供选择的战术。为稳定军心，激发士气，麻痹敌人，巩固城守，伺机反攻，他采取了一系列行之有效的措施，如：假借神灵异象以笼络和统一民心，具体做法是号令城中居民吃饭时必须在自己的房庭内祭祀祖先，祭品引来大批飞鸟群集城中，燕人看到这种景象后感到非常怪异，而田单趁机到处宣讲说天上当有神师下降，并且立即拜一士卒为神师，每每发号施令，都必称奉神师之命；引诱燕军对齐降卒施以劓刑（割鼻子）和挖掘城外齐人的祖坟，以此激怒齐人拼死抵抗；伪装投降以松懈燕军警戒；田单还亲自参加修缮城防之事，并将自己的妻妾编入兵士队伍以激发斗志，等等。经过长达三年的固守和积蓄能量，田单的反攻策略日见成效，齐军虽然被围困在一座孤城，但士气高昂，燕军尽管人多势强，却早已将士疲乏，军无斗志。经过精心策划，在一个月黑之夜，田单一改坚守不出的正战战术，向燕军发动了突然袭击。他收集了一千多头牛，先在牛身上披盖五彩龙纹的外衣，牛角绑上尖刀利刃，牛尾巴上捆着浸满油脂的苇草，然后点燃苇草，驱牛出城。被烧着尾巴的牛群疯狂地冲向燕军营地，紧跟在后面的齐军乘势冲杀，老弱则击器鼓噪助威，声震天地。放松警戒的燕军被冲得大乱，恍惚间眼见一群群五彩巨兽扑来，以为神兵天降，早已吓得魂飞魄散，四处奔逃。齐军大获全胜，杀死燕军统帅骑劫，并乘胜收复了所有失地，迎齐襄王而重建齐国。在这场旷日持久的燕、齐拉锯战中，田单以弱小之师坚守不出而着力于内部的稳固和蓄势是正战，等待时机成熟后以火牛阵反守为攻则是奇战。正是因为他成功地实施了正奇转换，"正复为奇"，所以使齐国收到了起死回生、转败为胜的战场奇效。

老子的"以奇用兵""正复为奇"战术思想，既包含着深刻的哲理性，又具有极高的实战价值。后世兵家不惜殚精竭虑，对此探幽索微，尽可能地给予解读、破译和弘扬光大。

孙武说："三军之众，可使必〔毕〕受敌而无败者，奇正是也。"能够使一国之军虽遭受敌人的大举进攻却不致失败的秘诀，就在于奇正战术的运用得法啊。可见他已把奇正之法在军事上的运用提到了一个相当高的地位，而"凡战者，以正合，以奇胜。故善出奇者，无穷如天地，不竭如江海"。用兵打仗，总是以正兵迎敌，用奇兵取胜。那些善于出奇制胜的将帅，灵活的战术多得像天地那样广大无边，又如奔腾不息的江河一样取之不竭。这些无穷无尽的诡奇战法从何而来？答案就在正奇之变，奇与正相依相存，互为转化，就像日月降落又升起，春夏秋冬四时终结又开始，奇可为正，正又复为奇。"奇正相生，如循环之无端，孰能穷之哉！"音乐中的音阶不过宫、商、角、徵、羽五种，但运用它们谱成的乐曲却听也听不完；基本的五种颜色就是青、黄、赤、白、黑，但将它们彼此搭配而成的色彩却看也看不够；酸、苦、甘、辛、咸，是起码的"五味"，但调出的佳肴却尝不胜尝。所有的战术都不过是奇正这样基本的两大类，但"奇正之变"实在是不可穷尽①。孙武在这里将战场上对敌人的正兵迎击和出奇制胜从战术上进行了区别，但同时又以较多的笔墨着重阐述"奇正相生""奇正之变"，并认为诡奇战术变化无穷的真正根源就在于此。毫无疑问，这是对老子奇正思想的直接继承和发展。由于《老子》被人们普遍视为政治和哲学著作，老子也被看作是思想家，他有关军事的精辟见解大多经孙武阐扬发挥才成为完全意义上的军事理论。奇与正，也正是从《孙子兵法》开始而成了兵学上的两个基本范畴。《孙子兵法十一家注》王晰说："奇正者，用兵之钤键，制胜之枢机也。"

战国时期的军事家孙膑在继承老子和其先世孙武有关军事思想的基础上，对"奇正论"有了创新性的发展。他在其兵法著作中专列《奇正篇》，对奇正战术运用的具体内涵第一次给予了较为明确的说明："形以应形，正也；无形而制形，奇也。奇正无穷，分也。"在阵式上，以有形（常规阵法）对付有形是正；用无形（非常规战法）来战胜有形，是奇。奇与正相互转换，变化无穷，就是这样来分辨的。孙膑还进一步从事物的特性相同和相异上分别奇正："同不足以相胜也，故以异为奇。"同类事物，因为特征一样而不能互相制胜，所以要用异类才能制胜，凡用异类就是奇。"是以静为动奇，佚为劳奇，饱为饥奇，治为乱奇，众为寡奇。"静相对于动是奇，闲逸相对于劳累是奇，饱相对于饥是奇，治相对于乱是奇，众相对于寡是奇，"发而为正，其未发者，奇也"。展露出来是正，那些未表现出来的是奇。这显然是从战术是公开还是诡秘的角度来分别奇正。他最后总结说："奇发而不报，则胜矣。有余奇者，过胜者也。"运用诡奇战术而没有遭到敌人的相应反击，就一定会赢得战争的胜

---

① 《孙子兵法·势篇》。

利。战胜后如果还有奇计奇术，就更能扩大胜利果实。孙膑从阵形阵式、事物属性对立差异、诡奇战术暴露与否等诸多方面，对奇正战术进行了比较形象的阐释，可以说初步撩开了其神秘的面纱，使人们在战争实践中的可操作性大大增强。特别是"同不足以相胜也，故以异为奇"的战术观，实际上揭示出了战场上处于矛盾对立关系中的敌我双方，在战术运用上必须针锋相对，才能真正做到出奇制胜，也才可以称得上是真正懂得了奇正变化之道。

《淮南子·兵略训》对孙膑的这一思想做了更加充分的发挥。它举例说，如果让制造陶器的人变成制作陶器用的黏土，那就制不成陶器了；织女化而为丝，也就织不出华美的锦缎了；二鸟相斗却"未有死者"，可是凶猛的鹞鹰一旦飞临叼啄，问题就即刻迎刃而解，原因就在于鸟与鹞鹰是异类啊！所以，"同，莫足以相治也，故以异为奇"。同类不能相互制胜，只有属性对立的异类才彼此相克，而运用异类就是奇，"故静为躁奇，治为乱奇，饱为饥奇，佚为劳奇。奇正之相应，若水火金木之代为雌雄也"。

《六韬·龙韬·军势篇》说："势因于敌家之动，变生于两阵之间，奇正发于无穷之源。"战场态势随着敌情的变化而发生改变，战术变化根据敌我双方的阵形阵势而调整，奇正的转化则来源于统兵将帅的无穷智慧。

《尉缭子》清楚地透露出战国时期军阵中已有明确的正兵、奇兵划分，他们从平时的军事训练到战时交锋都有着完全不同的战术。《勒卒令》记载金、鼓、铃、旗这四种战场指挥之物的具体用法是：击鼓就前进，再击鼓就出击；鸣金就停止前进，再鸣金就撤退收兵；铃响，就是传达命令；挥旗向左，队伍就左转；挥旗向右，队伍就右转。这是正兵的战法，"奇兵则反是"。就击鼓所表达的指挥意图来说，通常是：击鼓一下出击一次而向左转，击鼓一下出击一下而向右转；走一步击一下鼓，是整齐步伐的鼓声；走十步击一下鼓，是快步行进的鼓声；鼓音不止，是跑步冲锋的鼓声。商鼓，是万人之将的鼓；角鼓，是千人之帅的鼓；小鼓，是伯长的鼓。三种鼓声和同，表示将、帅、伯长的意图一致。这也是正兵的战法，"奇兵则反是"。当时有"四奇"之说，即军阵内兴军（先头部队中靠正面的一部分）、踵军（先头部队中靠后面的一部分）、分卒（分散的零星部队）、大军（主力部队）等互成掎角之势的四部，"所谓诸将之兵在四奇之内者，胜也"[1]。众将领率领的士兵都能在四奇兵营内忠于职守，战争就有了胜利的保证。尉缭子认为用兵打仗应早早地定下计谋，而奇兵、正兵在具体的战术运用上，《勒卒令》说"故正兵贵先，奇兵贵后"，正兵贵在先发制人，奇兵贵在后发制人。但不管是先发制人还是后发制人，目的都在于

---

[1] 《尉缭子·踵军令》。

"制敌者也"，即战胜敌人。军队作战，除了精良的武器外，有正兵与奇兵的协调配合，加上灵活机动的战术运用，就可以战无不胜，如他所说："今以莫邪之利，犀兕之坚，三军之众，有所奇正，则天下莫当其战矣。"①

三国时曹操深通诡诈之术，强调以奇用兵，出奇制胜。他在身经百战之余，对《孙子兵法》进行了精心注解。关于奇正之变，曹操说："先出合战为正，后出为奇。""正者当敌，奇兵以旁击不备也。"② 兵力部署怎样体现奇正战术变化？"以十敌一，则围之"；"以五敌一，则三术为正，二术为奇"；"以二敌一，则一术为正，一术为奇"。这是讲在我众敌寡的情况下，如果十倍于敌人，就无须分正兵、奇兵，只要对其实施全面包围战术，就可以消灭它；如果五倍于敌人，就要以五分之三的兵力作正兵迎击敌人，而以五分之二的兵力为奇兵从侧面攻击敌人；如果是两倍于敌人，就用二分之一的兵力为正兵，二分之一的兵力为奇兵。在敌我力量旗鼓相当时，"善者犹当设奇以胜之"，善于打战的人还是要想办法设置奇兵来制胜。假如是敌众我寡，就要"高壁坚垒，勿与战也"，"引兵避之也"，切不可与敌人硬拼和盲目出击，应当"选择时日，伺机而动"。总之，用兵打仗，只有随时根据敌情的变化，"变其正"，"发奇谋"，才能"取胜若神"③。

曹操不仅仅从理论上研究奇正战术之变，他还将其直接运用于战场实践。公元 199 年，袁绍点选十万大军，连营"东西数十里"，向黄河以南的曹操发起进攻。当时，曹操仅有两三万兵力，强敌面前，只好分兵青州、延津、官渡（今河南中牟东北）等地构筑防线，阻挡袁军。在实施防御战略中，曹操利用奇正战术，灵活机动地打击袁军，消灭其有生力量。公元 200 年四月，袁绍大军汇集黎阳，前锋颜良进围白马，大有直捣许都之势。曹操以声东击西之策，先解白马之围，斩颜良，随后又败袁军于延津，斩文丑，声威大振。连胜两仗，曹操却主动退驻官渡，深沟高垒，固守阵地，任凭袁军叫阵，就是坚守不出。相持数月后，袁绍谋士许攸前来投诚，告知乌巢（今河南延津东南）囤积军粮情况。曹操当夜即变换战术，留曹洪、荀攸领大军继续防守官渡，而自己亲率精兵五千，打着袁军旗号，衔枚夜袭，直奔乌巢，杀守将淳于琼，焚烧袁绍军粮万余车。袁军见粮囤被烧，军心动摇，大将张郃又奔曹而去，结果全线溃败，袁绍仅带八百余名亲兵逃回黄河以北。官渡之战是中国历史上以少胜多、以弱胜强的著名战例。曹操之所以能取得如此大捷，奇正相变的灵活战术

---

① 《尉缭子·武议篇》。
② 《曹操集·孙子注·兵势篇注》。
③ 《曹操集·孙子注》之《谋攻篇注》《火攻篇注》《九变篇注》。

运用起到了至为关键的作用。

唐代名将李靖所著《唐太宗李卫公问对》，在中国古代军事史上对奇正相变之术作了最充分完备的论述。公元644年，唐太宗调集水、陆大军讨伐高丽叛臣盖苏文。战前，太宗问李靖使用何种战法，李靖回答说："以正兵。"而在此前平定东突厥的战争中，李靖率三千精骑向北突袭，一举攻克定襄（今内蒙古清水河县境），随后又选骑兵万人乘雾追击，全歼突厥军于铁山（今呼和浩特市北），生擒颉利。在唐太宗看来，平定突厥用的是奇兵，而今征讨高丽却要用正兵，其缘由究竟何在？由此发端，李靖全面展开了他的"奇正"用兵论。

首先，李靖通过破突厥、征西域、诸葛亮七擒孟获、西晋马隆征讨凉州、唐太宗霍邑之战擒宋老生、西汉霍去病北击匈奴等战例，来说明奇正相变的道理，并提出了"善用兵者，无不正，无不奇，使敌莫测。故正亦胜，奇亦胜"的著名论断[①]。他认为善于用兵打仗击败敌人的将帅，没有不用正兵的，也没有不用奇兵的，正兵可变为奇兵，奇兵也可变为正兵，以奇为正，以正为奇，奇奇正正，变化莫测，使人难以预料、难以把握，所以他们用正兵也胜，用奇兵亦胜。"奇正者，天人相变之阴阳。"奇正用兵的本义是变，是根据敌我军情的变化而及时调整战略战术；军事上的奇正之变，就相当于天人相互影响变化的阴阳之道。作为直接指挥军队行军打仗的将帅来说，掌握并灵活运用奇正战术是极为重要的。奇正相变的核心是"示形"，"故形之者，以奇示敌，非吾正也；胜之者，以正击敌，非吾奇也。此谓奇正相变"。奇正灵活，用兵如神，"其正如山，其奇如雷，敌虽对面，莫测吾奇正之所在"，这样我军便可战无不胜。只知道用正兵而不会用奇兵的将领，不过是个"守将"而已；仅会用奇兵而不懂得用正兵的将领，也只能叫"斗将"；只有"奇正皆得"，才是真正智勇双全的名将和国家的辅佐良臣。

其次，李靖与唐太宗共同探讨了奇正的区分问题。他突破前人传统，独辟蹊径地提出要从三个基本层面来认识奇正：

一是从战争的性质上看，"臣按兵法，自黄帝以来，先正而后奇，先仁义而后权谲"。凡仁义之师就是正兵，权谋诡诈之军则为奇兵。据此标准，诸葛亮七擒孟获是正兵，唐太宗霍邑之战，"师以义举者，正也"，征讨突厥也是正兵，"若非正兵，安能致远？"

二是以将帅在战场上是否能随机应变、出奇制胜来分别。李靖说："臣愚谓大众所合为正，将所自出为奇。""夫正兵，受之于君；奇兵，将所自出。"

[①] 《唐太宗李卫公问对》卷上。

凡是按常规战法与敌人交锋属正，而将帅根据战场实际情况制订和实施灵活多变的作战方案，临阵出奇，攻其不备，就是奇；从君王那里得令率军出击之兵为正兵，依据战场情况为实施奇袭策略而由将帅自己重新组合的突击部队则称奇兵。

三是从纯战术角度来区分。诸如："凡兵，以前向为正，后却为奇。"但向后撤退时，只有"旗齐鼓应，号令如一，纷纷纭纭"、佯装败退者，才是奇兵，而并非所有的退兵都是奇兵。这是从进退战术上看奇正用兵。而在蕃汉杂居之地，交战时为迷惑对方，"临时变号易服"，本为蕃人而假扮汉人，或本为汉人而假扮蕃人，此乃"出奇击之"①。这是从伪装战术上看奇正。"番汉必变号易服者，奇正相生之术也。"另外，还有布阵方式上的奇正，方阵"生于正"，圆阵"生于奇"。而在同一个阵式中，队列的布局方法也有奇正之别。

在上述关于奇正区分的三个层面中，李靖特别看重第二个层面的奇正之变。他认为"奇正素分"（奇正一直有明确的划分）的说法是不恰当的，像孙武所言："战势不过奇正，奇正之变，不可胜穷。奇正相生，如循环之无端，孰能穷之？"才是真正把握住了奇正用兵的精髓。假如说奇正向来就有明确分别的话，那只不过是在平时的教战训练之中。当士卒、偏将、裨将不熟悉主将的兵法号令时，就一定要分为奇正来教授战法，让他们各认旗鼓，彼此轮流分合。经训练考核后，众将士都明白了主将的战法，这时就可以像驱赶羊群一样，使兵士们在战场上任由将帅调度指挥，"孰分奇正之别哉？"战场情况千变万化，"其实兵形象水，因地制流"，将帅只有"临时制变"，灵活运用奇正用兵之法，"正兵变为奇，奇兵变为正"，才能克敌制胜。所以，他得出结论说：善于用兵打仗的人，"奇正在人而已"。通过将帅的主观努力，能够使奇正之变达到出神入化的地步，那就真正算得上是掌握兵机了。

李靖一番妙论，讲得唐太宗连连点头赞赏，直呼："深乎！深乎！"并且他自己也发出一番精到的见解：我用正兵，使敌人看见后却认为是奇兵；我用奇兵，使敌人看来却是正兵，这不就是《孙子兵法》上所说的伪装假象迷惑敌人，使其暴露真实情况的"形人者"么？"以奇为正，以正为奇，变化莫测"，这不就是孙武讲的敌人对我真实情况一无所知的"无形者"么？唐太宗与李靖君臣二人论兵，可谓相得益彰。

最后，李靖还阐述了奇正与"分合""虚实"的关系。

对于唐太宗提出的"分合为变者，奇正安在"问题，李靖只字不提人们所熟知的合击敌人为正、分兵袭击敌人为奇的老观念，而是说善用兵者，不管合

---

① 《唐太宗李卫公问对》卷中。

击还是分袭，都既可以是正兵，也可以是奇兵。分合与奇正并不存在固定的对应关系，关键在于融会贯通，灵活运用，"分合为变"也仅仅是"教战之术"而已。

奇正相变的根本目的在于致虚实。"虚实"指的是战争中敌我双方军事力量的强弱与优劣情况，也是历代兵家极为重视的一对军事范畴。只有弄清敌人的虚实，才能制订出正确的战略战术，掌握战场主动权，这叫"致人"，否则就会"反为敌所致"。

唐太宗称："孙武十三篇，无出虚实。夫用兵，识虚实之势，则无不胜焉。"然而，他说当朝诸多将领仅仅能在口头理论上讲"避实击虚"，真的到了战场上，"则鲜识虚实者"，大多被敌人牵着鼻子走，而不是自己主宰着战场。他要李靖阐明其中的缘由，并向将领们一一宣讲。在回答这一问题时，李靖认为诸将之所以在战争实践中弄不清楚敌人的虚实真假，是由于他们不懂得"以奇为正，以正为奇"的奇正变化之道；而且，因为他们不懂得奇正战术变化，即使知道了敌人的虚实情况，也难以掌控战场的主动权，"苟将不知奇正，则虽知敌虚实，安能致之哉？"所以，他提出应该首先教给诸将奇正相变之术，"但教诸将以奇正，然后虚实自知焉"。

在奇正与虚实之间，"奇正者，所以致敌之虚实也。致实，则我必以正；敌虚，则我必以奇"①。奇正战法就在于弄清敌人虚实之基础上采用正确的战术予以歼灭之。敌人兵力坚实强大，我一定要用正兵作战；敌人兵力薄弱，我就务必要用奇兵袭击。只要领悟了奇正变化之术，就能对敌人的虚实情况洞若观火，敌人对我却茫然不知，从而达到调动敌人而不被敌人调动。唐太宗从"策之而知得失之计，作之而知动静之理，形之而知死生之地，角之而知有余不足之处"中总结出"奇正在我，虚实在敌"，认为：当我军以奇为正时，敌人却误以为是奇，于是我"正击之"；而当我军以正为奇时，敌人又猜想是正，因而我"奇击之"。如此，"使敌势常虚，我势常实"，用这种办法去教授诸将，他们就易于明白了。李靖则进一步指出，兵法千章万句，都不外乎"致人而不致于人"罢了，此为教授众将的关键。他们对奇正与虚实关系的论述，实质上是在强调战争中要发挥人的主观能动性，通过奇正之变，在弄清敌人虚实的基础上，掌握战争的主动权，指挥、调动敌人，使敌人"实"变为"虚"，使我之"虚"变为"实"，进而赢得战争的胜利。

除以上诸家颇为系统地论及奇正外，诸葛亮说："故军以奇计为谋，以绝智为主，能柔能刚，能弱能强，能存能亡，疾如风雨，舒如江海，不动如泰

---

① 《唐太宗李卫公问对》卷中。

山，难测如阴阳，无穷如地，充实如天，不竭如江河，终始如三光，生死如四时，衰旺如五行，奇正相生，而不可穷。故军以粮食为本，兵以奇正为始，器械为用，委积为备。"① 他在《将苑·将材篇》中把将帅分为九种类型，其中的"智将"所要具备的能力是："奇变莫测，动应多端，转祸为福，临危制胜。"《将善篇》又提出将帅要有"五善四欲"。所谓"五善"，是指善于察知敌人的军情形势，善于懂得战场进退之道，善于弄清敌我双方的国力虚实，善于把握天时创造人和，善于知晓和利用山川地形险阻之利。"四欲"则为"战欲奇，谋欲密，众欲静，心欲一"，主要强调依靠谋略实现出奇制胜。

宋朝的曾公亮认为奇兵是由正兵变化而来，伏兵是奇兵的另一种形式，趁敌人没有防备时出击就叫奇兵，埋伏起来突然发起进攻则称伏兵，二者在本质上是相同的。"奇非正，则无所恃；正非奇，则无以取胜。"出奇制胜是列阵而战、战而求胜的兵家常法，如韩信破赵是"奇而有正也"，秦王符坚兵败淝水则"正而无奇也"，项羽善用兵，虽败走乌江，仅存二十八骑，"犹分奇正"，何况他人马众多时呢？他进而提出："奇兵如手，伏兵如足，正阵如身，三者令为一体，迭相救援，战则互为进退，循环而无已。"②

明代西湖逸士何守法《投笔肤谈·兵机》批评那种以奇兵为奇兵、以正兵为正兵者，是拘泥死板的"胶柱调瑟之士"；而以奇为正、以正为奇者，则是只知模仿的"临书模画之徒"。只有我出奇兵却以正兵的姿态显示于敌人，我出正兵却以奇兵的架势迷惑敌人，才是真正懂得取胜之道的"知胜者"；我出奇兵而敌人不知其为奇兵，我出正兵而敌人不晓其为正兵，是更为高明的"知胜之胜者"。所以，他认为两军交锋，彼此布阵厮杀，胜负之生死存亡，不过就在转瞬之间，"无非奇正形之也。"

明末清初王余佑自问："兵只一道耶？"答案是否定的。当将帅做出攻击决策时，发动进攻的时机以及进军作战的具体打法即"正道"也就确定了，这是不言而喻的；但是，如果不能同时采取"奇道"即敌人无法预料到的诡异战术相辅佐，"则不能取胜"。当年，项羽大战章邯于巨鹿，汉高祖刘邦得以乘虚攻入关中；钟会与姜维僵持于剑阁，邓艾得以"逾险入蜀"。这些都是"正道"与"奇道"相互配合而获得胜利的范例。"故一阵有一阵之奇道，一国有一国之奇道，天下有天下之奇道。即有时正可为奇，奇亦可为正。"那种断然认为兵有正道才是用兵打仗的方法而不懂得奇道者，是愚蠢的君主，是昏聩不明事理的军事将帅。所以，他告诫那些出征的将帅们："用兵慎勿曰：吾兵可以一

---

① 诸葛亮《便宜十六策·治军第九》。
② 《武经总要·前集卷四·奇兵》。

路直至，而无烦于旁趋曲径为也。"①

综上所述，自老子提出"以奇用兵""正复为奇"之后，历代兵家都将其奉为兵机要诀和战法奇方，并从各个不同的侧面进行了深入解读和阐发。

就奇正这一兵法术语的内涵来说，较早时候是指传统车阵战法上的变化。自商周以来的右、中、左三军列阵对垒，"不以阻隘也"，"不鼓不成列"，被人们普遍视为常规常态的战法，即正战。而以郑国子元"鱼丽之阵"以及晋国苗贲皇侧翼进攻、中央突破等为代表的、对传统车阵战术上的改变，则被称为奇阵、奇战。为了追求奇阵奇效，原来比较固定的方阵内有了方、圆、曲、直、锐等各种队形的奇正变化，也有了正兵与奇兵的划分。后来，奇正又引申扩大为：凡是按一般原则指挥作战为正，而根据战场具体情况采取特殊的战法为奇。比如在兵力部署上，负责正面钳制敌人者为正，实施突袭敌人者为奇，担任警戒守备任务者为正，而机动出击者为奇。在作战方式上，正面进攻为正，侧翼迂回为奇，公开宣战进攻是正，秘而不宣发动突然袭击是奇，率先出击迎战为正，后出为奇，向前进攻为正，主动后撤为奇，遵循预先制订的作战方案是正，临阵随机应变是奇，"十则围之"是正，"围师遗阙"意即包围封锁敌人又留下缺口为奇。总而言之，常法为正，变法为奇。采用正法进行正战者称正兵（李靖还将"师以义举者"称正兵），以奇法进行奇战者称奇兵。

明奇正，最根本的是要依据瞬息万变的战场态势，灵活使用兵力和变换战术，以己之"实"击敌之"虚"，出其不意，攻其不备，最终达到出奇制胜。在实际运用中，奇可为正，正可为奇，奇正之变因此而成为中国古代军事史上最富魅力的战争魔法。知奇正，就懂得和掌握了善于打战的兵机法则，便有了获胜的法宝；不知奇正，就是没有明白打战的兵机法则，战败的厄运便会降临。

2. 知雄守雌，避实击虚

《老子》第二十八章上讲："知其雄，守其雌，为天下谿。为天下谿，常德不离，复归于婴儿。知其白，〔守其黑，为天下式。为天下式，常德不忒，复归于无极。知其荣，〕守其辱，为天下谷。为天下谷，常德乃足，复归于朴。"据易顺鼎、马叙伦、高亨、张松如、陈鼓应等专家学者考证，自"守其黑"至"知其荣"六句二十余字为后人窜入之语。剔除后，这段话的意思是：深知雄强却持守雌柔，是天下溪流的属性。保有天下溪流的属性，就能使常德不离其身，进而回复到纯真的婴儿状态；知晓洁白明亮却安于幽深暗晦，是天下河川

---

① 《乾坤大略》卷二《兵进必有奇道》。

山谷的特性。保有天下河川山谷的特性，就能使常德充足，进而实现返璞归真。持守雌柔是老子的一贯思想，但他并不是宣扬懦弱，其真实意图是"守柔曰强"，是要"柔弱胜刚强"。所以，守雌必须知雄，只有对雄强者有透彻的了解，才能安然持守雌柔，即便遭其侵犯也可战而胜之；可是，知雄并不称雄逞强，也不与雄强者争辩，只是密切关注其动向，一旦遭受其攻击侵害，可伺机以雌柔克之。

把知雄守雌运用于军事领域，便为避实击虚战术提供了直接的理论依据。无论是进攻战，还是防御战，都必须首先全面了解敌情，弄清楚敌人在兵力部署上的强弱虚实，做到"知其雄"；在出击的方向选择上，绝不能与强敌硬拼，只能寻找其薄弱环节实施打击，实行"守其雌"。山间溪流、河川山谷之所以受到老子的青睐，就在于它们避高趋下、谦德涵容。在你死我活、士勇争先的战场厮杀中，敌我双方都抱着一个共同的念头：打败对手，获取胜利。但胜者只有一个，怎样才能踏着敌人的尸体登上胜者的宝座？老子在第六十八章说："善胜敌者不与！"善于战胜敌人的将帅和军队，绝不会与强敌打消耗战，而是采取"雷公打豆腐，专拣软的欺"（湖南俗语）之办法，在与敌人的周旋中伺机消灭其弱者，由局部的胜利而扩大至整个战争的胜利。对御敌自卫战争中的弱小者来说，避实击虚战术更是逐步改变敌强我弱格局，进而最终夺取胜利的奇谋良策。

老子的这一战术思想，经过孙武的进一步阐述而变得更加清晰。"夫兵形象水，水之形（行）避高而趋下，兵之形避实而击虚。"[1] 水，柔弱之极，"而攻坚强者莫之能胜"，"水善利万物而不争"，因此老子称它与大道相近。孙武以老子极为崇尚的水来比喻用兵，第一次明确提出了"避实击虚"这一重要战术法则。水流总是避开高处而流往低处，用兵打仗的规律则是避强攻弱。《势篇》说："兵之所加，如以碫投卵者，虚实是也。"军队的每一次出击，如果都能像石头投向鸡蛋那样，便可称得上是熟知"避实击虚"用兵之道了。依据这一战术原则，《虚实篇》讲：行军必须"行于无人之地也"，进攻务必"攻其所不守也"，防守则必定"守其所必攻也"，都是针对敌人的虚弱之处，所以能出奇制胜。

战国军事家孙膑是运用避实击虚战术的高手。在还没有成为齐国的军师之前，他就曾经用计使田忌在与齐威王的赛马中连胜两场。具体做法是：第一场先用下等马对付齐威王的上等马，第二场用上等马对齐威王的中等马，第三场再用中等马对齐威王的下等马。这里实际上就蕴含避实击虚战术的运用，结果

---

① 《孙子兵法·虚实篇》。

使田忌两胜一负而获得了整体上的胜利，赢得千金。齐威王听说后大为惊奇，立刻传令召见孙膑，对他十分敬重，并拜其为老师，向他学习兵法。

据《史记·孙子吴起列传》记载，公元前353年，赵国都城邯郸被魏军包围，危在旦夕，赵国派出专使前往齐国求援。齐威王于是以田忌为大将，孙膑为军师，出兵救赵。当时，田忌主张直接进军邯郸，与魏军决战，以解赵国的燃眉之急，而孙膑认为这并非上策。他十分形象地分析解释说：要想解开一团纷乱的丝麻，只能用手指慢慢地去理，而不能一把抓在手里，强拉硬扯；化解他人之间的争斗，也只能从旁劝解，而不能自己也插身进去帮着打。如果采取"批亢捣虚，形格势禁"的策略，也就是避实击虚，使围攻者感到形势不利，就自然解围了。而今魏国已把全部"轻兵锐卒"调往前线攻打赵国，留在国内的都是些老弱残兵。现在与其发兵去赵国寻找攻势正猛的魏军主力决战，倒不如统率大军前往攻打魏国都城大梁，"据其街路，冲其方虚"。魏军闻知这一消息后，必然"释赵而自救"。这样，既可以解救邯郸，又能调动魏军，使其疲于奔命，从而乘机消灭它。田忌听从了孙膑的计策，率领齐军浩浩荡荡向大梁进发。魏国大将庞涓接到战报后，果然立即撤兵邯郸，回救大梁。途经桂陵（今河南长垣）时，遭遇齐军伏击，被打得大败。孙膑以避实击虚战术，成功实现"围魏救赵"，取得桂陵大捷，在中国古代战争史上写下了光辉的一页。

3. 以静制躁，以逸待劳

老子"以奇用兵"战术思想体现在攻击方向上是知雄守雌、避实击虚，而体现在攻击时机上则是以静制躁、以逸待劳。

第四十五章讲："躁胜寒，静胜热。"第二十六章言："静为躁君……躁则失君。"静与躁是一对矛盾，它们反映出客观事物行为举止上的差异。从功能上讲，清静者心平气和，处事从容不迫，稳健持重，而躁动者心意紊乱，言行冲动易怒，常常成事不足，败事有余。所以，老子坚决主张"清静为天下正"，要"守静笃"，以静制动，清静之于躁动，犹如君王之于臣僚，保持清静是克服躁动的根本。他在第六十一章举例说："牝常以静胜牡。"雌性动物总是胜过雄性动物，人类中的女性从总体上也是胜过男性的，如女性寿命普遍长于男性，其韧性和耐力也超过男性，这已得到生物学、医学等学科研究的充分证明。那么，雌性动物何以能战胜雄性动物？除了生理上的原因外，雌性贵柔守静起着决定性的作用。

从军事上看，"静胜热（躁）"，首先反映出沉着冷静的军队能够打败头脑发热、急躁盲动的军队这一客观规律；其次，它要求指挥员临阵不乱，心如止水，在把握全局的基础上以静制动，以逸待劳。第六十八章说"善战者不怒"，这就是老子告诉人们的醒世箴言。战场上，时时可见敌对中的一方用尽污言秽语，使尽各种招数挑斗对方，不冷静者常会因不堪其辱，冲冠一怒，愤而出战。殊不知，此正中敌人下怀，战败身亡实在是意料之中的事情。相反，不管面临何种艰难险阻，都坚如磐石，稳如泰山，在超人的静定中不仅能稳住阵脚，而且必能以逸待劳，寻找到有利时机，出奇制胜。"勇于敢，则杀；勇于不敢，则活。"逞强好斗者，大多狂热躁动，等待他们的是必死的命运；静定者必谨慎行事，所以能消灭敌人，保存自己。柔可克刚，弱能胜强，静则制躁，它们是老子的系列相关论述。要真正实现柔弱胜刚强，战术上的以静制动、以逸待劳必不可少。

春秋时齐、鲁长勺之战，是以静制躁、以逸待劳的著名战例，曹刿所说"一鼓作气，再而衰，三而竭。彼竭我盈，故克之"，因此而成为千古不朽的名言。

三国时蜀汉夷陵惨败的教训，则从反面给老子的以静制躁、"善战者不怒"做了最好的说明。公元219年12月，败走麦城的关羽在临沮（今湖北省南漳县）被东吴军队活捉，随即遭到杀害。刘备、关羽、张飞三人有桃园结义之情，曾共同立下"不求同年同月同日生，但求同年同月同日死"的誓言。关羽不幸罹难，使刘、张二人深感震惊和愤怒。因忙于筹建蜀汉政权，刘备未能立即发兵攻吴，但一刻也没有忘记要为关羽报仇雪恨。公元221年，刘备正式称帝后，不顾蜀汉建国伊始、内部尚需巩固的客观现实，也不惜背离"联吴抗曹"的基本国策，对赵云、诸葛亮等人的劝阻置若罔闻，断然拒绝东吴的孙权两次派遣使者前来议和的请求，意气用事，错误地决定对吴立即发动战争。他派张飞带兵一万人为先头部队，从阆中（今四川阆中市西）向江州（今重庆巴县西）进发。猛张飞作战英勇，其丈八蛇矛令敌人闻风丧胆，但他性情暴躁，经常鞭打士卒，致使部下不满。此次出兵为二哥关羽报仇，张飞的情绪格外激动，对下属的要求也就更加严苛。不料，这位猛将还等不到在战场上同敌人拼命，在出发以前就被手下叛将割下了头颅。张飞被害，刘备更加震怒。他调集蜀国大部分军队共几十万人，亲自出征攻打东吴，恨不能立即手刃孙权，为两个义弟报仇。

此时，东吴在荆州之战中崭露头角的陆逊已被孙权任命为大都督，领兵五万抵抗蜀军。面对地形、兵力和士气均占优势的刘备大军，陆逊制订了诱敌深入、等待时机、后发制人的战略方针，在战术上实行以静制动，以逸待劳，"今但且奖厉（同'励'）将士，广施方略，以观其变"[①]。伴随着陆逊的向东

---

① 《三国志·陆逊传注引》。

战略性退却，刘备则步步进逼，公元222年正月攻占夷陵，二月进至猇亭（今湖北宜都北，位于长江北岸），并在那里设立了大本营。至此，蜀军已深入吴境五六百里，一路上建立了几十个营屯。报仇心切的刘备一心想打垮吴军，他天天派人到阵前辱骂挑战，同时又采用激将法，企图诱逼吴军出战。然而，陆逊仿佛视而不见、听而不闻，统统不予理会，还亲临阵地抚慰众将士，勉励大家要忍耐，要善于等待时机，甚至要求大家塞住耳朵不听敌人的叫骂。

就这样相持数月后，蜀军仍未能找到机会与吴军决战。而天气渐渐炎热起来，蜀军士兵个个叫苦不迭，斗志逐渐涣散。无奈之下，刘备只得把驻扎在山谷里的军队开到谷外，把江面上的军队移到陆地上，依傍树林溪涧，结营四十余个，并决定暂时休整军队，打算秋后再大举进攻。等待已久的陆逊终于盼来了蜀军"兵疲意沮，计不复生"的良机，他迅速下令大举反攻。阴历六月的江南，经常刮东风。在一个刮着大风的黑夜，吴军以火攻法发动突然袭击，火烧连营，蜀军四十多个营盘顷刻间化为一片火海，憋了七八个月郁闷之气的吴军将士个个意气风发，斗志昂扬，风助火势，人借火威，直杀得蜀军人仰马翻，毫无招架之力。混乱中，刘备撤至附近的马鞍山上固守，亦被攻破，只得夺路突围，向西一直逃到白帝城（今重庆奉节东）才停下来。夷陵之战，使蜀汉几十万大军伤亡、逃散殆尽，车船、器械和军用物资也全部丧失。刘备因怒发兵，却战而大败，又羞又愤，次年即病死于白帝城；陆逊率领吴军以静制躁、以逸待劳，用较蜀军少得多的兵力却大获全胜。两相对照，再细细体会老子"静为躁君""善战者不怒"的金玉良言，实在是发人深省。

《易经》《损》卦专讲刚柔及上下损益变化规律，其"九二"爻辞言："利贞，征凶，弗损益之。"意思是说九二爻以阳刚居中，处在损刚益柔的时候，最好是守中不出，如果妄行出征，必然凶险。自守而不轻易冒进，表面上看起来好像无益，但由于自身没有损失，随着时间的推移还能消耗敌人的兵力和斗志，实现敌我强弱的转化，所以实际上是避害趋利。老子的以静制躁、以逸待劳战术观，无疑受到了《周易》哲学的影响。

孙武将老子的这一战术思想进一步引申发挥，使之正式变成了兵法要诀："善用兵者，避其锐气，击其惰归，此治气者也。以治待乱，以静待哗，此治心者也。以近待远，以逸待劳，以饱待饥，此治力者也。"[①] 夺敌士气，扰敌将心，疲敌体力，被孙武看作是善于用兵打仗的三大战术原则。夺敌士气，就是要避开敌人初来时的锐气，等到敌人疲惫松懈、士气衰竭时再去打击它；扰敌将心，就是用自己的严整来等待敌人的混乱，以自己的沉着冷静来对付敌人

---

① 《孙子兵法·军争篇》。

的急躁盲动，使敌人的统兵将领做出错误的军情判断和用兵决策；疲敌体力，就是利用自己部队接近战场的区位优势首先进入阵地以等待敌人的远道而来，以自己休整安逸的部队来对付疲劳行军奔波的敌人，用自己饱餐的将士来攻击饥饿的敌人。通过这些具体战术的运用，达到"致人而不致于人"。也就是说，要由我牵着敌人的鼻子走，而不是我被敌人所驱动，从而在取得战场主动权的基础上最终赢得战役的胜利。

自老子、孙武之后，以静驭躁，以逸待劳，均被历代军事家视为"无有不胜"之法。尤其是这一战术运用可能带来的敌我强弱转化，更是受到高度重视。毛泽东在《中国革命战争的战略问题》中就指出："孙子说的'避其锐气，击其惰归'，就是指的使敌疲劳沮丧，以求减杀其优势。"①

4. 示弱骄敌，反弱为强

"柔弱胜刚强"，是老子从"道"论中引申出来的一个极其重要的思想观点。在御敌自卫战中，从总体上而言，敌人的力量较我强大，因而也最容易产生骄纵轻敌心理。老子说："祸莫大于轻敌。"而敌人的"轻敌"对我来说，则是莫大的福音。怎样才能促使敌人骄纵轻敌呢？示弱是一个很好的方法。尽管《老子》对此并没有直接的论述，但我们从相关的论述中是可以非常明显地感受到老子的这一战术思想倾向的。

第七十六章从人生前与死后、万物草木萌生时和枯死后的不同状态得出结论："故，坚强者死之徒，柔弱者生之徒。是以兵强则不胜，木强则兵。强大处下，柔弱处上。"既然坚实强大者属于死亡的一类，柔弱者属于充满生机的一类，那么，军力强大、逞强好胜者就必然遭到败亡，就正如树木长高长大了必然要被砍伐一样。由此看来，坚强者貌似强大结果却居下而败，柔弱者虽弱小反而占据上风。天下没有什么比水更柔弱的了，"而攻坚强者莫之能胜"；百川归大海，"江海所以能为百谷王者，以其善下之"②。善于谦退居下，示弱不强，使水终能穿透一切，江海终能成为众多河流汇聚的"百谷王"。就社会人事来说，"大国者下流，天下之交，天下之牝"。强大的邦国，应该谦退居下，将自己处于天下雌柔的位置，这样才能得到众多邦国的拥戴。"故大国以下小国，则取小国；小国以下大国，则取大国。"无论是大国，还是小国，只要谦退居下，贵柔守雌，都能成为真正的强者。"故或下以取，或下而取。"③ 在浴

---

① 《毛泽东选集》第2版，第1卷，第209页。
② 《老子》第六十六章。
③ 《老子》第六十一章。

血的战场上，"勇于敢，则杀；勇于不敢，则活"。"敢"是逞强，"不敢"是示弱。示弱者不仅在主观上能以静制动，以逸待劳，掌握战争的主动权，而且在客观上还能使敌人骄纵轻敌，麻痹大意，给我以可乘之机。而"善胜者不与"，同样透露出弱者制胜的无限玄机。它们均反映了同一个战术思想观：即弱小者假如能有效地利用其弱小为武器，使强敌产生对手不堪一击的错觉，则敌强我弱的格局便有了转机，弱小者终有可能反弱为强，克敌制胜。

在孙武关于用兵的诡道十二法中，"能而示之不能""卑而骄之"，就将此种示弱骄敌战术给予了更加直接明确的表达。在他看来，不只是弱小者可以充分利用其弱小造成对手的失误，即便是兵力强大者也可以在战术上佯装弱小，本身有能力与敌人较量，却偏偏表现出不能媲敌，主动退让甚至卑下自处，使对手放松戒备，暴露出弱点，再伺机歼灭，这是战而胜之的绝妙方法。

黄老学派的代表作《淮南子》，直接继承了老子示弱骄敌的战术思想。依据道"弱而能强，柔而能刚"的转化特点，其作者认为：行柔而刚，用弱而强，"是故欲刚者必以柔守之，欲强者必以弱保之。积于柔则刚，积于弱则强，观其所积，以知祸福之乡"。对于用兵，则是"善持胜者，以强为弱"，"故用兵之道，示之以柔而迎之以刚，示之以弱而乘之以强"①。两军对垒，故意显示我方实力不济，诱使敌人对基本战情做出错误判断，进而在战略和战术上出现偏差，而我则示柔用刚，示弱乘强，抓住战机，以迅雷不及掩耳之势打击敌人，方有必胜的把握，这才称得上是"善胜"。

战国时期的齐、魏马陵之战，是示弱骄敌战术运用的典范。魏国在桂陵之战中虽然打了败仗，但实力并未受到很大削弱，仍旧保持着霸主的地位。公元前341年春天，庞涓又率领大军向韩国发动了进攻。韩国抵挡不住，就派出使臣来到齐国请求援助。齐威王召集群臣讨论，决定仍以田忌为大将，孙膑为军师，统率大军前往援救。

齐军此次出师，依旧采取"围魏救赵"计策，不直接进兵韩国与魏军主力交锋，而是把进攻的矛头指向魏国都城大梁。在通过魏国的边境时，齐军只遇到一些轻微的抵抗，就顺利地攻入了魏境。正在韩国前线的庞涓得到齐军进逼大梁的消息后，立即命令魏军从韩国撤退迎击。针对魏军自恃兵强马壮、骁勇善战，有轻视齐军、认为齐军胆怯不敢与他们决战进而轻兵冒进急于求战的心理，孙膑依照"百里而趋利者蹶上将，五十里而趋利者军半至"的兵法原则，采取减灶退兵以示弱、诱敌深入而歼之的战术。齐军主动向东撤退，避开魏军锋锐，不与其硬拼；在撤退途中，又逐日减少军灶数量，致使魏军产生齐军大

---

① 分见《淮南子》之《原道训》《道应训》《兵略训》。

量逃亡的错觉，进一步滋长骄纵轻敌情绪，引诱其冒险深入；而齐军则在丛林茂盛、形势险要、由两个高丘夹着的马陵道旁预先埋伏下一万名精心挑选的弓箭手，约定"暮见火举而俱发"。庞涓率领魏军回到国内时，听说齐军已经退走，便下令全军紧紧追赶。追至齐军在魏国境内的第一个宿营地时，他叫人清点齐军留下的军灶数量，发现足够十万人做饭吃，第二天军灶数则少了一半，仅供五万人做饭吃，第三天就只剩下可供三万人吃饭用的军灶了。庞涓大喜，兴奋地对部下说：我早就知道齐军向来胆怯，不敢与我们决战，这次进入我国境内才三天，士卒逃亡就超过了半数。他完全被孙膑示弱骄敌的战术迷惑住了，竟然下令丢下步兵和辎重，只率领一支轻骑部队，一天走两天的路程，猛追齐军。按照孙膑精确计算好的行程和时间，十月下旬一个漆黑的夜晚，庞涓果然如期进入马陵道伏击圈内，当他点燃火把看到路旁大树上赫然写着的"庞涓死于此树之下"几个大字时，齐军万弩齐发，箭如骤雨，可怜魏军将士个个被箭射得如刺猬一般，全军覆没，庞涓也拔剑自刎而死。"勇于敢则杀，勇于不敢则活。"马陵之战充分验证了老子之言，它使孙膑名扬天下，魏国从此却没了霸主的雄威。

5. 将取先予，欲擒故纵

《老子》第三十六章上讲："将欲歙之，必固张之；将欲弱之，必固强之；将欲废之，必固兴之；将欲夺之，必固与之。是谓微明，柔弱胜刚强。"按照"物极必反""势强必弱"的辩证发展观，这段话的本意是：将要收敛吸进它，必定先让它扩张；想要使它衰弱，必定先让它强盛；将要废弃它，必先使它兴举；想要夺取它，必定先要给予。这些都看似幽微而实际上却很显明，是所谓柔弱必定战胜刚强的道理。老子的用心在于阐述客观事物的对立转化规律，指出任何事物发展到极限时，它就会向相反的方向转化，比如月圆而缺，花开而凋谢。但月缺是建立在月已圆的基础上，花的凋谢也一定是在花盛开之后。如果了解和掌握这种对立转化规律，凡事就可以先着一步，防患于未然，也可优先掌握情势，转危为安。

由于《老子》文字的高度简洁与用语上一定程度的混沌，后人对以上数句的理解和运用出现了较大分歧。从韩非子到宋朝理学家程颐、程颢、朱熹乃至文学家苏轼等，均普遍认为老子是在宣讲一种权诈之术。《韩非子·喻老篇》说："越王入宦于吴，而观之伐齐以弊吴。吴兵既胜齐人于艾陵，张之于江、济，强之于黄池，故可制于五湖。故曰：'将欲歙之，必固张之；将欲弱之，必固强之。'晋献公将欲袭虞，遗之以璧马；知伯将欲袭仇由，遗之以广车。故曰：'将欲取之，必固与之。'"韩非子举例当年越王勾践会稽战败后，包羞忍辱前往吴国当吴王夫差的侍臣，为了削弱吴国的势力，他劝诱吴王夫差前往攻打齐国。当吴军在艾陵之战打败齐人后，吴国的势力迅速扩张到江济，吴王夫差踌躇满志地大会诸侯于黄池，开始称霸天下，广大的太湖流域均成为其管辖属地，吴国可谓达到了鼎盛时期。但"物极必反"，在吴王夫差还来不及认真品味霸主的美妙滋味时，卧薪尝胆十年的越王勾践就向在多年争霸战争中已遭到极大损伤的吴国发动了攻击，并以摧枯拉朽之势打败吴军，不久即灭亡了吴国。韩非子认为这就是"将欲歙之，必固与之；将欲弱之，必固强之"的生动写照。他又引用晋献公袭击虞国之前先送其璧玉良马，智伯欲进攻仇由小国而先以大车装着大钟等物相馈赠，借以说明老子"将欲取之，必固与之"这一精明的战术观在战争实践中的广泛应用。

多数篇章写成于战国时期的《周书》（即《逸周书》）中有几句与《老子》第三十六章颇为相似的话："将欲败之，必姑辅之。将欲取之，必姑与之。"据《资治通鉴》卷一周威烈王二十三年记载，公元前 453 年，晋国卿大夫中势力最强的智伯图谋吞并韩、赵、魏三家。他采取蚕食和各个击破的策略，首先以武力相逼向韩康子、魏桓子分别索取了一个有万户人家的大邑。当时，魏桓子觉得智伯无故强索土地太蛮横，不想给他。其相任章分析认为智伯索要土地是恃强凌弱，必会引起各卿大夫的恐惧，休戚与共的命运将促使他们相互团结亲近起来；而智伯本性刚愎自用，假如我们一旦答应其要求，割给其土地，就一定会助长他的骄纵轻敌思想。"以相亲之兵，待轻敌之人"，智伯灭亡的日子便不会长久了。任章接着就引用了《周书》中的原话，进一步阐明暂时满足智伯的无理要求，不过是权宜之计和诱饵，目的是为了后发制人，战而胜之。魏桓子依计而行，满足了智伯强索土地的要求。后来，当智伯如法炮制向赵襄子索要土地而遭到拒绝时，便胁迫韩、魏共同发兵攻赵，包围了赵国的晋阳城并引水灌城。赵襄子派人说服早已对智伯心怀不满的韩、魏二氏阵前倒戈，三家联合，从正面、两翼同时发动进攻，大败智伯军，喧嚣一时的智氏尽被歼灭。这一史实在《韩非子》《吕氏春秋》等书中也多次被提及和引用，它充分说明将取先予战术在战国时期已被人们具体运用于战争实践了。

黄老学派对老子的将取先予思想，从政治、军事上进行了专门研究，此在《黄帝四经》的《经法》《十大经》以及《淮南子》中均有反映。如《淮南子·兵略训》称："故用兵之道……为之以歙而应之以张。"这显然是老子"将欲歙之，必固张之"的翻版。《鬼谷子·谋篇》有言："去之者纵之，纵之者乘之。"无疑也受到了老子的影响。

"三十六计"中的第十六计名"欲擒故纵"，内容是："逼则反兵，走则减势。紧随勿迫，累其气力，消其斗志，散而后擒，兵不血刃。需，有孚，光。"

其意是说在战场上如果逼得敌人无路可走，它就会死心抗争反扑，而故意让敌人逃跑，求生的希望反倒使他们气势锐减。追击敌人只需紧紧尾随其后，不要过于迫近，要消耗敌人的体力，磨损瓦解他的斗志，待敌人士气丧尽、溃不成军时，再发动攻击，便可以手到擒来，此时不必血肉搏杀就能取得胜利。按照《易经》《需》卦所讲的道理，耐心等待敌人体力耗尽、心理上完全崩溃，就能赢得光明的战争结局。如果把"欲擒故纵"仅仅解释为在战役后期如何最终歼灭敌人的一个战术打法，其局限性是显而易见的。在实际战场上，有经验的优秀指挥者们在战前、战中等各个环节，对将取先予、欲擒故纵战术均能灵活运用自如。而基于对战争主动权的掌握来讲，予、纵不过是手段罢了，取、擒才是真正目的。只要能调动敌人，打败敌人，恰当地运用将取先予、欲擒故纵战术，常常会收到事半功倍之效，这也是"以奇用兵"的具体展现。

三国时，诸葛亮南征"南中"（今云南、贵州和四川南部地区），开发西南，对彝族首领孟获七擒七纵，终于使其心悦诚服，誓不复反。诸葛亮的七纵，意在实施"攻心为上"，拿孟获做榜样，去降服其他少数民族头领和部众，以全面实现"南抚夷越"的方针，使蜀汉有一个安定稳固的大后方。在这里，将取先予、欲擒故纵战术已经从军事斗争延伸到了政治领域，或许它更符合老子的思想。

6. 阵无常势，临机应变

自商周到春秋战国时期，车战是主要的战争方式。每当打仗时，交战双方均要进行排兵布阵，即把作战兵力编组布置为若干队列，各队列间相互配合，共同构成为一个完整的阵势，以形成和提高整体的战斗力。正如《六韬·犬韬·均兵》所说，车兵和骑兵在平时不能当步卒一人，可如果"三军之众，成陈（阵）而相当"，也就是说编组排阵而战的话，情况就大不相同了。在地势开阔平坦的战场上，一辆战车可当八十名步卒，一名骑兵可当八名步卒；在险阻要塞之地作战时，一辆战车可敌步卒四十人，一名骑兵可敌步卒四人。伟大的爱国主义诗人屈原在《国殇》中生动形象地描绘了先秦时期两军战车布阵而相互厮杀的情形：盾牌手里拿，身披犀牛甲。敌我车轮两相错，刀剑相搏杀。战旗一片遮了天，敌军仿佛云连绵。你箭来，我箭往，恐后争先，谁也不相让。阵势冲破乱了行，车上四马，一死一受伤。埋了两车轮，不解马头缰，擂得战鼓咚咚响。天昏地暗，鬼哭神号，片甲不留，死在疆场上[1]。

正是由于阵势对打败敌人和保全自己起着至为关键的作用，所以古代的军

---

① 据郭沫若《屈原赋今译》。

事家们很早就把战斗中兵力布置的若干方式（即不同的"阵"）加以归纳，将作战中因兵力部署的差异而取得不同战争效果的经验教训加以总结，进而形成了若干关于队形调整、兵力部署的方法，这便是阵法。相传周武王与姜太公曾讨论过最古老的"三阵"阵法。据《六韬·虎韬·三阵》载，武王问："凡用兵为天陈（通'阵'，下同）、地陈、人陈，奈何？"太公回答说："日月、星辰、斗杓，一左一右，一向一背，此为天陈；丘陵、水泉，亦有前后左右之利，此谓地陈；用车用马，用文用武，此谓人陈。"姜太公讲得很清楚，所谓"天阵"，就是比照天上日月星辰的排列情况而布阵；所谓"地阵"，是依据山川河湖自然形势布阵；所谓"人阵"，则是根据车、骑兵的配备以及采取的是智取或强攻策略不同而布阵。

林林总总的古代阵法，作为战争游戏规则的重要内容，为强调整体布局与作战能力，从人员编制、武器装备、队列布置，到行进步伐、格斗形式与序列、金鼓旌旗指挥系统等，都有着十分严格的规定，布阵和出击上恪守着许多基本的准则。因此，像宋襄公那样之所以墨守"不鼓不成列"古训，除了他本人思维固化、行事机械外，传统阵法与作战惯例的约束也是重要影响因素。

老子生活在诸侯争霸、战乱频仍的春秋时期，他自然熟悉那些传统阵法作战以及由此而来的种种弊端。所以，他才能极其英明地提出"以奇用兵"的著名论断。从排兵布阵的角度讲，不拘守陈规，不固执于某种阵法，而是根据战场随时变化的实际情况，采取灵活多变的战术，积极调兵遣将，有效地打击敌人，直至消灭敌人，才能真正做到"以奇用兵"。

第六十九章在借用兵家之言"吾不敢为主而为客，不敢进寸而退尺"以阐述其防御战略思想后，接着就讲："是谓行无行，攘无臂，扔无敌，执无兵。"行，王弼注"谓行陈（阵）也"，本指阵形态势中的战斗行列，此代表整个阵势。"行无行"，北京大学楼宇烈教授根据马叙伦对这段话前后文的理解，释为"欲行阵相对而无阵可行"。由于遵从大道，谦退居下，"不敢为主而为客"，因而使得他人虽然欲战、欲斗、欲用兵、欲为敌，都找不到对立之一方。实际上，"行无行"的意义在于：虽然摆有阵势，但由于战场上军情随时随地在发生变化，指挥官要随机应变，灵活机动，不能机械呆板地谨守固有的阵法，如此一来便使已有的阵势形同虚设，就好像没有摆设阵势一样，或者说叫阵无常势。老子倡导人们追求"道"的境界，主张凡事要以"利而不害""为而不争"、谦退居下、清静自守的心境来对待和处理，同时要懂得"反者道之动，弱者道之用"的辩证法则。只要使大道常驻心中，即便是在刀枪搏击、血肉横飞的战场上，也能运用自如，使有阵势却像没有阵势一样；尽管的确在进行攘除来犯之敌的自卫战争，却给人以并不穷兵黩武、好战逞强的感觉，这叫"攘无臂"；虽有强敌，却没有不可战胜之敌，此即"扔无敌"（帛书甲乙本作"乃无敌"）；虽手持利刃兵器，却犹如道法使然而非主观上想用它来杀人，所以称"执无兵"。

老子对"无""无为"的论述，为其"行无行"、阵无常势、临机应变的战术观提供了充分的理论依据。第十一章讲："三十辐共一毂，当其无，有车之用。埏埴以为器，当其无，有器之用。凿户牖以为室，当其无，有室之用。故有之以为利，无之以为用。"三十根辐条（如同现在自行车车轮上的钢丝，古时车轮辐条数取法每月天数而为三十根）共同连接中间的车毂而构成为一个车轮，只有当车毂有中空的地方时，车子才会伴随车轮的向前滚动而产生作用；抟揉黏土而制造器具，必须留有空虚之处，才能发挥装盛物品的作用；建造房屋，也只有在墙壁上凿洞开设门窗后，才能居住人家，发挥其功效。这些非常普通的生活常识告诉人们，任何有形实体，都必须同时要依靠无形的空间，才能真正发挥出效力。第四十三章又说："无有入无间。""无有"是指没有具体形状的东西，"无间"是指没有孔隙的坚强实体。如同"天下之至柔，驰骋天下之至坚"一样，无形的力量也总能穿透那些坚硬无比的东西。普天之下，最柔弱而又无具体形状者，莫过于水。将水之无形这一特点引入军事领域，凡用兵打仗，"行无行"，阵无常势，临机应变，是极容易得出的具体战术原则。

杰出的军事家孙武将老子尚显朦胧的话挑了个一清二楚："夫兵形象水。水之形，避高而趋下；兵之形，避实而击虚。水因地而制流，兵因敌而制胜。故兵无常势，水无常形，能因敌变化而取胜者，谓之神。"正因为用兵打仗的情形十分类似于水流的特性与规律，所以战场上是不可能机械地套用某一阵法，固守某一阵势的。在殊死搏斗中，敌我双方的力量、应战措施等都在不断地发生着变化；能够根据这种不断变化的复杂形势，临机应变，及时调整兵力部署和相应战术，进而克敌制胜，才算得上是用兵如神。孙武还在其军事著作中专列《九变篇》，提出将帅领兵出征可以"君命有所不受"，旨在进一步强调因敌变化的用兵法则。

战国以后的兵家，普遍接受了阵无常势、临机应变的战术思想。《司马法·定爵》讲："阵，巧也。"《孙膑兵法》中有《八阵》《十阵》《十问》《官一》等四篇专门探讨阵法，其他篇中也多次提到阵法。孙膑在论及阵法时，已经注意到灵活机动的问题。他列举了方阵、圆阵、疏阵、数阵、锥行之阵、雁行之阵、钩形之阵、玄襄之阵、火阵、水阵等诸多阵名，每一阵名都意味着一种不同的布阵方法和功能。如：方阵是一种基本阵形，由许多小方阵组成，主要用于粉碎敌人的阵势，在布阵上中间兵力少，四周兵力多，机动兵力位置则靠后，便于灵活调动；圆阵用于环形防御；疏阵用于吓唬敌人，所以多用各色各样的旗帜和武器等虚张声势，同时故意拉大阵内队列的间距；数阵是密集排列的阵式，用于防止敌人击破，于是队列行间距要缩小，阵势严密无懈可击，前后相互支援，两翼稳如泰山，兵器配置密集而使用自如；锥形之阵用于突破和割裂敌人的阵势，就像一把锋利的剑，前锋部队如刀尖般锐利，两翼像刀口一样锋利，主力则必须雄厚；雁行之阵是一种横向展开、左右梯次配置、可向前向后发动攻击的阵式，是用来进行弓弩之战、充分发挥射击威力的，在布阵上，前面的雁头和两翼部队张开双臂环抱敌人，后面的部队则像野猫一样弓背猛扑敌人；钩形之阵是正面部队为方阵、左右翼向后弯曲如钩的战斗队形，用于随机应变各种战场情况；玄襄之阵是一种迷惑敌人的疑阵，要多竖旌旗，鼓声雄壮，士卒混乱就要用稳定阵势的坐镇，战车混乱就排列成严整的阵式，已经布阵好的队伍，时而故作兵车行进声，进而又作士兵往来嘈杂声；火阵利用壕沟、营垒，并借助自然的风向、茂盛的草丛等，用于攻破敌人的堡垒营寨；水阵则主要使用步兵与船队，借助水的威力，用来增强阵地防御稳固性，或者淹没敌人坚固的防御设施。

诸葛亮"推演兵法，作八阵图"，创造发明了我国古代最负盛名的阵图。他的"八阵"，是依据传说中黄帝时期的风后八阵兵法而作，不是孙膑所说的八种具体的阵法，而是一种八体式阵形，即同一阵形中隐藏着若干变化。唐太宗与李靖就诸葛亮的"八阵"曾进行过专门讨论："八阵本一也，分为八焉。""阵数有九，中心零者，大将握之，四面八向，皆取准焉。""四头八尾，触处为首，敌冲其中，两头皆救。数起于五，而终于八。"这就是说，八阵本是一个军阵中的八个部分，它们环绕中间的主将部分（合计是九个部分）而构成一个"井"字形，前后左右四部"环其四面，诸部连绕"。四部，再加上中间，实际上由五大部分组成，所以叫作"数起于五，而终于八"。除主将居中的核心部分保持相对稳定外，其余各部分均有极大的灵活性，可以做到"四头八尾"彼此照应，一处受敌，几方救援。八阵的特点是："变化制敌，则纷纷纭纭，斗乱而法不乱；混混沌沌，形圆而势不散。"

"功盖三分国，名成八阵图。江流石不转，遗恨失吞吴。"这是大诗人杜甫当年从四川前往湖北路经白帝城时临江凭吊孔明用兵如神的杰作。罗贯中的文学作品《三国演义》将八阵图描绘得非常神奇玄奥。据说在猇亭之战前，当诸葛亮在四川看了马良绘制的蜀军七百里连营扎寨图纸后，便料定蜀军必败无疑。他对马良说：刘备若败，可速往白帝城躲避，我已"伏下十万兵在鱼腹浦矣"。后来，陆逊火烧连营，率军乘势追击刘备，行至夔关附近时，突然发现"前面临山傍江，一阵杀气冲天而起"，他怀疑有埋伏，立即退军十余里，"于地势空阔处，排成阵势，以御敌军"。可是派出的探马却回报说，前面并无敌军。陆逊心中十分疑惑，于是下马登上高处观望，突然"杀气复起"。他几次派探马前往侦察，结果都是"前面并无一人一骑"。此时，太阳即将西落，"杀气越加"。陆逊又"令心腹人再往探看"，仅仅见到江边有"乱石八九十堆"。他找来当地土人询问，土人说此地名鱼腹浦，"诸葛亮入川之时，驱兵到此，取石排成阵势于沙滩之上。自此常有气如云，从内而起"。陆逊听罢，这才打消了伏兵之疑惑，但同时又感到十分稀奇，于是亲自率领数十名骑兵前往观看。哪知刚进石阵，"忽然狂风大作，霎时，飞沙走石，铺天盖地"，只见"怪石嵯峨，槎牙似剑；横沙立土，重叠如山；江声浪涌，有如剑鼓之声"。陆逊大惊失色，急忙想返回时，却无路可出了。危急关头，幸赖诸葛亮岳父黄承彦的鬼魂出现，他对陆逊说："昔小婿入川之时，于此布下石阵，名'八阵图'。反复八门，按遁甲休、生、伤、杜、景、死、惊、开。每日每时，变化无端，可比十万精兵。"陆逊所进正是死门，在黄承彦引导下他从"生门"走出，这才幸免于死。经此奇遇，陆逊从此便打消了继续西进的念头，转而撤兵退守。

罗贯中笔下的"八阵图"充满了神秘色彩。但诸葛亮的"八阵"，不拘泥死板，讲求分兵合击，变化无形，神妙莫测，确为兵法一绝。史籍中多有后世兵家依据"八阵"训练军队和进行实战的记载。如：西晋兵器革新名将马隆与河西鲜卑秃发树机能作战时，摹仿八阵图，专门制作了一种崭新的偏箱车，"地广则鹿角车营，路狭则为木屋施于车上，且战且前，弓矢所及，应弦而倒"。他命令士兵以偏箱车为营，在稳固防守的基础上发动进攻，在战斗中果然取得突出成效。北魏孝文帝时，尚书高闾在关于边防的奏书中建议："修立战场，十日一习，采诸葛亮八阵之法，为平地御寇之方。"直到近代，人们在陕西汉中定军山、四川新都弥牟镇、重庆奉节长江边，都还能见到诸葛亮所布的"八阵"遗迹，它们都是"积石作垒"或垒土为小山丘而成。

唐朝军事家李靖在研究诸葛亮八阵法的基础上"外画之方，内环之圆"而制"六花阵法"，其阵内圆外方，"方生于正，圆生于奇"。外面的六个方阵是正兵，中间的圆阵是奇兵，方是用于规范战场上士兵们的前行步伐，圆则是连接士兵们的攻防回旋。阵势内，布置有立队、驻队、战队，还有跪坐的笼枪，以及随时可能从背后突然杀出的马军等，整个阵势又大阵包小阵，大营包小营，它们在整体上"变化不乱"。"前正后奇，观敌如何；再鼓之，则前奇后正；复邀敌来，伺隙捣虚。"可见，李靖的"六花阵法"是一种总结前人经验、能"以制敌之变"的新型阵法，它融奇正于一体，能攻能守，非常强调灵活机动性、整体协调性，充分体现了阵无常势、临机应变的战术特点。

曾公亮《武经总要》卷七记载宋代常用的阵法有大阵、东西拐子马阵、先锋阵、前阵、拒后阵等。在各种各样的阵中，又"阵间容阵，队间容队"。例如，北宋初年为抵御契丹的骑兵，特制了一种大规模的防守型阵法"平戎万全阵"，由前锋、殿后、中军、左翼及右翼组成，全阵需要步兵、骑兵、车兵等近十五万人，下分中央步兵、两翼骑兵、前后阵骑兵三大阵；其中，中央的步兵阵又分为九个小阵，每个小阵又由若干"点"组成，每个"点"由五个队组成，每个队配战车一乘，士兵七十二人，分别使用弩、枪、刀、剑、牌、拒马等兵器。《武经总要》卷八声称："废阵形而用兵者，败将也；执阵形而求胜者，愚将也。""执阵形"就是拘泥固守某一种阵式阵法，缺乏灵活性，像这样来指挥军队打仗的将领，一定是愚蠢的将领。

在北宋的战争实践中，根据战场实际情况，打破阵法常规，体现阵无常势、临机应变而获胜的著名战例，是北宋太宗时针对契丹族辽国的一次战役。鉴于辽军不断南下侵扰北宋边境，宋太宗命崔翰、赵延进、李继隆率领八万大军前往抵御。出征前，太宗"赐阵图，分为八阵"，让出征将士照此阵法演练和迎击敌人。当宋军向北开拨到满城（今河北满城）时，遭遇辽军骑兵大部队，"东西亘野，不见其际"。崔翰等赶快按宋太宗赐给的军阵图摆好阵势，"阵去各百步"。由于战斗人员彼此间相距过远，根本无法抵御辽军骑兵的冲锋，于是"士众疑惧，略无斗志"。面对完全变化了的战场情况，宋太宗亲赐的阵法显然已不适用，赵延进和李继隆均认为"事有应变，安可预定？"坚决主张随机应变，"从宜而行"，并表示愿意承担因改换阵势而带来的一切后果。这样，宋军及时"改为二阵，前后相副"，战斗力大大增强。结果，"士众皆喜"，与辽军三次交锋，终于"大破之"，俘获辽兵及马、牛、羊等牲畜连同铠甲"数十万"。

然而，遗憾的是北宋君臣未能很好地分析与总结这次战役获胜的原因和经验，以后每遇大军出征，皇帝依然亲赐阵图，实际上大大束缚了出征将帅的手脚。由于缺乏根据战场实际情况变化而及时调整阵法阵势的自主性与灵活性，宋军自然改变不了屡战屡败的厄运。在辽军频频南侵威胁下，整个北宋前期北方边事一直告急，这是一个重要因素。到宋仁宗时，担任宰相的王德用借圣上派遣专使询问边事之机，述说宋真宗咸平、景德年间，"赐诸将阵图，人皆死守战法，缓急不相救，以至于屡败"。他真诚地恳求当朝皇帝宋仁宗不要在战前赐予将帅阵图，让出征的将士们能够根据地形、敌情等实际情况，"应变出奇"，相互驰援，彼此配合，这样反而能够克敌建功。宋仁宗对此深表赞同。自此，从北宋初期以来为集中军权于皇室朝廷、防止将帅专擅与拥兵自重而实施的赐阵图惯例，以及所有作战方案均首先由皇帝在都城汴京（今河南开封）钦定、出征将帅只能照此布阵用兵等种种不合时宜的规定，从此得以逐步废除。

　　南宋抗金名将岳飞当年率军跟随宗泽作战时，有一句名言叫"运用之妙，存乎一心"。其意是讲遵守排兵布阵的兵法常规是重要的，但更重要的是怎么用心体会、临机制敌，真可谓深得布阵用兵的精髓。另一抗金名将吴璘在陕西汉中一带顽强抵御金军二十余年，身经百战中，他创造了著名的"叠战法"：所有士兵分为两阵，每一阵又分为三列，第一列持长枪采坐姿，当敌军冲到阵前时用以拼杀；第二列是弓箭手和弩弓手，采用跪膝姿势以待敌；第三列是"神臂弓"强弩手，采取立姿，当敌人攻到百步以内时，神臂先发，攻到七十步时"强弓并发"。这三列以弓箭手、弩弓手为主的士兵组成第一阵，后面另有三列同样的士兵组成第二阵，所谓"次阵如之"。战斗时，两阵"以鼓为节"交替出击，"休番迭战"，采坐、跪、立姿势的弩手、弓手和长枪手，分别从高低不同的角度同时攻击敌人，以形成强大而连续的杀伤力，此外还有骑兵在两翼策应。

　　作为南宋的对手，由女真族在北方建立的金国也深谙阵无常势、临机应变之道。公元1199年，大金国君臣们在朝廷上针对学习古代兵书和兵法态度问题的讨论，不仅富有意味，而且颇能给人以启迪。当时，金章宗完颜璟问群臣：现在有人献来《八阵图》，该阵攻防效果究竟如何呢？我曾看过宋白所编撰的《武经》，上面详细记载了各种攻守之法，但大多难以实施。右宰相夹谷清臣回答说：兵书上写的都是一些固定的阵势战法，难以适应战场形势的变化，"本朝行兵惟用正奇二军，临敌制度，以正为奇，以奇为正，故无往不克"。完颜璟接过话头说：从古至今，用兵打仗都超不过"奇正之法"。而研习古代兵法就如同学习下棋对弈，"未能自得于心"，想用以前的"旧阵势"旧战法来与敌人交锋，这是未得兵法之要领啊。假如敌人应对的措施与旧阵势中的战法不同，那么我方在战斗中就一定不能支持住。在金章宗和臣僚们的这一番讨论中，他们强调的重点都是打仗不能机械地套搬固有的阵法，"临敌制度"就是要根据战场变化，在正确判断敌我态势的基础上，制定和采取灵活多变的战略战术，只有随机应变，才能克敌制胜。

　　明朝何良臣认为，各种阵法的关键都在于"用变取胜，各有神异，此在学者变通之耳"。所以，善于布阵用兵打仗的人，"无一定之形"，必须根据交战地形宽阔平坦或狭窄险要情况，针对敌人的多少、强弱以及阵势、军容的治乱状态，灵活排列阵势，才能夺取胜利①。

　　有着丰富实战经验、并创制了"鸳鸯阵"的明朝抗倭名将戚继光，则另有一番妙论。他说："兵之有法，如医之有方"，学习前人兵法阵势是必要的，但

---

　　① 何良臣《阵纪》卷三。

一定要通过思考和实践去用心去领悟，"师其意不泥其迹，乃能百战百胜"。古人兵法，就好比药方；作为领兵的将帅，战前察知"士伍之情，山川之形"和敌人的动静，就像医生问病诊脉，稍有差误，再好的兵法，也不会产生好的效果。只有效法古人，"开卷有益"，"学不误人"，同时又"处实境之间"，通过战场实阵的经历闻见和实践体验，"方知兵法为有用，方能变化兵法"，也才能真正准确而灵活地掌握兵经阵法，做到"开阖变化，运用无穷"①。

归结起来，排兵布阵而战虽为我国古代战争的传统，但融奇正于一体，讲求"变化制敌"，阵无定形，"运用之妙，存乎一心"，"用变取胜"，"师其意不泥其迹"等，才是其中的精华。它们充分反映出中国古代精于老子思想的军事家们已经深刻地认识到：在各种阵法的具体战术应用中，无论是沿用已有的阵法，还是推出新的阵法，都必须充分发挥指挥人员的主观能动性，根据战场实际情况和敌我双方的军情变化，切实做到阵无常势，临机应变，才能出奇制胜。否则，拘泥固守，千篇一律，便只能成为别人刀俎上的鱼肉。

7. 知足知止，穷寇勿追

经过智慧与力量的角斗后，战场上交战的双方终于有了胜负之分。但如果不是一战而全部歼灭敌人，恰恰是有一部分敌人溃退逃走，那就意味着战事可能尚未完全结束。面对此情此景，胜者又将采取怎样的对策？是"宜将剩勇追穷寇"？还是适可而止，见好就收？这同样是一个战术问题。

老子从"反者，道之动""物壮则老"的辩证发展观出发，主张守虚不盈，凡事不能太过圆满，要留有余地，否则就会走向其反面。《老子》中有多处谈到"知足""知止"的问题。如：第三十二章"知止可以不殆"，第三十三章"知足者富"，第四十四章"知足不辱，知止不殆，可以长久"，第四十六章"祸莫大于不知足，咎莫大于欲得。故知足之足，常足矣"。知道满足，懂得适可而止，是守虚不盈的具体表现，它能有效地阻绝人们欲望贪念的膨胀以及由此而来的无穷争斗，从而避免堕入灾祸之中。其在军事上的具体运用，便是穷寇勿追的战术观。

御敌自卫战争的根本目的在于将来犯之敌驱逐出本土，实现保家卫国。一旦敌人被打败而撤离逃遁，便证明战争目的已经达到，这时就应及时果断停止军事行动。"善有果而已，不敢以取强。"如何理解老子这句话的深刻含义？王弼注解说"果，犹济也"，意思是讲善于用兵者只不过为追求救济危难罢了，不能凭借兵力强大而逞强于天下；司马光《道德真经论》注为："果，犹成也，

---

① 戚继光《练兵实纪》卷九《练将第十九·习兵法》。

功成则已";王安石与高亨都将"果"注解为"胜","果而已"就是胜而止。不管是救济危难,还是禁暴除乱,总而言之,在实际战斗中,战胜即止,及时鸣金收兵,是一条基本的战术原则,切不可亡命追击溃逃的残敌。

在老子看来,来犯的敌人已经被打败,就意味着我方所面临的威胁和危险已解除,如果此时果断停止战斗,就是知足知止;反之,对溃退的敌人继续穷追不舍,那就是"不知足",就是贪得无厌。战而不知足知止,至少在三个方面会给获胜者带来严重的负面影响:一是容易给人造成凭借武力逞强、穷兵黩武好战之嫌;二是战斗的持续会增加将士们的疲劳困乏,所以有兵疲师老之忧;三是溃逃的残敌若求生不得,必会殊死抗争,困兽犹斗,弱极反强。这三个方面对已获取胜利却不懂得知足知止者来说,都构成致命的威胁:以兵强天下者,"是以兵强则不胜",耀武扬威,逞强好战,必然很快就会得到报应而招致失败;兵疲师老,显然属于"物壮则老,是谓不道"的范畴,而"不道早已",违背大道也会很快走向衰亡;两军对垒,"哀者胜矣",在战斗中被打败而沦落为弱小者的残敌,在求生本能欲望的驱使下,勇气倍增,殊死搏斗,即使不能反败为胜,也必然会给追击者以极大的杀伤。此三者相加,对不知足的追击者来说,就是祸莫大焉。再进一步论,追击穷寇,逼迫残敌,已经超出御敌自卫战争的范畴,从不得已而战转变成了主观上"有为"的战争,这已经从根本上背离了"道"的法则。因此,出于诸多因素考虑,老子主张战胜即止、穷寇勿追的战术观,是完全可以理解的。

实际上,西周以来的"仁战"思想中也曾论及对溃退之敌如何处置的问题。《司马法·仁本篇》记载:"古者逐奔不过百步,纵绥不过三舍,是以明其礼也;不穷不能而哀怜伤病,是以明其仁也。"追击败逃的敌人不超过一百步的距离,跟踪退却的敌人不超过"三舍"即驻军宿营三天合九十里的距离,这是为了表明他对战场对手的必要礼节;不逼迫那些已经丧失战斗力的敌人,并怜悯关怀伤病员,这是为了表明他的仁爱之心。前文已经谈到,商周时期的车战要求随时随地保持队列的整齐和战术动作的协调统一,这个节奏是很难掌握好的。在追击逃敌时,大家因为获胜而士气高涨,奋勇争先是情理之中的事,但这也最容易破坏队列的整齐。所以,兵家们对此作了十分明确的硬性规定,于是有了"逐奔不过百步,纵绥不过三舍"这样的说法。当然,它也体现出一定的礼让特征。此处所谓追击逃亡敌人要有节制,不攻击已丧失战斗力的敌人,是从礼、仁等道德范畴的角度来论述的。

自周朝到春秋,礼、仁、信、义、勇、智被称为"六德",运用它们因时施教,是"民纪之道""自古之政"。然而,老子最反对仁、义、礼,认为只有在大道丧失的情况下才会出现这些人为设定的虚假东西,"夫礼者,忠信之薄而乱之首"。他从大道的本性，从万事万物对立双方彼此依存、相互转化的法则，富有逻辑地推演出知足知止、穷寇勿追的战术观，无疑要深刻得多。

不可否认，老子由知足知止的大道哲学进而主张穷寇勿追，也容易给溃逃之敌留下喘息和伺机反扑的机会。而孙武"用兵八戒"中的"穷寇勿追"①，就显得更为具有战争艺术性。何谓"穷寇"？《行军篇》言："杀马肉食者，军无粮也；悬瓴不返其舍者，穷寇也。"敌人杀马而食，说明已无粮了；士兵们身上悬挂瓶罐瓦器不再回营房休息，表明穷途末路的他们准备决一死战。对于这种"穷寇"，绝不能穷追不舍，过分逼迫。孙武亲自参与指挥的吴、楚之战中，吴军入郢之前，吴将夫概探知刚吃了败仗的楚军移营，于是尾随其后至柏举西南的清发水（今湖北安陆西涢水）。楚兵收集船只，正欲渡江，吴军一些将士便急迫地要求出击。夫概制止说："困兽犹斗，况人乎？若知不免而致死，必败我。"不如暂时按兵不动，等到楚军有一半兵士渡河后，再发动攻击。此时渡过河的已得救幸免，而还未渡河的也心生羡慕争先恐后抢渡逃生，"蔑有斗心矣"，这时再发动攻击，便一定能获胜。于是，吴军后撤，等待楚军半渡而击，果然将其打得大败。《左传》定公四年上记载的这段话，是孙武军事思想在吴军中得到深入贯彻和实际运用的真实写照。"穷寇勿追"，不是完全不追击，而是在首先考虑自身安全的前提下如何能够稳妥地歼灭残敌。与老子的胜而止战不追相比较，"穷寇勿追"战术思想对于你死我活的战场厮杀而言，显然有了更加实用的操作价值。

在中国古代军事史上，经过历代兵家的研究和战场实践，对逃亡之敌的处理通常区分为两类。

第一种情况是"不战而遁"或佯装失败而逃者，人们对其抱有高度的警惕性，为防止中计，一般采取不追或尾随静观的对策。《百战奇略·穷战篇》讲："凡战，如我众敌寡，彼必畏我军势，不战而遁，切勿追之，盖物极则反也。宜整兵缓追，则胜。"所谓"整兵缓追"，就是整顿好队伍，严明军纪，始终以临战状态保持对敌人的警惕和尾随，在弄清真实情况后再发起攻击。如西汉宣帝神爵元年（前61）七月，后将军赵充国奉命讨伐反汉的先零羌，羌兵远远望见汉军，便丢弃战车辎重，不战而先退。赵充国采取"徐行驱之"的战法，有人提出异议，声称追击敌人利于迅速，现在行动太迟缓了。而赵充国解释说：这是陷入困迫危殆的敌人，不可过于急迫追击，"缓之则走不顾，急之则还死战"。再加上前行道路狭窄，十分有利于熟悉当地情况的羌兵设伏阻击，老谋深算的赵充国对此不能不给予充分考虑和提防。正是由于他的正确分析和

---

① 《孙子兵法·军争篇》。

战术运用，羌兵在汉军的强大威慑下，无法组织起有效的抵抗，在争渡湟水时淹死了数百人，余下的都四散奔逃，汉军几乎没花什么代价就取得了此战的胜利。

第二种情况是战而真败者，处理方式又分为截然不同的两派。

其一就是老子的战胜即止、穷寇勿追论，它为后来的黄老学派直接继承和发展。《黄帝四经》言："功成而不止，身危有殃。"圣人依拥天极大道而战，战斗胜利了就要及时停止攻击；如果继续穷追猛打，不仅违背了天极大道的法则，而且物极必反，终究会有危亡之灾。法家巨擘商鞅也从老子那里深受启发。《商君书·战法篇》言："见敌如溃，溃而不止，则免。"即是讲，假若看见敌军溃退如决堤洪水似的狂奔不止，就不要再追击了。

其二为乘胜追击论。《百战奇略·逐战篇》称：凡追击逃亡之敌，"须审真伪"。如果发现敌人旌旗整齐，鼓声呼应，号令统一，尽管其撤退时纷纷纭纭，但并非真败退，"必有奇也，须当虑之"；反之，假若敌人军旗参差不齐，鼓声大小错乱不协调，指挥号令喧闹不统一，"此真败却也，可以力逐"。对于这种真正败退的敌人，就可以全力以赴地进行追击。明代无名氏撰写的《草庐经略》卷七《防伏》说："伏兵败，贼计自穷，乘胜而攻，可以得志。"卷八《乘胜》又言：初战获胜，敌军已胆战心惊，而我军却锐气更旺，"以方胜之气，当己疲之敌"，正所谓势如破竹，必能彻底歼灭敌人。相反，如果不乘胜追击，"因循苟荏"，时间一长，我军的锐气就会消退减弱，敌人则会逐渐恢复元气，重新振作起来，"机会一失，悔无及也"。

以上诸说，均有其合理性，它们充分反映出我国古代军事思想的丰富多彩。而根据不同的战场实际情况，在战役后期选择恰当的策略与战术运用，以扩大战果和最终赢得战争的胜利，也成为历代兵家论兵用武的一个重点。

8. 自胜者强，胜己者胜

除了智慧和实力的较量外，战争也是对敌我双方意志与毅力的严峻考验。

春秋前期的曹刿已能认识到"夫战，勇气也"。这就是说，树立必胜的勇气与信心，进而克服一切困难，坚持到底，是全军上下用兵打仗首要的大事。而必胜的勇气与信心是否能树立起来，军队内能否将士同心咬住牙关善始善终以打败敌人获取最后的胜利，在战术运用上首先就在于是否能战胜自己。

"金无赤金，人无完人"，更何况是一支庞大的军队！从将帅到普通兵士，从个体到整体，无疑都有其薄弱之处。孙膑曾列举可能导致战争失败的将帅在品质上的二十种缺点，其中包括："不能而自能"（本来不能，却自以为能）、"骄"、"贪于位"、"贪于财"、"轻"（轻敌，轻举妄动）、"迟"（行动迟缓）、

"寡勇"（缺少勇气）、"勇而弱"（勇而无能）、"寡信"（缺乏诚信）、"寡决"（优柔寡断）、"缓"（治军不严，军纪松散）、"怠"（懈怠）、"贼"（残暴）、"自私"、"自乱"等①。这些致命弱点，如不及时加以克服，必然严重影响用兵决策和战场军事行动，要想克敌制胜也几乎是不可能的。

老子第三十三章讲"知人者智，自知者明"，其运用在军事上反映出来的是一种知彼知己的战略观；而"胜人者有力，自胜者强"，则是一种超越自己方能打败敌人、赢得胜利的战术观。

能够战胜敌人，打败敌人，此表明我军强大有力量，在敌我交锋中占据着优势。但这种强大的优势怎样才能长久地保持下去呢？既然我们能想方设法打败敌人，那么敌人也一定会千方百计地梦想打败我们。要想不被敌人打败，要想永远成为强者、胜者，就必须清醒地认识自己，不断地反省自己，并在认识和反省的基础上克服自身的弱点，不断地完善自己，不给敌人以任何可乘之机。

世界上最大的敌人实际上就是自己。在老子看来，每一个人心中的敌人就是那些不符合大道的想法与行为，诸如"欲得"、"不知足"、盈满、争、骄等；就战场实际而言，最容易犯的错误是武力逞强、胜而美、胜而骄、胜而不知止。凡得道的圣人，都应该"自知，不自见；自爱，不自贵"②。作为御敌自卫战争，一定要"果而勿矜，果而勿伐，果而勿骄，果而不得已，果而勿强"，要"胜而不美"，出征的将帅要"不武""不怒"，以平静从容之心迎击和驱逐来犯之敌。能做到这样的程度，就可以说已大致解决了"自胜"的问题，便能达于"无不克""无败"之境地，从而成为持久的强者和永恒的胜者。

从军事心理学上讲，老子"自胜者强"的战术观具有绝对的正确性和价值意义。要战胜敌人，首先要战胜自己；要善于进攻敌人，首先要保全自己。这是人们所熟知的军事常识，可当它由二千多年前的圣哲老子以如此简洁的语言说出时，我们却不得不叹为观止。孙武说："昔之善战者，先为不可胜，以待敌之可胜。不可胜在己，可胜在敌。故善战者，能为不可胜，不能使敌之必可胜。"所谓"不可胜"，指的是不会被敌人战胜，其主动权在自己手中。要做到这一点，就必须在全面深刻"知己"的基础上，积极做好战前准备工作，其中的关键是要克服自身的弱点，巩固内部，壮大力量，做到每次战斗之前先要让自己立于不败之地，然后才能真正打败敌人以获得战役的胜利。"故善战者，

---

① 《孙膑兵法·将败篇》。
② 《老子》第七十二章。

立于不败之地，而不失敌之败也。是故胜兵先胜而后求战，败兵先战而后求胜。"① 善于打仗的人，总是使自己处于不败之地，同时又不放过击败敌人的机会。因此，胜利的军队是先有了胜利的把握才寻求同敌人交战，失败的军队则是先与敌人交战而后企求侥幸取胜。毫无疑问，这里的"先为不可胜""胜兵先胜而后求战"，包含着浓厚的"自胜"战术思想。如果没有自己首先战胜自己，树立起必胜的信心和勇气，确定必胜的战略、战术原则，组织起必胜的攻坚力量，又怎能达到"以待敌之可胜"？也就是说如何能寻机消灭敌人以真正求得战争的胜利呢？

老子的弟子文子指出："能成霸王者，必胜者也；能胜敌者，必强者也；能强者，必用人力者也；能用人力者，必得人心者也；能得人心者，必自得者也；自得者，必柔弱者。"② 两军交战，能打败对方获取胜利的，必然是强者；而所谓强者，就是那些能够用人之力、得人之心的自得、自强者，他们都是由柔弱者自胜而来，他们拥有像水一样谦退居下、持虚不盈的大道性格，他们克服了自身的许多弱点，首先战胜和超越了自己。文子关于柔弱者从"自得"（言行举止符合道的法则）而得人心、用人力，并由此而强的论述，是对老子"自胜者强"战术观的全面阐释，其逻辑推论极为严密，它不仅贯穿着老子"柔弱胜刚强"的战略思想，而且将老子"自胜者强"、胜己者胜战术观的具体实施步骤交代得明明白白，清清楚楚。同样属于黄老学派的《吕氏春秋》，其《季春纪第三·先己》称："故欲胜人者，必先自胜；欲论人者，必先自论；欲知人者，必先自知。"

战争史上的败军败将，十有八九是未能很好地贯彻实行"自胜者强"这一战术观。换句话说，他们没能很好地克服自身的弱点，努力实现自我超越，实实在在地做到胜人先胜己，"胜兵先胜而后求战"。他们在战场上的失败，首先是被自己打败的。比如：庞涓马陵之败，是其骄纵所致；赵括长平之败，导致赵国四十万大军惨遭坑杀，是他纸上谈兵不务实的恶果；刘备夷陵之败，是由于这位蜀汉先主意气用事、因怒而生；苻坚淝水之败，则败在他的不知足和膨胀的贪欲……

反之，凡能客观地认识自己之不足，在心理上战胜自己，冷静分析敌我形势，从容应对，不管条件多么恶劣，处境多么险恶，至少在气势上已先声夺人，这就有了制胜的可能。西汉名将李广在汉景帝时北击匈奴，有一次他率领随从一百骑突然遭遇匈奴数千骑兵，情形相当危急。匈奴军见汉兵如此之少，

---

① 《孙子兵法·形篇》。
② 《文子·符言》。

以为是担负诱敌任务的小分队,急忙抢占山头,居高临下地摆开阵势。李广身边的随行将士都非常恐惧,"欲驰还走"。而李广却十分镇静,他对部下说:我们现在假如往回跑,匈奴军必然追杀,敌众我寡,我们立刻就会被全部消灭;坚持留下来,他们反而会怀疑我们在施行诱兵之计,必然不敢轻举妄动。于是,李广与士兵们不但没有后退,反而还前行到距匈奴军阵大约只有二里来路的地方,"皆下马解鞍",以进一步坚定匈奴军的错误判断。当匈奴一名骑白马的先锋将领出阵前来试探汉军虚实时,李广飞身上马,与十余骑士挺身迎击,射杀匈奴白马将,镇定自若地返回后,又令士卒皆下马而卧,匈奴军愈加感到惊奇和迷惑不解,始终不敢发动攻击。随着夜幕降临,疑虑重重的匈奴军担心汉兵设在附近的伏军会乘夜攻击,终于在夜半时分"引兵而去"。第二天一大早,李广等见匈奴大队人马已走,才从容撤退,顺利返回大本营①。这是一场惊心动魄的胆识和智慧较量,假如不是李广以大无畏的气概率领部下首先战胜了自己恐惧的弱点,并对匈奴军形成强大的心理攻势,汉兵早已被匈奴铁骑踏成了肉泥。

"三十六计"中著名的"空城计",采用"虚者虚之,疑中生疑"的办法,在敌强我弱、敌众我寡的紧急关头,故意再示虚弱,使敌人更加难以判断,不敢贸然进攻,而我则安然解危,甚至败敌取胜。显然,没有"自胜者强"的理念,要实行如此"奇而复奇"的计策,在强敌压境之时泰然自若,玩敌军于股掌之间,是万万不可能的。"自胜"才能求强求胜,老子又一次以他的睿智为御敌自卫战争中的柔弱者指点迷津。

---

① 《史记·李将军列传》。

八、老子与治军论

"养兵千日，用兵一时。"这句兵家俗语形象地说明了平时治军与战时用兵的关系。一支骁勇善战的军队之所以能在相对短暂的战场交锋中运用正确的战略战术，打败战人，保全自己，获得胜利，是其长久以来的严谨治军所致，所谓厚积薄发，正在于此。

中国古代的政治家、军事家们都高度重视养兵治军。

儒学宗师孔子早就说过："以不教民战，是谓弃之。"① 意思是说让未受过训练的兵士去打仗，简直就是叫他们去送死。他主张普通百姓要教练七年，才可以让其上战场杀敌。

春秋前期的管仲将经过训练的士兵称为"教卒""练士"，把未经过训练的士兵称为"驱众""白徒"，用教卒、练士去打击驱众、白徒，就如同以众击寡、以治理有方的军队去对付治乱的军队、"以能击不能"一样，完全能够做到"十战十胜""百战百胜"②。

吴起在回答魏武侯问"兵何以为胜"时，斩钉截铁地断言"以治为胜"，也就是说取胜的根本在于军队训练有素而不在于兵多，假如法令不严明，赏罚无信用，击鼓鸣金时该前进不前进，该停止不停止，"虽有百万，何益于用？"所以，"用兵之法，教戒为先"③。

诸葛亮称"夫军无习练，百不当一；习而用之，一可当百"④。

明朝戚继光积多年练兵经验而写成了古代论述练兵最全面、最实用的专著《纪效新书》与《练兵实纪》，他发自内心地呼喊："且不练何以议兵！无兵何以议战！"并提出"练兵之要在先练将"⑤。

孙武将吴王宫中美女训练为整齐划一、"虽赴水火犹可也"的骁勇女兵，

---

① 《论语·子路》。
② 《管子·七法》。
③ 《吴子兵法·治兵》。
④ 《将苑·习练》。
⑤ （明）汪道昆《少保戚继光墓志铭》，《明史·戚继光传》。

是治军史上千古流传的佳话。当他被伍子胥推荐给吴王阖闾并献上自己的十三篇兵经瑰宝时，阖闾十分称赏，同时希望他现场演练。孙武把吴王派出的一百八十名宫女分为两队，分别任命吴王最宠爱的两名美姬为队长，在三令五申讲解训练条例后，用鼓点发令，操练前后左右转等基本队列变化。第一次击鼓向右，闲耍惯了的美女们只觉得好玩而大笑而已，根本不听从号令。孙武自责说："约束不明，申令不熟，将之罪也。"于是再次三令五申有关条例。第二次击鼓向左，宫女们依然大笑而不听令。孙武严厉地指出：军令既然已经清楚明白，却仍不遵守执行，"吏士之罪也"。于是，欲斩左右队长以明法。正在台上观看演练的吴王阖闾见状大惊，急忙派人传令给孙武："寡人已知将军能用兵矣。寡人非此二姬，食不甘味，愿勿斩也。"可是，孙武直截了当地回答说：现在本人已受命为将，在这里负责训练军队，而"将在军，君命有所不受"。并毅然斩杀二队长以正军法，另外任命原排在第二位置的两名宫女为队长。当鼓声号令重新响起时，"妇人左右前后跪起，皆中规矩绳墨，无敢出声"。经过严格的军事训练，娇宠柔弱的宫闱美女们终于脱胎换骨而成为一往无前的勇猛精兵①。

从孙武治军这个传奇的故事中，我们能够体会出古人治军的若干重要准则。

其一，孙武将宫女们第一次闻鼓不听令视为将帅对军令交代不清楚的失职行为而加以自责，说明统兵将领应该随时随地以身作则。

其二，在已经颁布和讲明军令条件下，宫女仍不听令而将其队长斩首，这是对基层军官失职行为的依法严处。它表明全军将士都应牢固树立"军令如山"的信念，任何人违背军纪都必须受到严惩，只有严格依法治军，才能打造出一支战无不胜、攻无不克的铁军。

其三，孙武依据"将在军，君命有所不受"古训而坚持斩杀吴王宠姬以立军威，反映出来的则是将帅作为军队灵魂必须充分发挥主观能动性，必须根据战场实际情况进行正确的军事决策，而不能只是忠实地遵守和执行圣上旨意。打败敌人获取战争的胜利，才是将帅唯一需要秉承的最高宗旨。

其四，将一百八十名宫女分为两个方队并分别任命队长，这是军队的建制问题；前后左右转的变化，这是队列阵法的操练问题。

由此可见，治军范畴的涉及面极为宽广。

军事学上的治军有广义与狭义之分。狭义的治军通常是指将帅对军队兵士的管理、训练和教育等。

---

① 《史记·孙武吴起列传》。

诸葛亮提出军队的治理有"教""诫""习"之说，在古代治军诸论中颇具代表性。教，即"教之以礼义，诲之以忠信"，用今天的话来说就是首先要做好思想政治工作，使将士们知礼义，明忠信，有良好的理想信念，能自觉地在战场上奋勇争先杀敌。诫，指"诫之以典刑，威之以赏罚，故人知劝"。这是讲要明确向各级军官和士兵们强调所要遵守的军令军纪，使他们确知自己作为一名军人的行动准则。同时，军法典刑的执行必须严格，立功者受奖，违犯者受罚，如此才能使众军士自我约束，自我激励。习，是指阵法格斗等军事技能上的训练，"或陈而分之，坐而起之，行而止之，走而却之，别而合之，散而聚之"①。阵式由齐整而分部，格斗由坐姿而起立，队伍由行进而立定，由前进而后退，由分散而聚合，这些都是队列、阵法日常操练的基础课。教、诫、习，虽同为治军的重要内容，但它们在地位和作用上是有差别的。吴起的"用兵之法，教戒为先"，实际上就已奠定了从古至今我国的治军传统，习练只有在教、诫的基础上，才能收到事半功倍之效。

广义的治军，则是指整个军队的建设和所有军务的处理，从将帅的选拔与修养到士卒的招募训练与治理，从阵法操练、军事技能培训到军纪军容，从车马兵器配备到粮草供给，甚至还包括一个国家的军事动员、防务策略、国防开支计划等，莫不属于治军的内涵。

主张御敌自卫战争的老子，不仅在五千言中提出了一系列独特的战略战术原则，而且表达了相应的治军观，从而构成其完整的军事思想体系。

1. 具圣人之德的将帅观

"秦时明月汉时关，万里长征人未还。但使龙城飞将在，不教胡马度阴山。"王昌龄脍炙人口的《出塞》诗，形象生动地刻画出秦汉之际北击匈奴的壮丽场面，同时也讴歌了"飞将军"李广在战争中的突出功绩和定海神针般的作用。

自从有了战争，有了军队，便有了指挥军队作战的将帅。《吕氏春秋·审分览·执一》说："军必有将，所以一之也。"《孙子兵法·谋攻篇》称："夫将者，国之辅也。辅周则国必强，辅隙则国必弱。"许洞《虎钤经》卷三《辨将》言："将者，国之腹心，三军之司命也。"文臣武将是君王的左右膀，将帅被视为国家的辅佐中坚，将帅的好坏直接关系着国家的安危与无数军民的生死。

因此，古代兵家对将帅素质提出了极高的要求。姜太公说"将有五材"，即勇、智、仁、信、忠，"勇则不可犯，智则不可乱，仁则爱人，信则不欺，

---

① 《将苑·习练》。

忠则无二心"①。诸葛亮《将苑·将材》提出"将材有九",包括仁、义、礼、智、信、步、骑、猛、大（能从谏如流，"宽而能刚，勇而多计"），分别具有这些品质和才干的将领，就被称为仁将、义将、礼将、智将、信将、步将、骑将、猛将、大将；曾公亮认为将帅以"五才"为立身的根本，即智、信、仁、勇、严，以"五谨"为行为准则，即理、备、果、诫、约。"理者，理众如理寡；备者，出门如见敌；果者，见敌不怀生；诫者，虽克如始战；约者，法令省而不烦。"② 指挥千军万马如同指挥一人叫有条理，一出门就如同发现敌人一样高度警惕叫有防备，与敌人相遇绝不会贪生怕死叫果敢，虽然已经取得胜利却仍像战斗刚开始时那样丝毫不敢松懈叫有警戒，军令法规清楚而不繁杂叫简约，这些都是将帅在治军用兵中应该谨守慎行的基本行为准则。

在绝大多数兵家心目中，作为统率三军的将帅，绝不是仅凭一支长枪、一把大刀等兵器能"大战三百回合"，或力能扛鼎的赳赳武夫，而是既智勇双全、大智大勇，又能忠于君王、忠于国家的高级指挥人员。只有这样的人，才能真正担当重任，统领众将士"不以小胜而喜，不以小败而忧，不以小利而趋，不以小害而避，洞达利害，兼览始终"③，才能独占鳌头，克敌建功。

孔子在《论语·子罕》中说："知者不惑，仁者不忧，勇者不惧。"智、仁、勇，由此被儒家视为"三达德"。上述兵家关于将帅素养的论述，显然受到了儒家道德观的影响。而老子标明人生应该遵从道的法则，凡修行得道达于最高境界者称圣人。第五十七章记录圣人自述其治世准则为："我无为而民自化，我好静而民自正，我无事而民自富，我无欲而民自朴。"圣人的道德观与价值取向对世人有着十分重要的引导意义，统兵将帅自然也不例外。除了第六十八章外，老子对将帅的直接论述不多，但有关圣人品行的言论比比皆是，而老子是主张"以道佐人主"的，也就是说他认同"有道者"圣人作为文臣武将来辅佐君王治理天下。当然，最好君王自己也是得道的圣人，这样便可以按照道的法则来处理政治、经济、军事等众多事务。有鉴于此，我们综合老子对圣人品行和军事的有关论述，大致可以窥见其对统兵将帅在品质方面的基本要求：

第一，掌握重兵的将帅既要"坦然而善谋"，能够确保御敌自卫战争的胜利，又绝对不能有逞强好斗、穷兵黩武的想法。《老子》第六十八章第一句话就是"善为士者不武"，王弼注解"士"为"卒之帅也"。这是老子唯一直接论

---

① 《六韬·龙韬·论将》。
② 《武经总要前集》卷一《选将》。
③ 《草庐经略》卷三《远略》。

及将帅的地方。

老子的战争观、战略观、战术观，都决定了他对统兵治军之将帅品行的基本看法：只能在御敌自卫战争中围绕如何把来犯之敌驱逐出去这一主题发挥自己的聪明才智，任何超出这一范围的行为举动都是不允许的，甚至对战争胜利进行欢呼这样一些极平常之举也要慎重对待，因为它们容易给人留下炫兵耀武、好斗乐杀的错误印象。老子反复提醒统兵治军的将帅要"果而勿矜，果而勿伐，果而勿骄，果而不得已，果而勿强"。打了胜仗，不要居功，不要夸耀，不要对溃退的残敌继续进行没有节制的讨伐，也不要骄傲，用兵是迫不得已而为之，战胜也是迫不得已的，胜了绝不能逞强，要"胜而不美"。

第二，将帅要有爱民之心。老子是一个民本主义者，主张"圣人无常心，以百姓心为心"，认为"爱民治国"应该是一种自然本性的流露①。

爱民的具体表现之一是尊重人民，把自己的利益放在人民的利益后面，"是以欲上民，必以言下之；欲先民，必以身后之"。

爱民的具体表现之二是政治宽松，轻徭薄赋，使人民没有重压感，并不觉得受到伤害，"是以圣人处上而民不重，处前而民不害"，这样天下民众才会乐意推戴拥护你而不是讨厌和抛弃你②。

爱民的具体表现之三是要有包容大度的情怀，以善心去对待所有善与不善的人，用诚信去对待一切讲诚信和不讲诚信的人，进而达到普天之下的善与信，即所谓"善者，吾善之；不善者，吾亦善之，德（通'得'）善。信者，吾信之；不信者，吾亦信之，德信"③。

将帅有了爱民之心，就能真正懂得"兵者，不祥之器"的道理。战争不仅要耗费大量资财，如孙武所说："则内外之费，宾客之用，胶漆之材，车甲之奉，日费千金，然后十万之师举矣。"④ 此必然加重人民的赋税负担，并且大批生民将被驱迫于战场，马革裹尸，伤残者不计其数，真可谓残忍之极。有了对战争危害的深刻认识，出于对民众的挚爱之情，将帅们自然就不会轻举妄动、肆意武力逞强了。

第三，将帅应该敦厚持重，诚信踏实，切忌浮华虚伪。第三十八章痛陈由于大道圣德的丧失，才有仁、义、礼的出现，"夫礼者，忠信之薄而乱之首"，礼充满了虚假和浅薄。"是以大丈夫处其厚，不居其薄；处其实，不居其华。故去彼取此。"敦厚诚实，稳重行事，在老子看来是大丈夫应有的品行，是

---

① 《老子》第四十九章、第十章。
② 《老子》第六十六章。
③ 《老子》第四十九章。
④ 《孙子兵法·作战篇》。

"见素抱朴"的体现。第七十一章说："知不知，上；不知知，病。夫唯病病，是以不病。圣人不病，以其病病，是以不病。"知道自己有所不知，是最好的；不知道却自以为知道，就是缺点。因为把缺点当作缺点而予以高度重视，所以没有产生缺点。有道的圣人没有类似的缺点，因为他们把这种缺点当作缺点，所以没有产生缺点。老子在这里同样是在阐述得道圣人敦厚诚实的本性与行为风格。

战场上为了取得胜利，尽管要"以奇用兵"，但那是战争的技巧问题，而作为将帅个人的品行修养，则必须诚实稳重，不浮夸虚假。战国时期赵国长平大败，四十万将士被坑杀的悲惨一幕，就是将帅浮夸不实而造成的血的教训。在这场空前的大决战中，赵王因为中了秦军的反间计而临时易帅，以空读兵法、毫无实战经验的赵括换下了老谋深算的廉颇。赵括从小学习兵法，谈起用兵振振有词，自以为天下无人能敌（"以天下莫能当"）。其父赵奢曾与他论兵，口头上也不能将他驳倒，但赵奢认为用兵打仗是赴死之地，"而括易言之"，所以不但不夸奖他，反而断言赵国不以赵括为将便罢了，如果一定要以赵括为将的话，"破赵军者必括也。"真是知子莫如父！蔺相如也指出："括徒能谈其父书传，不知合变也。"也就是说赵括仅仅能空谈他父亲赵奢所著的兵书而已，根本不懂得实际灵活运用。无奈赵王却相信了这位纸上谈兵的赵括，让他代替老将廉颇与秦国足智多谋的名将白起作战。这时，赵括的母亲急忙上书赵王"括不可使将"，并说如果赵王非要任命赵括为将的话，一旦战败，希望儿子的错不要牵累她。在赵王的坚持下，赵括领军出征，但他只知派出精锐兵力长驱直入与秦军搏杀，而没有看出白起在"纵奇兵，佯败走，而绝其粮道"。结果赵军被围困四十余天，援兵与粮草运输全部被阻断，"分断其军为二，士卒离心"，几次突围均未成功，赵括阵亡，全军覆没，"赵前后所亡凡四十五万"[1]。

赵王一意孤行，听信秦国相范雎所谓"秦之所恶，独畏马服君赵奢之子赵括为将耳"的反间语，临阵易帅，用人失误，对赵军的败亡负有重大责任；而赵括"不知知"，自以为读了些兵书，就可以驰骋疆场，天下无敌，华而不实，正是他作为领兵主帅的这一品行问题直接铸成了赵国惨败的巨祸。"夫轻诺必寡信，多易必多难。"[2] 在老子看来，轻易许诺一定缺乏诚信，将事情看得太容易必然遭遇更多的困难，身系国家安危与千百万军民生死的将帅当谨记。

第四，将帅要清廉正直，节俭不贪。"见素抱朴，少私寡欲"[3]，是老子崇

---

① 《史记·廉颇蔺相如列传》附赵奢传。
② 《老子》第六十三章。
③ 《老子》第十九章。

尚的人生信条。"难得之货令人行妨","是以圣人欲不欲，不贵难得之货"①。老子向天下所有的人提出了一个极简单的问题："身与货孰多？"一个人的身心性命与他所拥有的物质财富相比哪个重要？答案是不言自明的。名与利都是身外之物，贪求名利，藏敛钱财，是违背大道之举，必然没有好下场，正如第四十四章所言："是故甚爱必大费，多藏必厚亡。"

将帅肩负着统领众将士打败敌人、保家卫国的历史重任，自身也经受着生死的考验。如果贪恋财利，不仅分散精力，而且还会败坏军风，上行下效，必然大大减损军队战斗力。节俭是老子倡导的"三宝"之一，第六十七章说"俭，故能广"，第二十九章言"是以圣人去甚，去奢，去泰"。凡事俭省爱惜，便能富足宽裕；将帅去除极端的、奢侈的、过度的行径，就能节损军费开支，保全更多士卒的性命，从而以实际行动表明不乐杀好斗逞强。不贪求财货之利，懂得俭省爱民爱兵，这样的将帅清廉正直。由他统领治理的军队也一定纪律严明，斗志旺盛，战无不胜。"是以圣人方而不割，廉而不刿，直而不肆，光而不耀。"② 为人方正而不伤害别人，为人清廉而不贪取财物，为人直率而不放肆，为人光明磊落而不炫夸，这是得道圣人的品行风范，当然也应该是统兵将帅的品行风范。

第五，将帅应该功成身退，不贪求功名利禄。老子说"道冲，而用之或不盈"，只有大道才称得上充实圆满，而习道者只能守虚不盈。所以，做人要懂得知足知止，凡事不能过于盈满。第九章还列举了实际生活中一系列盈满致祸的情形，比如：锋芒毕露者必然遭到别人的嫉妒与排斥而不能使锐势保持长久，金玉满堂富甲天下者却难保不被人劫夺更不能超越生死而永远守藏这些身外之财，富贵者常因骄奢淫逸而自取祸殃。于是，"功遂身退，天之道"，便自然成为最符合逻辑的结论和人生选择。

再从大道无为不争的本性来看，"万物恃之而生而不辞，功成不名有，衣养万物而不为主"③。虽然万事万物都依赖大道而生长，并且道对万物的渴求从不谢绝推辞，但大道却从来不把万物生长之功据为己有。得道的圣人，"处无为之事，行不言之教"，对待万事万物的态度同样应该"生而不有，为而不恃，功成而弗居"。正是因为圣人大功告成却退而不居其功，也不占有任何荣誉，所以能保平安和身名不失④。在战争中因用兵有方而打败敌人、建立卓著功勋的将帅，通常被人们赞颂为英雄而声名显赫，最容易出现功高震主的情

---

① 《老子》第十二章、第六十四章。
② 《老子》第五十八章。
③ 《老子》第三十四章。
④ 《老子》第二章。

况，更何况他们手握重兵，号令三军，如果长期据有功名，稍有不慎，便可能惹来杀身之祸。

在中国古代历史上，立下汗马功劳的开国元勋多有被杀或遭废黜贬逐者。从西汉初年的韩信、彭越、英布，到明朝开国之初的胡惟庸、李善长、蓝玉等，均以所谓"谋反""谋不轨"罪而被诛杀。北宋太祖赵匡胤"杯酒释兵权"，在酒宴的欢快友好气氛中，他告诉那些功勋卓著的将帅们：人生如白驹之过隙，所谓富贵追求不过是多积金钱，厚自娱乐，同时能使自己的子孙没有贫穷受苦之忧，"尔曹何不释去兵权，出守大藩，择便好田宅市之，为子孙立永远不可动之业，多置歌儿舞女，日饮酒相欢以终其天年。我且与尔曹约为婚姻，君臣之间，两无猜疑，上下相安，不亦善乎！"他采用奖励钱财、委任地方行政职务以及与皇室联姻等手段，迫使石守信、高怀德等人交出兵权，"皆罢军职"①，算是没有流血的文明温和之举。

不管是汉高祖刘邦、宋太祖赵匡胤、明太祖朱元璋，还是其他的皇帝或君王，他们采取如此非常措施，固然是为了维护中央集权，是稳固其江山统治所需，但部分勋臣居功自傲，行为不检点，也是重要的影响要素。

因发动陈桥兵变而黄袍加身的赵匡胤，在酒会上似醉非醉地对高级将领们说："汝曹虽无异心"，但你们的部下中却难以断言没有图谋求取富贵者，一旦哪天他们把黄袍也加在你们的身上，"汝虽欲不为，其可得乎？"宋太祖这一番寓意深刻的故意假设，一方面说出了他的担心，另一方面也的确讲到了完全可能出现的情况，他不就是这样走上皇帝宝座的么？在欲望的驱使下，有谁能保证不会出现第二个陈桥兵变呢？

朱元璋立国伊始，与群臣讨论前代兴亡之事，称丧乱的根源就在于骄逸，"大抵居高位者易骄，处逸乐者易侈。骄则善言不入而过不闻，侈则善道不立而行不顾，如此者未有不亡"。他警诫文武勋臣不可仿效韩信、彭越，"事主之心日骄，富贵之志日淫"。洪武四年（1371），朱元璋又召集诸勋臣，劝谕他们说："今卿等功成名立，保守晚节正当留意。"②他的话是有一定依据的，明朝初期确有不少开国功臣恃功骄恣，潜越礼法，做出不少违法之举。他们放纵所赐公田、庄田的属僚"多倚势冒法暴乡里"，甚至纵容儿子、侄子以及庄奴杀人夺田，接受投献，隐瞒差役，凌暴乡民，既加深了社会矛盾，又损害了朱氏王朝的利益，危及政权的稳固与社会和谐。

无论是历代皇帝君王们的顾虑，抑或勋臣们自身的骄横跋扈，都可归结为

---

① 《续资治通鉴长编》卷二"建隆二年七月"。
② 《明太祖洪武实录》卷二九、卷七〇。

123

一点：那就是这些曾经驰骋疆场、叱咤风云的将帅们，如果不能超越名利之争，及时功成身退，那么，或者身陷囹圄，或者身首分离甚至被株连九族的厄运就极有可能降临。所以，老子很早就以智人的情怀谆谆告诫他们："功遂身退，天之道。"然而，历史的悲剧却一再重演，要么是这些悲剧的主角们得了健忘症，要么是他们根本就没有读过《老子》，当然也就没能记住那些穿越时空的亘古名言！

春秋末年的范蠡，是践行"功遂身退""功成而弗居"者中少有的杰出代表。这位鼎力帮助越王勾践消灭吴国，一洗会稽之耻，并实现称霸诸侯伟业的上将军，在越王勾践举行的盛大庆功会上却没了踪影。尽管后来勾践找到他说："孤将与子分国而有之。"并以杀戮其妻子儿女相威胁，但范蠡去意已决，称"君行令，臣行意"，毅然带着财宝珠玉和私人随从，乘一叶扁舟远涉三江，入五湖，"变名易姓"，做起了买卖货物、经营产业的行当。临行前，范蠡给他的好友、复兴越国的另一位功臣文种写信说：凡物盛极而衰，只有明智的人能够深刻地洞悉进退存亡之道，从而使自己的所作所为不超过应有的限度，"飞鸟尽，良弓藏；狡兔死，走狗烹"。越王这个人"长颈鸟喙"，能忍辱但亦妒功，并不乐意功归臣下，"可与共患难，不可与共安乐"。他提醒文种"子今不去，祸必不免！"① 文种读罢来信，心中怏怏不乐，于是称病不朝。事情后来的发展果然如范蠡所预料的那样，在完成灭吴和称霸大业最初的狂喜渐渐消退之后，越王勾践与旧臣们日益疏远，计倪被逼得假装疯了而辞职，曳庸等也大多告老还乡，文种则因谗言而被赐剑自裁。

从根本上讲，文种不免杀身之祸，是由于他不懂得守虚不盈的道理，或者说知而不行，对功名利禄这些身外之物难以释怀，最终丢了卿卿性命。而作为老子的再传弟子，范蠡的脑海中却装满了"天道盈而不溢，盛而不骄，劳而不矜其功"，"赢缩转化……天节固然"②，"大名之下，难以久居"③ 等名言警句，所以能及时隐退，终保平安，真正实现了老子所称道的"功成而弗居"。

抛弃功名且远离官场的范蠡，来到滨海之邦齐国，"苦身戮力，父子治产"，没过多久，便积聚了数十万财富。齐人"闻其贤"，专门送上宰相大印，希望他出来主持齐国政事。而范蠡认为"久受尊名，不祥"，遂归还相印，将大部分财物分给当地百姓，第二次辞官远行，继续去念他的生意经。这一次，他选择了居"天下之中"、交易有无四通八达的货物集散中心陶（今山东定陶

① 《史记·越王勾践世家》。
② 《国语·越语下》。
③ 《史记·越王勾践世家》。

西北）。在他的苦心经营下，十九年内，"三致千金"，又成了富甲一方、赫赫有名的大富商，人称"陶朱公"。在战乱纷纷的春秋时代，范蠡一生三次迁徙，虽出身贫贱，却博学多才，聪敏睿智，胸藏韬略，史学家司马迁称"范蠡三迁，皆有荣名"，世人赞誉他："忠以为国，智以保身，商以致富，成名天下。"只因功成而不居功，范蠡所以能保其身名不失，并成就千秋佳话。唐朝诗人颇有感慨地写道："谁解乘舟寻范蠡，五湖烟水独忘机。"唐人之问，老子可解。

2. 慈爱怀柔，战守俱成

军队的主体是士卒。在所有的战争中，他们均以自己的血肉之躯冲锋陷阵，去实践将帅们的用兵方略。"一将功成万骨枯"，是千千万万普普通通士兵们的热血升腾为将帅头顶上耀眼夺目的光环。离开了士卒，再高明的将帅也不过是个光杆司令，要想夺取战争的胜利是根本不可能的。只有紧紧依靠广大士卒，同仇敌忾，万众一心，才能打败敌人，奏响胜利的凯歌。因此，怎样处理好将士关系，如何才能最有效地调动起士兵们的战斗激情，便成为治军的重要内容。

老子认为，将帅应该对士卒施以慈爱怀柔。第六十七章说："我有三宝，持而保之。一曰慈，二曰俭，三曰不敢为天下先。慈，故能勇；俭，故能广；不敢为天下先，故能成器长。今舍慈且勇，舍俭且广，舍后且先，死矣！夫慈，以战则胜，以守则固，天将救之，以慈卫之。"关于"俭"和"不敢为天下先"，我们在前面已有所论及。"慈"就是慈爱、仁爱，如慈母之于弱子，总要想办法务必使他得到幸福并驱除其灾祸。老子将"慈"置于"三宝"之首，是告诫居上者对属下要慈悲怜爱为本，具体说来就是要爱惜他们的宝贵生命，不能将他们随意驱迫于战场这样一些必死之地；要关心他们的生活疾苦，使他们感到犹如慈母的慰抚。士卒是穿上甲衣的百姓，承担着保家卫国的重任，特殊的身份使他们随时可能开赴战场而有性命之忧。统兵的将帅们如能给之以更多的关怀和挚爱，士兵们就会勇气倍增，斗志高昂，使军队战斗力大为增强。如此一来，进攻就一定气势如虹摧枯拉朽，防守则必然固若金汤牢不可破。上天假如要救助谁的话，也肯定是用慈爱来护卫他。

老子痛惜他所处的那个时代已经没有了慈悲之心、爱怜之举，各诸侯国君们为了争霸天下，不惜诉诸武力。战火硝烟中，到处是尸横遍野，到处是血流成河，实在是人间悲剧和必死之路。但老子对君王和将帅们仍寄予厚望，期求他们能迷途知返，多给士卒们一些慈爱，这样即便是战争不可避免，也能多一份获胜的把握。而打败敌人取得御敌自卫战争胜利，则能迅速结束战乱，使社会复归安宁祥和之境。如何才能锤炼一支在战场上能够奋勇杀敌制胜的军队进而达到这个目标呢？"故抗兵相加，哀者胜矣。"河上公注解："哀者，慈仁士卒不远于死。"魏源则解释为"由慈而发者，为哀之则"。楼宇烈说王弼注的本意也是慈爱。由此可见，哀兵不仅仅是弱小之军或者被打败的残兵，极端不利的生存处境更使他们彼此怜惜关照而充满了慈爱，将士同心，因爱生勇，恃勇而强，所以常常能绝处逢生，反败为胜，打败强大而骄纵者。哀兵必胜，骄兵必败，这已成为一条重要的战争规律。哀兵实则慈兵。

老子以慈爱怀柔治军的思想，为历代兵家所继承和发展。

孙武十分看重士卒对将帅的亲近依附，认为"卒未亲附而罚之，则不服，不服则难用。卒已亲附而罚不行，则不可用。故合之以文，齐之以武，是谓必取"①。其意是说士兵们未亲附之前就惩罚，他们肯定会不服，不服就很难使用。士兵们亲附之后如果不能依法惩处违犯者，也不能使用。所以要用"文"的怀柔手段来使他们团结亲爱有凝聚力，以"武"的军纪军法来使他们的行动整齐划一，这样训练出来的军队才能在战场上获得必胜。那么，又怎样才能得到士卒们的"亲附"呢？《孙子兵法·地形篇》讲："视卒如婴儿，故可与之赴深溪；视卒如爱子，故可与之俱死。"答案原来就是发扬老子的慈爱之心！

孙膑要求各级将领务必爱护和敬重士卒，应"〔视之若〕赤子，爱之若狡童，敬之若严师。"②

《六韬·龙韬·励军篇》提出，将帅随时要清楚地了解到士兵们的冷热、饥饱、劳苦，最好的办法就是"将与士卒共寒暑、劳苦、饥饱"。这样就能使士卒们感到恩泽，虎奋鹰扬，"闻鼓声则喜，闻金声则怒"。如果将士们都喜欢听到进军的鼓声而讨厌鸣金收兵的话，这样的军队一定士气高昂，个个奋勇争先，取得战斗胜利也就成为必然的结果了。

《尉缭子·战威篇》说，艰苦辛劳的事情，将帅必须首先自己动手去做，酷暑天气不张遮阳伞，严寒冬天不加穿衣服，险要之地必须下车步行，军井凿成必后于士兵而饮水，军餐做好必后于士兵而用饭，军营筑成必后于士兵而驻宿，劳苦安逸必定要亲身同于士卒，"如此，师虽久而不老不弊"。这是在着力强调将帅要以身作则，要与士卒同甘共苦，使慈爱怀柔治军具体化，形象化，易于操作实践，更能凝聚军心，提高军队的整体战斗力。

在古代战争史上，以慈爱怀柔治军而名垂青史者甚多。

吴起在魏国做将军时，与最普通的士兵们穿同样的衣服，吃同样的饭菜，晚上睡觉不用专门的帷席，行军不骑马乘车，并亲自携带作战口粮，以分担士

---

① 《孙子兵法·行军篇》。
② 《孙膑兵法·将德篇》。

兵的劳苦。有士兵长了毒疮，吴起不顾脏臭，跪着为他吮吸脓液，并且亲自为他调药治疗。士兵们都感激吴起的大恩大德，将他视同父亲，个个摩拳擦掌，愿跟随他赴汤蹈火，死而后已。吴起爱恤士卒，不仅博得善于用兵、廉洁公平、"尽能得士心"的美誉，而且使其统领的军队成了骁勇善战的雄师，出师大捷，"击秦，拔五城"①。

西汉名将李广治军清廉，家无余财，"得赏赐辄分其麾下，饮食与士共之"。率军北击匈奴时，生活条件相当艰苦，大军不时陷入断粮缺水的困境。每当找到水时，士卒不尽饮，李广绝不近水；用餐时，士卒不吃饱，李广也绝不尝食。"宽缓不苛，士以此爱乐为用。"② 正因为如此，在面对数十倍于自己的强敌时，李广才能与随从的一百余名骑兵同心同德，临危不惧，以无可匹敌的气势震撼住了匈奴铁骑。

雄才大略的唐太宗李世民也是一位身经百战的统帅。在多年的戎马生涯中，他对部下恩爱有加，军内无人不知，无人不感动。公元644年，他亲自领兵东征高丽，驻于定州（今河北定县），对士卒"亲慰抚之"。有一士兵卧病在床，太宗至床前，细细"问其所苦"，命州县官吏厚加供给医药补品，助其早日康复。所有出征将士，见此情形，莫不为之"欣然"，即使有病痛者，也"悦以忘疲"。进驻白岩城（今辽宁辽阳东北）后，右武卫将军突厥人李思摩在战斗中被敌人的毒箭射中，唐太宗亲自为他吮吸污血，让跟随出征的文武臣僚感动得"竞思奋励"。撤军回驻柳城（今辽宁朝阳）时，唐太宗又收集阵亡将士的遗骸，专设太牢大礼，举行隆重的祭祀追悼大会，"太宗恸哭尽哀，军人无不洒泣"。士兵们回到家把唐太宗爱恤部下的故事告诉亲朋好友后，他们的父母都说："吾儿之死，天子哭之，死无所恨。"③ 唐太宗一路出征，一路播撒慈爱，使出征将士连同他们的父母家人都深感皇恩浩荡。尽管此次东征高丽失败，但李世民治军爱兵之情景，于此可见一斑。

宋代岳飞率领的军队，被金人叹为"撼山易，撼岳家军难"。这支英勇善战的岳家军是如何炼成的呢？史书记载，岳飞平日治军，凡士卒中有生病者，必"躬为调药"；诸将远征，则派自己的妻子"问劳其家"；对战死的将士，"哭之而育其孤"；盛夏季节，行军于瘴疠之地，"抚循有方"，士卒因之而无一死于瘟疫者；"凡有颁犒，均给军吏，秋毫不私"④。作为统帅的岳飞，治军如此体贴爱抚，怎能不获得将士们的衷心拥戴？而在如此熔炉中锻铸的岳家军又

① 《史记·孙子吴起列传》。
② 《史记·李将军列传》。
③ 《通典》卷一五二。
④ 《宋史·岳飞传》。

焉能不所向披靡！

爱兵才能用兵，有怀柔方可立威。老子不是兵家，但他从大道之根本中体会出的这些天才思想，却是兵家以及其他各家治军治国治世永远取之不竭的源泉。

3. 知和曰常，和众制胜

"天时不如地利，地利不如人和"，这是一句流传千年的名言。它几乎同时出现在战国时期的《孟子·公孙丑下》和《尉缭子·武议篇》中，而《孙膑兵法·月战篇》也有十分明确的"天时、地利、人和"之说。人和万事兴，早已成为我国人民的一个优良传统和吉祥颂语。

"人和"在军事上的运用，就是军队内上上下下各方面之间协同奋战，和衷共济；军队与地方、军民之间团结一心，风雨同舟。从战国时期往上追溯，《孙子兵法·谋攻篇》把属于治军范畴的和众思想表述为"上下同欲者胜"，而孙武之前的老子则公开宣言"知和曰常"。

第四十二章是老子的宇宙生成论。他说："道生一，一生二，二生三，三生万物。万物负阴而抱阳，冲气以为和。"据《庄子·田子方》和《淮南子·天文训》的理解，这里的"和"是指阴、阳二气合和的均调状态。纯粹的阴气太肃杀，纯粹的阳气又太炽盛，只有二者合和，才能生长万物。没有"和"，就没有生机与活力；有了"和"，就有了生命的起始、延续和旺盛的精力。第五十五章言"终日号而不嗄，和之至也"。初生的婴儿整天号哭，但他的声音仍不嘶哑，这就是他保有道之太和真常元气的缘故啊。所以，老子要人们牢记"和"的道理，"知和曰常，知常曰明"，懂得阴阳合和就是懂得道的长久法则，而懂得道的法则就是明于事理。

"和"的实际运用，就是凡事要和谐统一，和睦共处。第五十六章在论及"玄同"最高境界时，有"和其光"之说。灯光（或阳光）照射物体，总有照射到的一面和照射不到的另一面，只有把两者都统一起来，才能完全回复到光明的"混成"状态，这是在讲和谐统一；第十八章言"六亲不和，有孝慈"，父、子、兄、弟、夫、妇彼此不团结而闹纠纷，才凸显出孝慈的意义与可贵，这是在讲和睦共处。虽然老子没有直接以"和"论治军，但依据"大道泛兮，其可左右"，万事万物都依赖道生长而它从不拒辞的道理，和谐统一、和睦共处的原则理所当然地在治军方面大有用武之地，自孙武之后的历代兵家因此直接将它视为重要的治军法宝。

吴起认为，用兵打仗"有四不和"，则不可言战，即使开战也不可能取胜。这"四不和"分别是："不和于国，不可以出军；不和于军，不可以出陈；不和于陈，不可以进战；不和于战，不可以决胜。是以有道之主，将用其民，先和而造大事。"① 国内不团结一心，不可以出军打仗；军队内上下不统一，不可以列阵；战阵内各部行动不协调，不可以出击迎战；各方面对是否战、怎样战意见不一致，就一定不可能决战胜利。所以，有道的明智君主，要征用他的民众调集他的军队进行战争，务必要首先做好各方面的协调工作，使万众一心，才能成就大事。这里对"和"在战争中的具体运用论述得相当全面，从一国的君臣到普通民众，从军队将士到阵法队列涉及的各个作战分部等，充分体现出用兵打仗是一个国家大事的特点。

宋代的许洞接着吴起的观点继续论述说："欲谋胜敌，先谋人和。"人和的核心是"先务三和"。"何谓三和？曰：和于国，然后可以出军；和于军，然后可以出阵；和于阵，然后可以出战。国不和则人心离，军不和则教令乱，阵不和则行列不整。不先务此三和之道，何其可战耶！"② "三和"归结起来，实际上是两和，即军队内部的和、军队与军外的军政之和、军民之和。

作为直接统兵的将帅，以和治军，就是要使众将士团结和睦，同命运，共患难，一切行动听指挥，步调一致才能得胜利。《尉缭子·战威篇》说，将帅必须本着自身的表率作用来激励全体将士，使战场指挥如同大脑支配四肢那样行动自如。而只有上下团结一心，"使什伍如亲戚，卒佰如朋友"（什、伍、卒、佰，均为春秋战国时军队的编制单位），才能行动一致，"止如堵墙，动如风雨"，战车驱使不错乱，士卒不后退。明朝的何良臣在《阵纪》卷一《束伍》中更进一步要求：领兵将领与一般士卒务必"情同父子，义若兄弟，疾病相扶，患难相救，寒暑饥饱，苦乐均之。不得倚强梁而凌卑弱，恃先进而欺后来"。上阵亲兄弟，打仗父子兵，古人以此比喻军队内部的和谐协作关系，真是形象又生动。

"将相和"是我国古代改善军政关系的成功典范。战国时，赵国大将廉颇曾率兵大败齐国，在国内享有崇高威望，人称"良将"，官拜上卿。蔺相如出身贫贱，但有非凡的外交才能。在秦王强索"和氏璧"的情况下，他出使秦国而"完璧归赵"，又在赵王与秦王渑池相会时以凛然正气力挫秦国的强权威逼，维护了赵国的利益。赵王于是也拜他为上卿，地位高于廉颇。由此，自恃功高的廉颇心理不平衡了，他说："我为赵将，有攻城野战之大功，而蔺相如徒以口舌为劳，而位居我上，且相如素贱人，吾羞，不忍为之下。"进而公开放出口信："我见相如，必辱之。"蔺相如听说后，为避免与廉颇发生位次排列之争

---

① 《吴子兵法·图国篇》。

② 《虎钤经》卷三。

而屡屡称病不上朝廷，出门望见廉颇的车，就立即下令让自己的车躲避或者藏匿起来，对廉颇盛气凌人的举动一再忍让，以至于手下人都感到是耻辱。蔺相如解释说，他这样做并不是因为惧怕廉颇，而是以国家利益为重，强大的秦国之所以不敢发兵攻赵，"徒以吾两人在也"。现在，假如二人之间不团结和睦，彼此"两虎共斗"，结果一定是两败俱伤。若出现这种状况的话，一直虎视眈眈的秦国则有了攻赵的机会。"吾所以为此者，先国家之急而后私仇也。"廉颇闻讯后幡然省悟，对自己的鲁莽行为深感惭愧，主动前往蔺相如家负荆请罪。二人尽弃前嫌，言谈甚欢，并以此结为刎颈之交①。此后，他们密切合作，不但秦国不敢对赵轻举妄动，而且赵军在对齐、魏、秦的战争中连连获胜。

"引车趋避量诚洪，肉袒将军志亦雄。今日纷纷竞门户，谁将国计置心中？"明末小说家冯梦龙在《东周列国志》中写的这首诗，以廉颇蔺相如交往风波的故事充分说明：将相和，是国之大利；将相失和，是国之大害。汉朝初年著名政治家陆贾则说："天下安，注意相；天下危，注意将。将相和，则士豫附。"② 从一个国家的角度来讲，只有将相同心协力，天下将士与百姓才会乐于归顺和紧紧跟从；而只有军民团结，才能真正做到国泰民安，否则就会有发生动乱和国家分裂的危险。

在生死搏斗的战场上，拥有"人和"的一方，不管处于什么样的劣势，终归能克敌制胜；反之，上下不和，各自为政，即便有再多的军队再精良的武器，也难逃战败的厄运。据《明太祖实录》卷十三下记载，公元1363年，朱元璋率军二十万从应天（今江苏南京）溯江而上，前往洪都（今江西南昌）解救已被陈友谅围困八十五天的朱文正部。当时，陈友谅号称拥有六十万大军，水军战船高数丈，分上下三层，分别以混江龙、塞断江、撞倒山、江海鳌等命名，气势强盛。然而，两军在鄱阳湖大战三十六天的实际结果，却是陈友谅被射死，其六十万大军几乎全军覆没。战斗结束后，一些部属感到迷惑不解，因为他们都熟知"自古水战，必得天时、地利，乃可为胜"，就像三国时赤壁之战周瑜大破曹操，"因风水之便（所谓诸葛亮巧借东风，黄盖施'苦肉计'而使曹军用铁环连船），乃能胜之"。而今陈友谅军人数远远超过朱元璋部，并且其居鄱阳湖处长江上游"以待我"，不仅得"地利"之便，还以逸待劳得"天时"，却反被击败，实在有点搞不懂了。面对下属的疑问，朱元璋分析其中原委说："汝不闻古人所谓'天时不如地利，地利不如人和！'"陈友谅败就败在军内不和，他虽然兵众人多，但"人各一心，上下猜疑"。由于征战连年，屡

---

① 《史记·廉颇蔺相如列传》。

② 《汉书·陆贾传》

败无功，不能树立威信，发兵出击又今天劳于东、明天驰于西，弄得将士不知所措，"失众心也"。用兵打仗贵在趋时而动，将帅要善于捕捉战机，不动则罢，动就要出击迅猛，以威猛之师加上正确的战略战术运用，就一定能获胜。我们这次出征，尽管兵力不如陈友谅军强大，却是"以时动之师威不震之虏，将士一心"，人人奋勇，个个以一当百，就像雄鹰出击，鸟蛋鸟窝全都遭到倾覆一样，这就是陈友谅军被打败的根本原因。朱元璋一番侃侃而谈的宏论，深刻揭示出和能克敌的真理，"诸将皆叹服"。

4. 诚信治军，军可立威

要实现"人和"，首先要施以诚信。只有诚信待人处事，才能得民心，得军心，进而使上下精诚团结，和睦共举。

《老子》第十五章说："敦分其若朴。"敦厚诚实，看起来就像未经雕琢的原木。老子是主张"见素抱朴"的，就是要求人们恢复和保持这种纯真质朴的天性。而纯真质朴必然外露为诚实守信用。第四十九章讲："信者吾信之，不信者吾亦信之，德信。"得道的圣人对任何人都是以诚信相待，无论是守信用的人还是不守信用的人，均如此。在圣人诚信的感召下，那些不守信用的人最后也都归于诚信，于是人人都得以守信。对于管理国家的执政者和统军御敌的将帅们来说，"信不足，焉有不信焉"①。假如他的诚信度不够，人民或者兵士们就不会相信他。那么，怎样才能做到有诚信呢？

首先，要"贵言""信言"，也就是说话要算数。第十七章上讲："悠分其贵言。"贵重言语，诚信处事，其中的寓意实在太深远了。正是由于说了就要做，发了号令就必须执行，所以，圣人通常是少说话，以显示其慎重、贵重，绝不会很随意地颁布政令。第二十三章"希言自然"，第五章"多言数穷，不如守中"，都是讲的这个道理。老子强调"轻诺必寡信"，不加周密思考随随便便就许诺的事一定缺少信用。同时，花言巧语也是不足信的，真正诚信可依的话肯定是非常朴实简单明了的，此便是《老子》最末一章中所谓"信言不美，美言不信"。只有如第八章所述"言善信"，说话的人谨守信用，不假、大、空，说出的话才有分量，听者才会相信并依照行事。

其次，要"善行""美行"，即善于行"不言"之教，按照道的法则处"无为"之政，尤其是要坚守"为而不争"的圣人之道。第二十七章说："善行无辙迹。"依据大道来治理行事，一切都是自然而然的，所以没有任何不同寻常的痕迹。第五十三章又说："行于大道，唯施是畏。"在践行大道的过程中，必

---

① 《老子》第十七章、二十三章。

须小心谨慎，切勿背离道的法则。只要认真遵从大道，久而久之就必然会受到世人的敬重，人们会感觉到你是一个办事稳重、有诚信的人，即便千里之外也会响应你，这就是第六十二章所谓"尊行可以加人"。以自己遵从大道的良好行为来取信于人，实际上就是以身作则求诚信。这种诚信之举，体现在方方面面。作为君主，就是要诚信治国；作为各级官员，就是要诚信理政；而作为统兵的将帅、将领，就是要诚信治军。

以诚信治军，首要的是将帅对部属要真诚相待，开诚布公。《淮南子·兵略训》讲："将不诚心，则卒不勇敢。"东汉光武帝刘秀起兵之初，连战马都无一匹，只能骑牛从军。但他在公元 23 年十月被刘玄派往黄河以北招募、收编农民起义军后，很快就发展到几十万人。其中的重要原因，就在于他能推心置腹，团结将士，连投降过来的士兵都相互传颂说："萧王（刘秀曾被更始帝封为萧王）推赤心置人腹中，安得不投死乎？"①《三国志·蜀书》记载：诸葛亮随刘备入川后，"开诚心，布公道"，对蜀中原有将士、各地投诚将士以及自己先前的将士均以诚相待，使各方密切合作，军事上因之而节节取胜，为蜀汉政权的最终建立奠定了坚实的基础。

诚信治军的另一层含义，是言必信，信必果，赏罚严明，令行禁止。诸葛亮挥泪斩马谡的故事读来令人伤心落泪，但它同时也反映出这位天才军师的诚信治军风范。公元 228 年，诸葛亮挥师北上，大举进攻曹魏，图谋实现他在"隆中对"时早已定下的北伐曹魏、统一中国的壮举。蜀汉大军号令严明，"戎阵整齐"，兵锋所指，南安、天水、安定三郡（今甘肃东南、陕西西部一带）原曹魏属地，纷纷起兵响应，"关中响震"。然而，在关键的街亭决战中，蜀军却惨遭失败，诸葛亮不得不收兵退回汉中，第一次北伐失败。街亭战役的主将马谡，博览群书，才气过人。诸葛亮出征平定南中时，他相送数十里，提出"攻心为上，攻城为下"的斗争策略，希望"早服南人之心"，自此深得孔明青睐，二人私交笃厚。街亭战前，马谡积极请缨出战，并立下军令状。尽管刘备临终遗言"马谡言过其实，不可大用"，但诸葛亮还是命他为主将，委以大任。备战街亭，马谡在战术上出现明显失误，他将军队驻扎在离水源较远的山头上，结果被魏军围困后军心动摇，阵脚大乱，双方混战时又擅自弃军逃跑。在事后的处理中，按照"犯法怠慢者虽亲必罚"的原则，诸葛亮将立有生死军令状的马谡处以死刑，并"请自贬三等"，以示对他自己用人不当、督责不严的惩罚，而对副将王平在撤退中井然有序、徐徐收合被打散的各部将士平安而归则给予褒扬赞赏。以信为本，赏罚分明，执法公允，是诸葛亮治蜀、治军的一

---

① 《后汉书·光武帝纪》。

贯原则，正如他在《将苑·厉士篇》所说："夫用兵之道……接之以礼，厉之以信，则士无不死矣。"除马谡外，李严、廖立原本都是诸葛亮敬重的栋梁之材，后来均以罪过被削职为民和贬逐边远山区；而蜀人杨洪、何祗虽然资历较浅，但因为政绩突出，都受到提拔重用。所以，《三国志》的作者陈寿称赞诸葛亮"科教严明，赏罚必信，无恶不惩，无善不显"。正是由于诸葛亮能诚信治军、治国，深得蜀汉军民拥护，蜀国虽偏安西南，国力和疆土远不及曹魏、孙吴，却能在三国鼎立中独占一席，并且整个社会"吏不容奸，人怀自厉，道不拾遗，强不侵弱，风化肃然也"，而诸葛亮自己的人生也在中国历史上写下了极其光辉的一页。

事实上，许多兵家对号令必行、赏罚必明这一诚信治军原则都有所论及，且极为重视。

孙武说："令素行以教其民，则民服；令素不行以教其民，则民不服。令素行者，与众相得也。"① 所谓"令素行"，就是始终如一地有令必行，严格奖惩，这样才能使士卒信服，上下齐心协力共同对敌；反之，有令不行，或者执行时前后不一，就会极大地降低军令军纪在将士们心目中的权威性，严重影响军队的整体协调行动。

孙膑在其所著兵法要籍的《篡卒篇》中，将信赏视为军中的头等大事，它甚至超过了臣民对君主、下级对上级的忠诚。"……□□令，一曰信，二曰忠，三曰敢。""信者，兵〔之〕明赏也。"如果对战场上英勇杀敌立功的将士不履行奖赏的诺言，就会失信于众，以后就再没有人会忠实地遵行号令了，其原话是"不信于赏，百姓弗德"。

尉缭子坚决反对政令、军令朝令夕改，认为"令者，一众心也。众不审，则数变；数变，则令虽出，众不信矣"。军规条令本用于统一全军将士的思想，协调其行动，如果经常变更，不但要引起混乱，而且不能取信于众。"故〔出〕令之法，小过无更，小疑无申。"对已经颁布执行的法令，即使有小的错误也不要随时更改，有小的疑惑也不要随随便便地申明解释，为的是保持法令的相对稳定性和可信度，使"众不二听""众不二志"。只有这样，才能让将士们随时随地听从将帅的统一调度和指挥，达到步调一致②。

明朝何良臣对如何贯彻诚信、怎样做到赏罚分明从而更有利于治军用兵，从以下几个方面进行了更为深入的探讨：

其一，总的原则是赏罚既不可以疏略，也不可以太多太滥，既不能过重也

① 《孙子兵法·行军篇》。
② 《尉缭子·战威篇》。

不能过轻，"赏轻则人心不劝，罚轻则人心忘惧；赏重则人心侥幸，罚重则人心无聊"。

其二，不能因为功小，就不奖赏。如果这样的话，士兵们就不会想到要立更大的功，他们杀敌的动机就会减弱，"则大功不立"。

其三，赏和罚都必须有根有据，不能奖赏无功之人，也不能处罚无罪者。否则，士兵们就会因为有人无功受赏而心生不平和怨恨，因为有人无罪受罚而内心不服，如此就会出现属下背叛上级的情形。

其四，主张严刑和信赏，不能让士兵"轻刑而忽赏"。"轻刑则将威不行"，只有严厉刑罚，才能使众将士认清违抗军令触犯法规是"必死之路"；"忽赏则上恩不重"，只有"信赏"，即诚实地严格奉行有功必赏，才能打开获取战争胜利的"必得之门"。

其五，赏罚决定由军中主将根据相关法规做出，"必持至公"，不容军中有人私下议论，说三道四。

其六，凡经"耳目见闻"查实而实施的赏和罚，绝不允许任何人干预阻拦。"凡赏有功而有干请不赏者，斩；凡罚有罪而有干请不罚者，诛。"

其七，军中无二令，也不允许实施赏罚的将帅假公济私或者公报私仇，"亦不得市私恩，借公议也"①。

何良臣对诚信赏罚的阐述，从严格树立将士们有功必赏、有过必罚的治军理念，到将帅必须依法秉公执行和全军将士必须绝对服从，再到防范有人可能通过权力或各种关系进行干预，可谓系统而周密。其根本目的在于通过严明赏罚真正达到立诚信、治军容、树军威，进而提高军队战斗力，使军队能够打仗，善于获胜。

老子说"悠兮其贵言"，军人讲"军中无戏言"。毫无疑问，历代兵家们关于诚信治军问题的精辟见解，是对老子"见素抱朴""信言"等哲学思想在军事领域的直接继承和发展。

5. 圣人终日行，不离辎重

吃饭穿衣是人们最基本的生活需求，古人早有"民以食为天"之说。战争虽然直接表现为千军万马的相互搏杀，但"兵马未动，粮草先行"却是人们所熟知的军事常识。

相传神农氏曾留下过这样一条教令："有石城十仞，汤池百步，带甲百万，

---

① 何良臣《阵纪》卷一《赏罚》。

而亡（通"无"）粟，弗能守也。"① 修筑的城池再坚固，训练的军队再多，如果没有粮食，是绝对守不住的，当然更谈不上进攻了。以粮草为核心的后勤保障，向来是军队建设的重要组成部分，也是军事行动的重要环节。

《周礼·夏官》中列有"挈壶氏"官，其职责是"掌挈壶以令军井，挈辔以令舍，挈畚以令粮"。这是一个专门掌管军队将士吃饭、喝水、住宿的官职，它说明至迟在夏王朝时期我国军队中已经有了单独的后勤保障系统。除粮草之外，戈、矛、弓、矢、甲胄等兵器和战车等装备的配给，也是后勤保障的重要内容。"工欲善其事，必先利其器。"军械乃"三军性命所系，国家地方安危所关"，兵器不锐利充足，在本质上与手无寸铁者相同。主张强兵武备的北宋思想家李觏说："兵矢者，军之神灵也。"②

在古代战争中，粮草、军械等后勤物资的供应与保障，通常统称为辎重、军实、军资、军用、军需、委积、粮草、粮饷等。

老子说："重为轻根，静为躁君。是以圣人终日行，不离辎重。"③ 稳重是轻率的根基，静定是躁动的主宰。因此，圣人整天出行在外，须臾也离不开粮草器械。先秦时期，日行军三十里称为"一舍"，就是说每天行军三十里路后就要驻扎下来，其中原因除了车战需要保持阵形齐整、行动迟缓外，最主要的就是为了确保辎重后勤供应。若军队贸然前进，远离后方，粮草等供应不上，那就极端危险了。在老子看来，这就是轻举妄动和不持重的表现，也就从根本上违背了大道法则，必然遭到失败。

公元 1044 年，辽兴宗亲率十六万余大军分三路渡过黄河进攻西夏，双方在河曲（今内蒙古鄂尔多斯市）地区发生激战。西夏国王元昊佯装败退，让辽军"入夏境四百里"，后勤供应线拉长。等到辽兵越来越多地进入西夏境内后，西夏又故意"请和"，并再次后退十里。辽军北路总指挥韩国王萧惠认为战场形势十分有利于辽军，便对西夏的议和要求一口谢绝。而西夏"如是退者三，凡百余里矣"。在战术性后退中，西夏军每退到一个地方，必将沿途草地完全烧光，使"辽马无所食"。在粮草供应越来越艰难的情况下，辽军不得不同意西夏曾经提出的议和要求。可是，原本就属于诱敌深入、以退为进、用计疲敌的西夏军，此时却对议和采取了"迁延"也就是拖的对策，"以老其师"。在漫长的战线上，辽军苦不堪言，战马成批成批地因为草料缺乏而病倒、饿死，将士们士气低落。至此，西夏军大举反攻的时机已完全成熟，元昊下令向辽兴宗

---

① 《汉书·食货志》晁错《论贵粟疏》引。
② 《李觏集》卷十七《强兵策》。
③ 《老子》第二十六章。

驻地发起猛攻，把辽军打得大败，包括驸马都尉萧胡睹在内的数十名将领被俘，十几万辽军几乎被全部歼灭，辽兴宗仅随数骑逃走①。辽军在这次战役中之所以惨败，关键就在于忽略了属于辎重之列的战马草料问题。深入敌境四百里，后方供应的粮草肯定不足。在西夏军已连续烧掉百余里草场的情况下，辽军还冒险向前推进，终于使战马因草料严重匮乏而丧失战斗力。没有了战马，骑兵便必败无疑了。

鉴于粮草辎重在军队作战中的极端重要性，竭力保障自己的粮草供应和千方百计地破坏敌人的粮草供应，便成为战场一大奇观。《百战奇略·粮战篇》无比深刻地写道："凡与敌垒相对持，两兵胜负未决，有粮则胜。若我之粮道，必须严加守护，恐为敌人所抄；若敌人饷道，可分遣锐兵以绝之。敌既无粮，其兵必走，击之则胜。"

毁敌粮草，断敌粮道，因此而取胜的著名战例甚多。如：

秦朝末年，项羽与章邯、王离率领的秦朝主力军决战于巨鹿时，首先就派军阻绝了章邯用来运送粮草、两侧有土墙遮挡的甬道，致使"王离军乏食"。秦军因粮食缺乏，人心涣散，项羽军得以破釜沉舟，包围王离，大获全胜。

三国时期官渡之战时，曹操亲自率兵夜袭乌巢，成功烧掉袁绍"辎重万余乘"，立马打破了双方呈胶着状态的战场僵局，在巨大的恐慌中袁绍军像决堤的洪水一样被打得溃不成军。

作为粮草辎重之战的另外一个层面，交战双方谁拥有稳固的后方根据地和源源不断的粮草供应，就为打败对手获取战争的胜利打下了坚实的基础。

战国七雄之一的秦国之所以能并吞诸侯，统一六国，与其据有号称"天府"的巴蜀进而获得大量粮食物资是分不开的。秦惠王时，秦国朝廷内讨论统一大计，司马错等认为：蜀地富饶，"得其布帛金银，足给军用"，而且水路又通于楚。因此，据有蜀，就能得楚，而灭了楚就能使天下归于一统。秦惠王大为赞同，于是派大夫张仪、司马错、都尉墨等从石牛道伐蜀。史书上说"蜀既属，秦益强，富厚，轻诸侯"，"秦西有巴蜀，方船积粟，起于汶山，循江而下"②。据《华阳国志·蜀志》记载，单是在攻打楚国的战役中，秦国大将司马错就得以"率巴蜀众十万，大舶船万艘，米六百万斛，浮江伐楚"。富饶的四川盆地，为秦国的崛起和最终完成统一大业提供了强大的支撑。

无独有偶，汉高祖也是因为得到了巴蜀、关中地区强有力的后勤保障和粮草供应，才得以打败项羽，建立了强大的西汉王朝。当刘邦率领大军"明修栈

---

① 《宋史》卷四八五《夏国上》。
② 《战国策》之《秦策》《楚策》。

道，暗度陈仓"，挥师攻打三秦之地时，萧何留下镇守后方，安抚百姓，并负责征收巴蜀之税以供前方军饷粮食补给。汉武帝时期的史学大师司马迁评论"汉之兴，自蜀汉"，是十分公允的①。而诸葛亮在脍炙人口的《隆中对》中也表达了与此相同的观点："益州险塞，沃野千里，天府之土，高祖因之以成帝业。"

无论是平时养兵练军，还是战时出征打仗，粮草辎重供应都是执政者和将帅们治军考虑的大问题。李筌《神机制敌太白阴经》卷四"战攻具类"、卷五"预备"详细记载了唐代军队的各种军需物资配备情况。其中卷五"人粮马料篇""军资篇""宴设音乐篇"，按照士兵人头消耗罗列了各类物资清单，如：一军共一万二千五百人，一年需要米九万石、粟二十万零八千石，盐二千二百五十石；一军共二万五千匹马（按一人两匹马计），六个月需马料粟二十二万五千石，马盐六千七百五十石，茭草（饲马草料）九十万围。此外，还需要大量的绢、布、锦、绫、罗、袍、褥、帐、幕、毡，以及马鞍辔金银衔辔、银器、银壶瓶、食器、酒樽、酒及各类食品等。如此庞大的物资供应，从筹集到运输，都颇费心思。

许多史书中提到我国夏商周时期曾实行过寓兵于农的制度。在这种制度下，没有常设的专门军队，而是兵民合一，有战事就打仗，无战事就种田，农闲时练武。北宋文学家、宰相苏辙言："古者隐兵于农，无事则耕，有事则战。安平之世，无廪给之费；征伐之际，得勤力之士。此儒者之所叹息而言也。"②

创建于西魏、完善于唐朝的府兵制，也是实行平时务农、农闲训练，应征入伍时自带兵器粮食，轮番护卫京师，防守边境。

由于平时没有军饷耗费，打仗时士卒们还自带有大量生活用品，因此，寓兵于农制度下军资供应还没有显现出巨大压力。但是，随着大批常设军队的建立和频繁的军事行动，粮草武器等军事物资这一问题便日益凸现出来。为此，兵家们在长期的战争实践中根据不同的情况想出了不同的解决办法。

明末清初军事家揭暄《兵经百篇》法部四十四"粮"言："筹粮之法，大约岁计者宜屯，月计者宜运，日计者宜流给，行千里则运流兼，转徙无常则运流兼，迫急不及铠煮，则用干糇。"其意是讲，如果军队出征时间是以年计算的，宜采用屯田法来解决粮草供应问题，出征时间是以月来计算的，宜采用运输法解决，出征时间是用天来计算的，宜就地筹措补给；长途行军距离达千里以上以及行踪不定经常需要转移的，应该采用运输和就地补给相结合的办法解

---

① 《史记》卷十五《六国年表·序》。
② （宋）李攸《宋朝事实》卷十五《财用》。

决；假如军情紧急，连煮饭都来不及的，就用携带干粮的办法解决。这主要是按军队出征时间的长短和距离来决定粮草物资的解决方式。

《草庐经略》卷三《粮饷》则提出根据三种不同的军事情形来解决粮草供给问题："久守则须屯田，进击则谨粮道，深入则必因粮于敌。"如果是长期驻守，粮草供应就要用屯田方式解决；假如是向敌人发起进攻，就要很谨慎地确保粮草运输通道安全畅通；若是长途奔袭深入到敌人的后方，那就一定要想办法从敌人那里搞到足够的粮食物资。

在解决军队出征时粮草物资供应的各种渠道和方式上，屯田法拥有突出的作用和地位。

屯田法因旷日持久的战争而兴起，它通过军人就近垦田耕种来确保军粮等物资长期而稳定的供应，集兵民职能于一体，这在一定程度上借鉴了寓兵于农制，只不过垦殖、作战者不再是亦兵亦民的老百姓，而是纯粹的军人（募民来耕种的民屯除外）。

从秦始皇派蒙恬"北击胡"，到西汉武帝时期开设朔方郡、五原郡（均在今内蒙古河套地区），为抵御匈奴南侵，秦、汉王朝在北方边境集结了大批戍卫将士。在长年累月的驻守和征战中，粮草物资供应相当困难，"转漕甚辽远，自山东咸被其劳，费数十百巨万，府库益虚"[1]。在此背景下，秦朝从内地迁三万户居民于新收复的河套南北三十四县之地垦田生产，汉朝又从关西迁贫民七十余万口到朔方地区居住，用以支援前线军队。这不是完全意义上的屯田，但可以说拉开了屯田的序幕。

公元前115年，汉朝在上郡、朔方、西河、河西设置田官，"斥塞卒六十万人戍田之"，从而正式开启了我国历史上绵延千年的屯田制。以后，西汉中央政府又在乌垒（新疆轮台县境内）专门建立西域都护府，统一管理西域屯田事宜。屯田制作为解决边防军需粮草的一项专门制度，在西汉一开始实行就收到了明显成效。汉昭帝时的名将赵充国率军与西羌作战时，以一万多名军士在金城郡（治所在今甘肃永靖西北）垦田二千余顷，"留屯以为武备，因田致谷，威德并行"，同时达到了保障粮草供应、减少朝廷军费开支、垦殖不违农时、威慑固守边疆等多重目的。由于没有粮草供应不足之忧，赵充国得以放手出击，将西羌五万军队消灭了四万余人。他总结归纳出屯田戍兵的十二条好处，写成《上屯田便宜十二事奏》[2]，成为中国古代屯田方面的著名文献。

自汉代以后，屯田制在我国长期推行，并受到历代兵家和朝廷的高度重

---

[1] 《史记·平准书》。
[2] 《汉书·赵充国传》。

视。诸如：

曹操在许昌地区募民屯田，"得谷百万斛"，并广泛推广到其他州郡，结果是"征伐四方，无运粮之劳"，可以说为其统一北方地区提供了强大的后勤保障①。后来邓艾针对"每大军征举，运兵过半，功费巨亿，以为大役"，为贯彻实施司马氏的攻吴方略，特提出长期屯田计划，建议魏军以二万兵士在淮河以南屯田，以三万兵士在淮河以北屯田，按"十二分休"法即十人中轮流让二人休息，始终保持 4 万军队耕田劳作，"且田且守"。他估计每年可收谷 500 万斛，六七年间可积谷 3000 万斛，是十万兵众五年的军需。魏宣王大为赞赏，下令施行，取得了显著成效。此后，"每东南有事，大军兴众，汎舟而下，达于江、淮，资食有储而无水害"②。

诸葛亮北伐时，尽管发明了"木牛流马"运粮法，但因路途遥远，运输线太长，仍不能满足军用，几次出兵都因"粮尽而还"，于是"分兵屯田，为久驻之基"③。

到唐朝时期，屯田制进一步发展为营田制。唐代军队粮草问题的解决方式一直以军事屯营田为主。唐高祖武德初年就开始屯营田以供军用；唐高宗年间，为了与吐蕃作战，朝廷特命娄师德为殿中侍御使兼河源军司马并知营田事，他"率士屯田，积谷数百万"，就地解决了军需，"无转饷和籴之费"。武则天称帝后，十分赞赏娄师德的屯田之功，又任命他担任河源、积石、怀远军及河、兰、鄯、廓州检校营田大使，管理整个西北前线的营田事务④。

明朝洪武年间，为消灭盘踞在云贵高原的元朝残余势力，明太祖朱元璋命大将汤和率三十万大军"调北征南"，战事延续了多年仍未完全平息。为巩固明王朝的统治，又采纳大臣意见，实行征剿与安抚相结合的策略，调集大批内地破产流民和平民迁往贵州，史称"调北填南"。其时，朱元璋下令推行屯田制度，要求军队一边就地耕种自足军粮，一边操练军事以防战乱，并明确表示："养兵而不病于农者，莫若屯田……令天下卫所督兵屯种，庶几兵农合一，国用以舒。"⑤ 在他的强力推进下，明朝出现了我国古代最大规模的屯田。边疆，军人三分守城，七分屯殖；内地，军人二分守城，八分屯种。中央以五军都督府总摄天下屯田之军、政、粮事宜，全国屯田总额达 60 万顷以上，岁收屯粮 2000 多万石，占全国税粮的三分之二以上，二百七十余万大军从此无粮

---

① 《三国志·魏书·武帝记》。
② 《三国志·魏书·邓艾传》。
③ 《三国志·蜀书·诸葛亮传》。
④ 《新唐书·娄师德传》。
⑤ （明）孙承泽《春明梦余录》。

草之忧。

屯田制解决了长期驻守军队的粮草等军需物资供应问题，同时也促进了当地经济的发展，堪称中国古代治军史上的壮举。

此外，为解决粮草辎重运输而开凿运河，则是另一大奇迹。史载：

公元前506年，吴王阖闾为了在攻打楚国时能方便运兵运粮，令伍子胥开通了世界上最早的运河——胥溪。它东通太湖，西入长江，全长一百多公里。其后不久，为北上与齐国作战，又开凿了从今天扬州到淮安，全长185公里的邗沟，正式连通了长江与淮河两大水系。

公元前219年，秦始皇为了解决进攻岭南的军队粮饷运输问题，用五年时间在五岭山脉中开凿了著名的灵渠，将湘江与漓江连接起来，并依靠这条运河运输线而顺利地统一了岭南。

隋炀帝时期，利用天然河流和旧有渠道，开凿了以洛阳为中心，北起涿郡（今北京市），南到余杭（今杭州市），全长1700余公里的大运河。作为南北交通运输的大动脉，京杭大运河贯穿河北、河南、江苏、浙江等省，连通海河、黄河、淮河、长江、钱塘江五大水系，从一开始它就是以运送军队和粮草辎重为其主要目的。在运河全线通航的第二年即公元610年，隋朝中央政府就从江淮调集七万将士沿运河北上涿郡，同时将南方地区的大量粮食以及其他军需物资通过大运河源源不断地调往北方，用于征讨高丽的战争。以后，唐朝平定安史之乱，北宋抗击辽、金、西夏，明朝抗御蒙古军队等，前方所需军粮物资大多都是通过大运河从江南运去的。"运河转漕达都京，策马春风堤上行。九里岗临御黄坝，曾无长策只心惊。"乾隆皇帝这首《堤上偶成》诗，充分揭示了大运河的漕运功能。

"圣人终日行，不离辎重"，不是兵家的老子却道出了军事的格言。而孙武进一步发挥说："军无辎重则亡，无粮食则亡，无委积则亡。"[①]李筌则以顺口溜的口吻讲："军无财，士不来；军无赏，士不往。香饵之下，必有悬鱼；重赏之下，必有死夫。夫兴师不有财帛，何以结人之心哉！"[②]粮草物资以及其他各种装备，都是治军和开展一切军事行动的命脉，任何时候都必须得到确保，否则军队就只有灭亡，战事也必然会遭到失败。从历朝历代解决粮草辎重问题的各种方案和举措中，我们看到了中华民族的杰出智慧与无限创造。

---

① 《孙子兵法·军争篇》。
② 《太白阴经·军资篇》。

6. 国之利器，不可示人

"以奇用兵"，出奇制胜，贵在"奇"字。也就是说，要采用敌人根本无法预料或者无从知晓的奇特战略战术对其实施突然打击。而要做到这一点，就必然会涉及治军上一个十分重要的问题——军情保密。如果军事行动的计策与具体部署尚未付诸实施，就已广为人知，肯定不会取得奇效，反而还可能被敌人将计就计加以充分利用而被其打败。

老子在第三十六章中指出："柔弱胜刚强。鱼不可脱于渊，国之利器不可以示人。"王弼注："利器，利国之器也。"什么是利国之器呢？据《周礼·春官》记载，周朝时期设有"天府""典瑞"等官职。其中，天府"掌祖庙之守藏，与其禁令，凡国之玉镇、大宝器藏焉"，这些象征国家权力的玉镇、大宝器和有关诏书诰令，平时都是秘而不能示人的，只有大祭祀或大丧事时才陈设出来，"既事，藏之"；典瑞"掌玉瑞、玉器之藏，辨其名物与其用事"，其中包括"牙璋，以起军旅，以治兵守"。这些玉瑞、玉器平时也是秘而不能示人的，只有"大祭祀，大族，凡宾客之事，共其玉器而奉之"[1]。无疑，天府和典瑞所掌藏的这些东西，都属于机密的"国之利器"。它们实际上是指国家的权力和各种治理法术。"国以军为辅"，军队以及用兵打仗的军事行为，当然也属于这个范畴，诸葛亮在《便宜十六策·治军篇》就说："夫战者，人之司命，国之利器。"

由道谦退居下、为而不争品行而来的柔弱胜刚强，是老子的哲学理念，也是他最重要的战略观之一。在全面阐述将取先予战术观的三十六章，在说了"柔弱胜刚强"这五个字后，马上就以"鱼不可脱于渊"形象地引申出"国之利器不可以示人"，显然，老子不是在讲什么刑罚之器不可以示于人民（王弼等诸多名家均如此解），而是意在强调属于国家机密的统治利器不可以随便昭示于人。作为治军，就是相应的战略战术、战役的各种打法和具体行动方案，必须要绝对保密，在老子看来它们也都是属于国家"利器"之列的。就像鱼必须潜藏在水中才能活命与畅游自如一样，保证国家安全，维护国家统治的这些"利器"也必须深藏不露，绝对不可轻易地向人出示。治国如此，治军也是如此。

在两军的殊死较量中，敌我双方都既要竭力"知彼"，想方设法弄清对手的军情和部署，并为此派出有大量的侦探耳目（古代称侦逻、侦罗、侦谍、侦候、斥候、探马、探骑、探子、逻卒、探旗、候旗、候吏等），到处搜集情报，

---

[1] 《周礼·春官·宗伯第三》。

他们是军队指挥官进行正确军事行动决策的"千里眼"和"顺风耳"。唯有如此，才能在全面知晓敌我军情的基础上掌握战场主动权，达到克敌制胜。与此同时，全军上下又要严格保守自己的军事机密，坚决杜绝出现任何形式的泄密行为。否则，稍有不慎，便可能因泄密而使整个军事行动功败垂成。

老子"国之利器不可以示人"的主张，实际上也是从大道的特性中推引出来的。第二十一章说："道之为物，惟恍惟惚……窈兮冥兮，其中有精。"第四十一章又言："明道若昧……道隐无名。"大道是一种恍恍惚惚的客观存在，它像幽深的大海和晦暗的山谷一样深远暗昧，幽隐而无形无名，是不能用一般的言词来完整准确表述的。隐藏不露，是道重要的特性。因此，"道可道，非常道"。按照道的法则来行事的得道之人，他们灵性微妙，思想深刻，具有其他人难以窥测和解读的绝妙玄机，正所谓"古之善为道者，微妙玄通，深不可识"①。老子还在第二十七章进一步阐述说："善行，无辙迹。"善于行道处世的人在行动中是不会留下任何痕迹的。道的博大幽微，行道之人的"深不可识"，都体现出极大的隐秘性；而在道的光辉指引下来治国治军，又怎能不体现出相应的隐秘性呢？既然要保持隐秘，当然就不能将属于高度机密的"利器"——治国治军的方略法术等随便张扬透露出来了，它只能由最高决策者知晓和掌控。

对用兵计谋与军事行动的隐藏和保密，是军人的基本操守，历代兵家都予以特别关注。

孙武讲："微乎微乎，至于无形；神乎神乎，至于无声。故能为敌之司命。"作为绝密的军事行动，微妙而神秘，在无形无声中悄然展开，因之能主宰战场，操纵敌人的命运。又说"运兵计谋，为不可测"②，调动兵力的部署和所有的军事谋划都要做到让敌人无法判定。为了保证军事机密不致外泄，孙武还提出了三条原则：

一是军事策谋在庙堂朝廷一旦确立后，就必须"夷关折符，无通其使"，即封锁所有的道路关口，销毁已颁发的兵符通行证，不准本国之人和本国境内的敌国使臣出国境，也不接受敌国新派来的使臣，以防敌人间谍潜入侦探和走漏风声。

二是要对部队严格管理，"能愚士卒之耳目，使之无知"。也就是要管控好相关的信息发布与传播，使普通士卒对军事行动毫无所知。

三是"易其事，革其谋，使人〔民〕无识；易其居，迂其途，使人〔民〕

① 《老子》第十五章。
② 《孙子兵法》之《虚实篇》《九地篇》。

不得虑"。通过及时变更作战谋略与军事部署，改变原定军事行动计划以及军事驻地、行军路线等方式，使人无法识破和判明我方用兵的真实意图。

唐朝的李筌讲："谋藏于心，事见于迹。心与迹同者败，心与迹异者胜。"[①] 用兵的计谋要深藏于心底，只有在付诸实施时才能展现于外。即便是在采取行动的过程中，本已策划好的计谋也要随着战场形势的变化而不断调整和修改完善，甚至会完全更新。如果内心既定的军事计谋与展现出来的外在的军事行动完全相同，说明用兵者不会随机应变，太机械死板，必然遭到失败。深藏于内心的既定计谋只有根据战场实际情况的变化及时做出恰当调整，并且由此展开相应的军事行动，才能真正做到使敌人不可知、不可料、不可应付，进而战胜之。这里的"谋藏于心"，是为了保密；而"心与迹异"，也是为了保密。不过，这种保密是属于更高层面的，而且是极具辩证法意义的保密。它通过强调主观性的军事策谋必须与客观的战场实际相符，所以最初的计谋和方略会有变化，会与后来展开的军事行动有差异，而正是这种变化与差异使敌人无法知晓和有效应对，由此达到了更加严格意义上的保密。

《兵经百篇》上卷"智部·秘篇"专门系统地论述了"谋成于密，败于泄"这一重大军事问题："一人之事，不泄于二人；明日所行，不泄于今日。"这是对保密的人员限制和时间限定做出严格规定。而针对计谋和军事行动保密的每一个细节都要十分谨慎，容不得有丝毫的疏忽泄漏。如何才能保证不泄密呢？"秘于事会，恐泄于语言；秘于语言，恐泄于容貌；秘于容貌，恐泄于神情；秘于神情，恐泄于梦寐。"在高层绝密会议上定下计谋后，要防止言谈交流中泄露秘密；言谈交流中保守了秘密，还要防止外形容貌上因情绪影响露出痕迹而泄密；外形容貌上做到了不露声色，还要小心神态表情的变化而泄密；神态表情镇定自若，还要当心睡觉时说梦话而泄密。真是举手投足间，都要防微杜渐。对执行任务的部队和个人，行动之前也一定要强调保守机密，使其做到行无踪、动无声，这叫"有形而隐其端，有用而绝其口"。不过，对于某些可以告知的心腹人物，"亦不妨先露以示信"。告诉他们有关的军事机密，是为了显示对他们的充分信任，这种赤诚相待实际上也是谨守秘密。作者不仅阐明了保密对于军事行动胜败的直接影响作用和保守机密应该注意的各个环节，而且还提出了决策者对心腹无密而密的重要原则，颇具辩证法色彩。不管是多么好的军事谋略和行动方案，都必须要有一支才华和胆识卓越、具坚锐执行力的团队去忠实地贯彻执行，才能使战胜的理想变为现实。假如指挥官的军机要谋对任何人都秘而不宣，凡事只有他自己心知肚明，没有心腹与他同舟共济，就不可

---

① 《太白阴经》卷二《人谋下·沉谋》

能凝聚成一支高效率的、具强大战斗力的军队，其谋略和方案实行起来也一定不会得心应手，要想打败敌人获取战争胜利就会十分困难。

"军机不可泄露。"但要把指挥官的军事计谋和行动方案变为战斗条令传达下去，同时战场上的各种情况特别是敌情变化也需要及时向上级报告，这就涉及了军事保密的另一个环节——军事通讯。为了保证军事信息在传递过程中的机密性，睿智而富有创意的古代兵家们采用了种种特别的手段，其中颇有代表意义的是使用符节和隐语。

符与节，都是古代军务通讯中的特别凭证，专门用于调兵部署和情报传递，也少量用于政治事务。它们由远古的契刻记事发展而来，最晚在西周时期已经运用到了战争领域。

周朝时"典瑞"官掌管的、边缘呈牙齿状的、用以调兵遣将的"牙璋"，是一种玉璋，即为早期使用的符。《说文解字》对"符"的解释是："符，信也……分而相合。"符一分为二，由朝廷和驻守各地的领兵将帅各执一半，"君符"与"将符"相合，即可接受调遣命令。后来，玉制牙璋改成了青铜造，并铸成老虎形状，称虎符。信陵君窃符救赵的故事，充分说明了先秦时期兵符的广泛使用。

公元前 257 年，秦国发兵攻打赵国，包围了赵国首都邯郸。赵国向魏国求救，魏安釐王先是派将军晋鄙率十万大军救赵，后来在秦昭襄王的威胁下又命令晋鄙停止前进，驻兵于邺城（今河北临漳县西南）观望。魏王的异母兄弟信陵君在接到其姐夫赵国平原君的紧急求救信后，三番五次地央告魏王下令让晋鄙进兵，魏王说什么也不答应。无奈之下，信陵君只得以曾经帮助过魏王宠妃如姬报父仇为理由，请她趁魏王熟睡之机盗取兵符，然后前往晋鄙军中合符，"矫魏王令代晋鄙"，夺得了兵权。信陵君率领经过挑选后的八万精兵，向包围邯郸的秦军发起猛烈攻击，平原君则率领赵军从城内向外冲杀，秦军在两面夹击下被打得大败。

据《史记·魏公子列传》记载，信陵君通过如姬偷得的"晋鄙兵符"，就是虎形铜兵符。同类实物考古发掘如新郪虎符，是战国晚期秦国攻占魏国的新郪之后，颁发给驻于新郪之秦国将领的兵符，上有铭文四行："甲兵之符，右（在）王，左（在）新郪。凡兴士被（披）甲，用兵五十人（以）上，［必］会王符，乃敢行之。燔（燧）事，虽毋会符，行殹。"此铭文清楚地规定，受命在外的将领，凡调兵五十名以上，都必须见到虎符的另一半——王符，而且必须经过验证合符后，才能调动。利用烽火报警，虽然不用合符，但务必得到君王的指令才能发兵，其意义是完全一样的。

"节"的用途不限于调兵遣将，但在性质上与"符"是相同的，即作为传达重要命令、外出执行公务时的水陆交通凭证。古代的节有多种，如玉节、角节、虎节、龙节、人节、玺节、旌节等，用法大多与符相似，分而执之，合节为信。1957 在安徽省寿县出土的青铜铸造鄂君启节，是战国时楚怀王在公元前 323 年发给鄂君的节，共有两组十枚。在已发现的五枚中，都呈现为有竹节的竹块形，每组五枚合拢，正好成为一节竹筒的样子。节上所镌刻的铭文表明，这种节是当时楚怀王发的特别通行证，持有此节可在今天的湖北、湖南、江西、安徽、河南等楚国管辖之地通行。

秦汉以后，符节仍长期在军事领域内使用，如汉文帝时"初与郡国守相为铜虎符、竹使符"[①]。但玺书、符牌等新的保密通信工具，则越来越更多地被广泛应用。

古代战争中比符节更为保密的军事通信方式，是"阴符""阴书""蜡书""隐语"等。

根据《六韬·龙韬·阴符》记载，当战场深入敌境时，出于军情传递高度保密的需要，制造若干形状、大小、花纹不同的兵符，事先约定好每一种兵符固定的含义，如"大胜克敌""破军擒将""请粮益兵"等，在不同情形下分类使用。这些寓意缤纷的兵符，只有经过特殊训练的当事者能理解，"主将秘闻，所以阴通言语，不泄中外相知之术"，这便是"阴符"。它即使被敌人截获，也因为敌人不明白它的含义而完全不会泄密。

"阴书"也主要用于深入敌境时的军情传递。其操作方式是把要传递的军事情报分解写成三封信，只有三封信合在一起，才能了解其传递内容。送信时由三个信使从不同的道路分别送，即使被敌人抓住一二人，搜出"阴书"，也只会"莫之能识"。

"阴符""阴书"这种绝密的军情通信方式，在秦汉以后逐渐被涂上了一层神秘的色彩。而托名黄帝所著的《阴符经》，名义上是兵书，实际上则演变成了讲述阴阳之书。

"蜡书"又称蜡丸，是我国古代军事史上使用时间较长的一种军情秘密传递方式。它将密信折成小团，外面以蜡封裹，传递时由信使藏匿在衣服夹层或发髻中，甚至塞入肛门，埋于皮下。如北宋末年，金军大举攻宋，包围了宋朝的都城汴京（今河南开封市），使城内城外的宋军彼此间断了联系，"内外不相闻"。万分紧急之下，朝廷发布告示，公开招募忠勇之士，令其携带蜡书前往南京总管司调兵驰援。结果，忠翊郎姜绶应募，"乃刲（即割）股藏书，缒下南壁"。为了绝对保密，他用刀割开自己的大腿，将汴京城被围困、急需援救

---

① 《史记·孝文本纪》。

的军情蜡书埋在皮肉下，然后沿着南边的城墙根悄悄吊下，试图穿过金军的封锁线将求救情报送出去，可惜被巡逻的金军骑兵发现，结果被俘遇害①。《宋史·岳飞传》中也有记载说："作腊（蜡）书……刲股纳书，戒勿泄。"可见，用蜡书的方式传递军情，在宋代十分盛行。

"隐语"，类似于近现代的军事密码。《武经总要后集》卷四解释说："军政急难，不可使众知，因假物另隐语谕之。"在军情或政情紧急而需要迅速传递相关信息、同时又不能让更多的人知道情况下，就会用一种另外的东西来暗喻需要传递的军政讯息，这就是隐语。

唐宋时期，一种被称为"字验"的密码，在军中广为运用。"今约军中之事，略有四十余条，以一字为暗号"，其具体做法是：先把军务通信的各项主要内容，以十分简洁的语言按照次序共编为四十余项，带兵的将领们都要背诵熟记这四十多条的内容和序号。它们分别是：请弓、请箭、请刀、请甲、请枪旗、请锅幕、请马、请衣赐、请粮料、请草料、请车牛、请船、请攻城守具、请添兵、请移营、请进军、请退军、请固守、未见贼、见贼讫、贼多、贼少、贼相敌、贼添兵、贼移营、贼进兵、贼退兵、贼固守、围得贼城、解围城、被贼围、贼围解、战不胜、战大胜、战大捷、将士投降、将士叛、士卒病、都将病、战小胜。行军打战时，领军主帅与出征的将领约定以某一首没有重复用字的五言律诗作为"字验"，如果有军情相报，只需在一封普通书信中将上述所要报告军情事项的序号对应于该诗中的第几字，在其旁边加一记号即可②。这种"字验"尽管看起来有些复杂，特别是它需要将领们拥有好的记忆，还要懂得诗书，但在军情保密方面确有其独到之处。它可以更加有效地防止以前军情传递"旧法"的种种弊端，如：以文牒往来相报，有泄漏之忧；"以腹心报覆"，不仅劳烦，而且还要提防腹心之人也可能"有时离叛"。

此外，还有利用汉字谐音和图画进行秘密联络的。如北宋名将知青涧城种世衡在公元 1041 年与西夏作战时实施离间计，派遣王嵩"以枣及画龟为书，置蜡丸中"，故意将它送给西夏王元昊的亲信野利旺荣，"谕以早归之意"③，想让元昊得到蜡书而对野利旺荣产生疑心。"枣、龟"与"早归"谐音，不用文字书写，而是直接采用实物"枣"和绘画"龟"，隐语之上又更加增添了一层玄秘色彩。

从军事谋略、战斗方案、军事部署到各种军情传递等，军事保密工作做得

---

① 《宋史》卷四五三《姜绶传》。
② 《武经总要·前集》卷十五《字验》。
③ 《宋史》卷四八五《夏国传上》。

如何，都直接关系到能否以奇用兵，关系到众多将士的生死和战争的胜负。为了能真正做到"国之利器不可以示人"，中国古代兵家们不仅从理论上给予了大量深刻的阐发论述，而且在战争实践中摸索总结出了一套又一套行之有效的保密方法，在中国兵学长河中写下了无数灿烂的篇章。

九、老子与军事辩证法

任何客观事物的内部都存在着矛盾对立的双方，它们彼此依存，相互转化，使客观事物处于不断的运动、变化和发展中，这就是哲学上所讲的辩证法。通过认识和掌握客观事物的辩证发展规律，人们得以正确地认识和改造包括自然、社会与人类自身在内的客观世界。

战争是人类社会发展中的一种普遍历史现象。从原始部落间的血亲复仇到文明社会中的特殊政治工具，它总是基于战争双方之间围绕利益争斗而出现的矛盾冲突展开和发展。无论是在战争的准备阶段，还是在战争进行过程中，交战双方之间的矛盾充满了复杂多样性和多变性。军事辩证法就是要探索和认识这些矛盾，进而揭示出战争的本质，战争与政治、经济、地理环境、民族文化心理以及战争基本要素人和武器等各方面内在的必然联系，使人们在掌握战争规律的基础上提高驾驭和管控战争的能力，进而尽量减少杀戮的血腥与残暴，使人类沐浴更多和平的阳光。

军事辩证法的研究，一方面表现为对战争这一特殊事物自身发展变化客观规律的剖析，另一方面又表现为对遵循这些规律而制定的战略、战术、治军等一系列战争指导原则的探索。关于后者，我们在前面各章节中已有比较全面深入的论述，本章仅就老子与兵家们对战争客观发展规律的认识进行探讨。

1. 兵者非道，用兵法道

老子坚定地认为用兵打仗是不吉祥的东西，它要遭到大家的怨恨，"故有道者不处"，"以道佐人主者，不以兵强天下"，"天下有道，却走马以粪；天下无道，戎马生于郊"。这充分说明战争与大道本身是格格不入的，引发战争的贪欲和名利争夺是对道清静无为不争法则的公然践踏，而战争的血腥残杀又是对道"慈"和"善"属性的直接违背。因此，"道"治社会是不容许也不会有战争爆发的；反过来说，干戈四起，战祸连年，就一定没有达到道治的境界。炫兵耀武，逞强好斗，武力争霸，这些非道的举动，不仅对他人和社会造成巨大的损害，所谓"师之所处，荆棘生焉；大军之后，必有凶年"，而且也使自己元气大伤，走向毁灭，"物壮则老，是谓不道。不道早已"。对于这一类害人损己的无道战争，有道的圣人是绝对不会从事的。总而言之，用兵打仗与无为不争的道是相背离的，兵者非道。

然而，无战无争的和谐安宁之世，只不过是老子渴望的理想国罢了。尽管他无限憧憬地描绘鸡犬之声相闻、老死不相往来的"小国寡民"社会，但他却无法选择生活在不食人间烟火的真空中。

置身于春秋乱世，老子深深地懂得御敌自卫战争是不可避免的，因而非常现实地承认"不得已而用之"。既然在迫不得已的情况下可以用兵，而且这样的战争既要保证"善胜"，又要恰如其分，不致有"以兵强天下"之嫌，那就自然而然地涉及采用什么样的用兵方略这一关键问题。对此，他不仅没有回避和闪烁其词，而且用他的大道理论非常鲜明地向世人昭告自己的态度和主张。

道是老子整个思想体系的核心，"道常无名，朴虽小，天下莫能臣也"。道作为造化万物和养育万物的本源，无处不有，无时不在，道的法则也可以说是放之四海而皆准，"人法地，地法天，天法道，道法自然"。用兵打仗是人事之一，它焉能脱离神通广大的道法？

从老子的战争观、战略观、战术观、治军论中，我们都能清楚地感受到他关于兵者非道、用兵法道的军事事辩证思想。这一思想有着十分丰富的内涵：

首先，从普遍的意义上讲，用兵是不合道之法则的，所以要在根本上树立"慎战"的思维。凭借强大的武力蓄意发动战争，是绝对不允许的；针对来犯之敌"不得已"而进行的御敌自卫战争，也必须掌握好分寸，适可而止。任何逞强好斗、穷兵黩武，都是无道之举，必然面临凶灾厄运。

其次，御敌自卫战争不仅要打，而且还要获胜。在此情形下，从战略谋划到战术运用，从军事部署到战役展开，从前线鏖战到粮草辎重后勤保障，从治军练兵到军情保密等等，都应该遵循道的法则，也就是说要用兵法道。

在《老子》一书中，相关的论述可谓俯拾即是。因为"弱者，道之用"，"守柔曰强"，所以要以柔克刚、以弱胜强；因为"进道若退"，所以要以退为进，后发制人；因为"道常无为而无不为……不欲以静，天下将自定"，所以要以静驭躁，以逸待劳；因为道与避高趋下的水十分类似，所以要知雄守雌，避实击虚；因为"道冲，而用之或不盈"，所以要知足知止，穷寇勿追；因为"明道若昧""道隐无名"，所以"国之利器不可示人"；因为"万物恃之而生而不辞，功成不名有"，所以统兵的将帅要功成身退，不可贪求功名利禄；因为"冲气以为和"，"知和曰常"，所以要和众治军，使军内上下、军内军外和谐共生，进而凝聚形成强大的战斗力……

老子兵者非道、用兵法道的军事辩证思想，昭示人们既要反对战争，又要用道的法则来规范那些"不得已"而进行的御敌自卫战争。

用兵法道，有理有节，既能有效地打败敌人，保全自我，又不至于使战火绵绵不绝而堕入无道的深渊。以有道的行为阻止无道的战争，最终实现"道治"社会，这是老子的救世路径。

面对老子兵者非道、用兵法道这一博大精深的军事辩证思想，后世兵家无不高山仰止。

孙武讲："兵者，国之大事……故经之以五事……一曰道，二曰天，三曰地，四曰将，五曰法。"什么是"道"呢？"道者，令民与上同意。"对于用兵打仗这一国家大事，要从五个方面来进行详细考察和研究，"五事"之首就是要使广大民众与执政者上下同心。在比较敌我双方谁拥有优势而可能获胜的"七计"中，他所列的第一项是"主孰有道"，也就是说看哪一方的执政者治理国家更遵从道的法则并获得民心。基于此，《孙子兵法·形篇》断言："善用兵者，修道而保法，故能为胜败之政。"显然，孙武所谓"修道"用兵，是将战争及其胜败与执政者是否修明政治、是否得民心直接相连的，侧重点在于战争与政治的关系。

吴起说："夫道者，所以反本复始。"他认为治国治军的圣人，首先应该做的是"绥之以道"，然后才是"理之以义，动之以礼，抚之以仁"①。这里折射出的正是老子道治思想的光辉。

黄老学派几乎全面接受了老子兵者非道、用兵法道的思想。如：在战略上，既不一味地反对用兵也不一味地主张用兵，核心是不要主动挑起战争，"不执偃兵，不执用兵，兵者不得已而行"②，要以柔克刚，后发制人，"安徐正静，柔节先定，良温恭俭，卑约主柔，常后而不先"，要"不旷其众，不为兵邾，不为乱首"③。在战术上，要守雌，"凡人好用雄节，是谓妨生……以守不宁，以作事不成。以求不得，以战不克……凡人好用雌节，是谓承禄……以守则宁，以作事则成。以求则得，以战则克"④。要避开强敌锋芒，待其衰微时再乘机消灭它，"人强胜天，慎避勿当。……先屈后伸，必尽天极"。在治军上，则要和众守信，上下团结，同心协力，"若号令发，必厩（究）而上九，壹道同心，上下不坼，民无它志，然后可以守战矣"。强调赏罚分明，"精公无私而赏罚信，所以治也"⑤。

---

① 《吴子兵法·图国篇》
② 《黄帝四经·称》。
③ 《黄帝四经·十大经·顺道》。
④ 《黄帝四经·十大经·雌雄节》。
⑤ 《黄帝四经·经法》之《国次》《君正》。

2. 反者道之动

老子辩证法中最光彩夺目和扣人心弦者，莫过于第四十章的"反者，道之动"。在这里，"反"有两层含义：一是相反对立，所有客观事物内部都存在着矛盾对立的双方，道的运行法则就是其中任何一方可向着其相反方向发展并最终引发相互转化；二是返本复初，通过对立双方的相互转化，循环往复以至无穷，使事物最终回到其本根，持守虚静，合于大道，战乱纷争的社会将由此而变得安宁、和谐与淳朴。

万事万物都在相反对立的状态下形成、存在和发展，这是老子的卓越发现。《老子》中处处可见这种既对立又相辅相成的论述，全书仅五千余字，却提出了数十对矛盾范畴，如美恶（或善妖、或善与不善）、有无、难易、长短、高下、音声（乐音与人声）、前后（或先后）、冲盈（或虚盈，即虚空与盈满）、彰昧（或明昧，即光明与暗昧）、重轻、静躁、雄雌、白黑、荣辱、强赢（刚强与赢弱）、行随（前行与后随）、嘘吹（呵暖与吹寒）、壮老、歙张（收敛与扩张）、弱强、柔刚（或柔弱与刚强）、废兴（废弃与兴举）、取与（获取和给予）、出入、厚薄（敦厚与浅薄）、实华（踏实与浮华）、柔脆与枯槁、生死、彼此、贵贱、进退、夷颣（平坦与崎岖）、建（健）偷（刚健与懈怠）、阴阳、损益（或损补，即减少与增加）、直屈（或直曲、或枉直，即伸展与弯曲）、巧拙（灵巧与笨拙）、辩讷（善辩与口讷）、寒热、大成与缺（圆满与欠缺）、知足与不知足、正奇、闷闷与察察（宽厚和严苛）、淳淳与缺缺（淳朴与狡黠）、祸福、大小（或大细）、牝牡、多少、明愚（或智愚，即巧诈与质朴）、上下、慈勇（慈爱与勇武）、俭广（或啬广，即节俭与奢靡）、主客（进犯与保守，攻势与守势）、知不知与不知知（知道自己不知道与不知道却自以为知道）、病与不病（有缺点与没有缺点）、厌与不厌（满足与不满足）、敢与不敢（冒险坚强与谨慎柔弱）、杀活（死与生）、抑举（压低与升高）、有余与不足、恃与不处（居功与不居功）、正反、信言与美言（诚信之言与巧伪之语）、利害、得亡（得失）、至柔与至坚（最柔软与最坚强）、胜败、左右、敝新（旧与新）、清浊、争与不争等。这些根本对立的矛盾范畴，都是相反相成、彼此转化的。它们是中国历史上早期关于辩证法思想最系统的阐述，实际上体现着对矛盾和对立统一规律的深刻认识。

老子之所以不惜笔墨钟情于对"反者，道之动"的探讨，提出如此多的矛盾范畴，并且生动地刻画它们相互依存关系下的世事与生活百态，是要告诉人们观察事物必须全面完整，不能只看一面而忽视另一面；必须以变化的、动态的眼光来看待一切，当事物从一个方向发展到极限程度时，就会改变原有的轨迹而走向其反面,这便是所谓"物极必反";必须从它们的相互依存联系中去探寻影响变化、发展的各种要素,并由此找到解决相关问题的正确路径与对策。

第二十二章上说:"曲则全,枉则直,洼则盈,敝则新,少则得,多则惑。"委曲反能保全,屈就反能伸展,低洼反能充盈,守旧反能拓新,少取反能多得,贪多反而迷惑损失。它们都包含着如何充分利用反向思维和行为以获得正面良好结果的辩证法思想。要重视相反对立面的作用,特别应该重视从反面的关系中来观察正面,以把握正面的深刻含义。同时,要善于从事物的反面中准确把握其发展方向,这一点尤为重要。因为对立双方的相互转化是必然的、永恒的,只据有此时此面,就会永远落后于客观事物的发展,而不能通过主观能动性的发挥去掌控其变化发展。

相对而言,老子更加注重对反面的认识和把握。如:"有之以为利,无之以为用",这是对"有"的反面"无"的强调,如果没有"无",那么"有"就不能发挥出作用来了。而在雄雌、先后、高下、有无等的对立状态中,一般人的取向是逞雄、争先、登高、据有,老子却要人们守雌、取后、居下、重无。一般人的选择是一种现实的选择,老子的选择却有先见之明。雄雌、先后、高下、有无等对立双方都包含着向其反面转化的因子,目前的雌柔、居后、谦下与无,是新生事物的初始,代表着未来向雄强、领先、居高和实有的转化。为了提醒人们对反面的重视,老子甚至在第七十八章直接说:"正言若反。"

以上诸方面,构成老子"反者,道之动"——从事物相反对立面以及它们之间彼此转化视野来理解的完整体系,用以指导有道者的一切行为。

战争是敌我之间的生死较量。影响战争胜负的因素很多,但这些因素都是在潜移默化中通过影响双方力量强弱对比的转化而发生作用的。道是世界的本源和客观存在,道的法则就是万事万物的运行法则。老子运用"反者,道之动"的辩证思维来讲军事问题,以对立面的相互转化来论述用兵打仗,是十分自然的,也是非常普遍的。

他说"柔弱胜刚强",所以不管面对的是多么强大的来犯之敌,御敌自卫战争最终必将取得胜利,这首先给人以巨大的信心和士气鼓舞。战争异常残酷,在两军交锋的殊死搏斗中,要真正实现由弱小到强大的转化进而战胜敌人,战略战术运用中的辩证法是必不可少的,因此要以退为进,后发制人,要知雄守雌,避实击虚,要以静驭躁,以逸待劳,要欲擒故纵,将取先予,要示弱骄敌,以奇用兵。战争获胜标志着敌强我弱的格局已发生了根本转变,此时尤其要注意"物极必反"规律对我方的负面影响,任何得意忘形和不谨慎之举,都可能带来极严重的损害。于是,"恬淡为上,胜而不美","善有果而已,不敢以取强",便成为战胜者应该铭记在心的至理名言。相反,胜而"矜"(矜持战功)、胜而"伐"(夸耀宣示)、胜而"骄"(骄傲自满)、胜而"美"(誉美打仗)以及不及时"知止"休战,均为逞强好斗的表现,蔓延下去就会走向反面,失败就在眼前了。只有随时随地都谦退居下,含藏内敛,让大道常驻心中,凡事如临深渊,如履薄冰,守虚不盈,使我方优势不要发展到极限,才能使胜利长存。

返本复初,是"反者,道之动"更深层次的含义,或者说它是大道运行的根本宗旨和终极法则。第二十五章上讲:"有物混成,先天地生。寂兮寥兮,独立不改,周行而不殆,可以为天地母。吾不知其名,字之曰道,强为之名曰大。大曰逝,逝曰远,远曰反。"在这里,老子对那个在天地之前就已经出现的、无法勾勒其具体形貌的、既悠远又广大无边的、具有高度独立特性的大道及其运行情况给予了生动的描述。其中,"周行而不殆",说的是道不受任何影响的、循环往复永不停息的运行规律(下面还将专题讨论)。"大曰逝,逝曰远,远曰反",则是对大道在运行周期中各阶段的具体状况做出解释,大道广大无边而生养万物(大),万物由道生养化育却已不同于道(逝),万物不同于道体就是远离道(远),远离道体却又要遵循道的法则,这实际上是在新的层面上返回大道了(反)。从道体生,在道用上返回,就构成了道的"周行"。道是生养万物的本根,但它始终处于虚静状态;万物归本复源,也就是从扰扰躁动恢复到宁静悠远,"夫物芸芸,各复归其根。归根曰静,静曰复命"。循环往复,复归虚静的本性,是永恒的规律。懂得并自觉遵从这一规律,就是明智的道举。遵从和践行大道法则的出类拔萃者,便是得道的圣人。

在军事领域内,返本复初的思想揭示了结束争霸战争、实现无纷争无战事理想社会的有效途径。只要各诸侯国致虚守静,不轻举妄动,不肆意挑起战争,杀戮就会终止,和平就会降临。所谓"小国寡民"时代"鸡犬之声相闻,民至老死不相往来",不正是表达的这个意思么?没有了往来,当然也就没有了利益的纷争,也就自然不会有刀光剑影的兵戎之战了。不过,这只是老子的理想罢了。面对春秋时期诸侯国林立和大国争霸的现实,他更希望大国与小国之间要"两不相伤",大国尤其应像江海一样谦卑居下,"大国不过欲兼畜人,小国不过欲入事人,夫两者各得其所欲。大者宜为下",这样战乱也许就会消弭。而在御敌自卫战争中,只要致虚守静,循道而行,就能临阵不乱,从容迎战,就能有效地组织反击,战胜强敌,获取胜利。

范蠡说"赢缩转化……天节固然","古之善用兵者,赢缩以为常,四时以为纪……阳至而阴,阴至而阳;日困而还,月盈而匡(亏)"。"赢"有扩张、盈满的意思,"缩"指收缩、亏损。春夏秋冬四季的更替,寒暑变易,阴阳交替，太阳升起又降落，月亮满圆又亏缺，万事万物的涨缩盈亏，都是不断转化，周而复始，循环往复，无穷无尽的，这是天道恒久运行的固有规律。"天道盈而不溢，盛而不骄，劳而不矜其功。"① 不溢不骄，不居功自纵，此为天道特性。

按照"夫人事必将与天地相参，然后乃可以成功"的法则，范蠡将"盈而不溢"的辩证思维直接运用于军事领域，将其作为统兵打仗的重要指导思想，并由此提出了"守时"的著名战略观，即等待敌我力量的强弱发生根本转化时伺机出击。这一战略在越国报仇雪恨的灭吴战争中获得了巨大成功。

越王勾践在即位的第三年就想兴师伐吴，当时吴国刚刚战胜了强大的楚国，势力如日中天，越国与之相比明显处于弱小地位。范蠡坚决反对这种军事冒险主义，他批评勾践此时伐吴是违反天道，"逆于天而不和于人"。英明的圣者应该耐心等待，选择最恰当的时机兴兵发动攻击。"夫圣人随时以行，是谓守时。"然而，骄纵的勾践不听劝阻，一意孤行，结果战败且被围困于会稽山。在服侍吴王夫差、极尽屈辱三年之后，越王勾践终于返回越国。此时，范蠡再次献策说，当务之急是与民休养生息，发展生产，积蓄力量，等待我盈彼竭的复仇良机。又过了三年，他进一步分析敌情时说：现在吴国上下只知道耀武扬威，称霸诸侯，但其国内已是危机四伏，"今吴乘诸侯之威以号令于天下，不知德薄而恩浅，道狭而怨广，权悬而智衰，力竭而威折，兵挫而军退，士散而众解"②。物极必反，其衰败灭亡已为时不远了。越国应积极整军练武，"待其坏败，随而袭之"。以后，随着吴王夫差沉湎于声色之乐而忘怀百姓不理朝政，听信谗言而排斥忠良杀害伍子胥等，一桩桩无道之举，导致内政紊乱，自王室到文武百官均纵情享乐，苟且偷安。返国后的第十一年，吴王夫差举全国精兵会盟各诸侯国于黄池，以确认自己的霸主地位。范蠡所称天时、地利、人和三者俱备的良机终于出现了，"臣闻从时者，犹救火、追亡人也，蹶而趋之，唯恐弗及"。时机成熟了，就要当机立断，像救火和追捕逃犯那样紧急出动，绝不能贻误战机，"得时无怠，时不再来，天予不取，反为之灾"。

在对吴战争取得决定性胜利的情况下，越王勾践打算接受吴王夫差的请和要求，而范蠡运用"赢缩转化"的天道循环运行法则，以及吴王夫差当年会稽许和、自留祸根的现实例证，坚决反对议和。他说：当年会稽战败，上天将越国赐与吴，吴国却不取，现在又把吴国赐给越，难道越国也想违逆上天之意吗？历经二十二年的谋划和等待，"一旦而弃之，可乎？且夫天与弗取，反受

① 《国语》卷二一《越语下》。
② 《吴越春秋》卷八《勾践归国外传》。

其咎"①。在他的坚持下，越国大军直捣吴国国都姑苏之宫，越国终于完成了灭吴大业。

从吴国会稽大捷而不亡越，到越国"守时"终灭吴，范蠡在这场旷日持久的越吴战争中，将老子的"反者，道之动"辩证思想发展成为"赢缩转化""从时趋利"论，并在持续密切关注和掌控吴越两国从经济、政治到军事、民心等综合国力长达十余年强弱盛衰转化的基础上，精心策划战略战术，环环相扣，一气呵成，充分显示了老子军事辩证法的强大威力。

3. 周行而不殆

作为本真意义上的"道"，除了"无为"的显著特点外，其"动"感属性和运行态势的规律性同样引人注目。第二十五章在讲到这个"先天地生"的混沌大道时，有一句非常精粹的话叫"周行而不殆"。其意有三：

第一，"道"的存在状态是"行"，即运动着的，而非静止的。第四十章谓"反者，道之动"，第四十一章讲"进道若退"。它们都在反复强调"道"的运动性。正是由于"道"是运动的、变化的、发展的，所以才有了"道生一，一生二，二生三，三生万物"。"道"的运行结果是自然和人类社会等万物的生成，并有了相应的生成体系和生态秩序。如果"道"是静止不动的，就不会有这一切的产生。

第二，"道"的运动轨迹是"周行"。所谓"周行"，就是说道的运动具有循环性、周期性。第十六章言"夫物芸芸，各复归其根。归根曰静，是谓复命"，第二十五章称"大曰逝，逝曰远，远曰反"，第二十八章"为天下式，常德不忒，复归于无极……为天下谷，常德乃足，复归于朴"，第六十五章"玄德深矣，远矣，与物反矣"。老子笔下的"复归""反"等词，都是对"周行"的补证。"道"的周期性、循环性运动，实际上是在讲它的运行规律。

第三，遵循周期性、循环性运行规律的"道"，其运动是永无止境的，是生生不息的，老子称之为"不殆"。第二十三章讲："故飘风不终朝，骤雨不终日。孰为此者？天地。天地尚不能久，而况于人乎？故从事于道者，道者同于道。"暴风骤雨等异常天气都是一时的，阴晴交替变化才是永恒的常态，这是天地自然的规律，人类社会也不例外。所以，人们行为处事如果遵从"道"的法则，就称得上是得道，或者说与大道同行。

"周行而不殆"是大道运行的客观规律，它给世人的启示是：必须以变化和发展的眼光来看待万事万物，必须想方设法找到其自身的运行规律。同时，

---

① 《史记》卷四一《越王勾践世家》。

由于它的环周性,在具体的事物处理中必须防止"物极必反"。因此,持静守虚不盈满,成为基本的道行法则。战争同样是有规律的,战场上敌我双方的情况随时都在发生变化,力量强弱对比此消彼长。"善战者不怒,善胜敌者不与",只有凭借坚强的意志冷静观察,不与敌人硬碰硬,善于以静制动,谋而后战,"是谓行无行,攘无臂,扔无敌,执无兵",才有可能御敌制胜。

先秦时期,由老子"反者,道之动""周行而不殆"辩证思想演变而来的是天道环周论。马王堆帛书《黄帝四经》之《十大经》云:"天稽环周",《经法》则讲"周迁动作,天为之稽。天道不远,入与处,出与反","极而反,盛而衰,天地之道也,人之李(理)也"。《吕氏春秋·圜道》谓:"天道圜,地道方。圣王法之,所以立上下……圜周复杂,无所稽留,故曰天道圜。"从白天与夜晚的更替,到茫茫天空二十八星宿的运行,再到冬夏不辍的云气西行和日夜不停向东流淌的江水,"物动则萌,萌而生,生而长,长而大,大而成,成乃衰,衰乃杀,杀乃藏,圜道也",甚至君主颁发的政令,经各级官员接收执行,"宣通下究,瀸于民心,遂于四方",最后执行的结果又反馈回到朝廷,"还周复归,至于主所,圜道也"。总之,从天到地,从自然寰宇到人类社会,周而复始、运而不穷的"圜道"法则无处不在。天道环周论揭示出万事万物总是一个循环往复、不断运动变化的过程。

管仲认为,"天道"无非就是"阴阳之化",它依循周而复始、极则必反的法则运行。此天道及其运行,是没有人能够对其施加影响、对其有所"损益"的,只能取法遵行。在对天道法则的实际践行运用中,不持满是一个重要的原则。"持满者与天,安危者与人。先天之度,虽满必涸,上下不和,虽安必危。"不持满,是为了不走到极限而转向反面。就用兵而言,"地大国富,人众兵强,此霸王之本也,然而与危亡为邻矣"。为什么疆域辽阔、国富兵强却反而面临着危亡之灾呢?原因就在于天道"盛则衰"的运行规律,这相当于老子所说的"反者,道之动"。当国力昌盛、兵强马壮时,执政者最容易滋生骄纵心理和行为,"骄则缓怠"。对外骄纵于其他诸侯国,就会炫耀武力,恃强凌弱,挑起战争,失信失和于他国;对内骄纵于臣民百姓,就会骄奢淫逸,懈怠于治理,甚至严刑峻法,重赋苛徭,导致"民乱于内"。一旦出现"诸侯失于外,民乱于内"的局面,这就是危亡将至的征兆。所以,即使国土广大,也"不并兼,不攘夺";即使人民众多,也"不缓怠,不傲下";即使国家富裕,也"不侈泰,不纵欲";即使兵力强大,也"不轻侮诸侯,动众用兵"。如此,才是治理天下的根本和谋求霸主地位的关键。①

---

① 《管子》之《乘马篇》《形势篇》《重令篇》。

老子反对一切争霸战争，而管仲主张谋求霸业，这是他们在政治观、战争观上的根本不同；但在军事辩证法上强调遵循战场动态变化和"物极必反"规律，主张用兵要有节制，他们却是共通的。

4. 高以下为基

老子相信，世间一切事物都存在着相互依存、相互转化的对立统一关系，如有无相生、难易相成、长短相较、高下相倾、音声相和、前后相随等等，这是一种永恒的规律。单就贵贱高下关系来看，没有卑贱作为参照，就谈不上尊贵，没有低下作为基础，也无从谈高尚。因此，必须重视卑贱和低下。第三十九章讲："故贵以贱为本，高以下为基。"那些高高在上的诸侯君王们自称"孤""寡""不谷"，实际上都是以低贱者作为根本依托的。要想真正获得下属的拥戴和支持，就必须像江海谦退居下容纳百川那样善待部下，"是以欲上民，必以言下之；欲先民，必以身后之"[①]。

"高以下为基"这一辩证思想，运用在国家治理上，就是统治者要"以百姓心为心"，颁布的经济、政治和社会发展各项方针政策务必要考虑到民众的利益与意愿，只有人民安居乐业，国家才能祥和安康兴旺发达，统治大厦才不会成为空中楼阁面临坍塌的危险；而运用在军事上，就是统兵的将帅要知兵爱兵，要以"慈"治军，炼铸一支"上下同欲"的战无不胜之师。"故抗兵相加，哀者胜矣。"在实力相当的两军激烈交锋中，以慈爱怀柔治军而深得士卒之心的一方，必能以高昂的士气独占鳌头，获取最后的胜利。

"高以下为基"，实际上提出了治国用兵的一个最基本原则问题：无论君王，还是将帅，都绝对不能高高在上，脱离普通民众或兵士。要想维持统治稳固江山，必先安抚民众；要想指挥士兵冲锋陷阵进而取得战争的胜利，必先爱抚士兵。"善用人者为之下"[②]，只有尊重、相信和重用属下，才能让他们心悦诚服，在热情和激情中充分释放潜能，共同努力去达到目标。

老子"高以下为基"的辩证思想，备受历代兵家重视，并被广泛地理解和应用于军队的治理。《孙子兵法·地形篇》说："视卒如婴儿，故可与之赴深溪；视卒如爱子，故可与之俱死。爱而不能令，厚而不能使，乱而不能治，譬如骄子，不可用也。"将帅如何对待士兵，就会获得具怎样战斗力的军队。像呵护婴儿和爱子一样地关爱士兵，那么士兵们就会跟随他赴汤蹈火同生共死；但军队就是军队，厚爱不等于宠爱，用严明的军纪约束士兵们的行为，以整肃

---

① 《老子》第六十六章。
② 《老子》第六十八章。

的军令统一其行动，避免带兵如"骄子"，否则就会失去战斗力，不仅无法在殊死搏斗的战场上获取胜利，反而会让士兵们命丧疆场。

《黄石公三略·上略》则言：被称为"士"的英雄，是国家的中坚骨干，而庶民百姓则是国家的根本，"得其干，收其本"，国家才会根基牢靠，政令才能畅行而不会产生怨恨。从国家而言，执政者应"下下为君"，也就是说要尊重和抚爱基层百姓，这才是真正的为君之道。"下下者"的具体做法是务耕桑不违农时，薄赋敛不搜刮民财，少徭役不劳民力，如此则国家富足民众家欢；在军队内，将帅"必与士卒同滋味而共安危"，才能夯实军队强大的根基，而后对敌人发动攻击，才能达到彻底消灭之以获得战争全胜目的。

吃透老子思想的毛泽东，将治军与用兵牢牢地扎根于人民群众，他深知"人民，只有人民，才是创造世界历史的动力"。还在第一次国内革命战争时期，毛泽东通过《中国社会各阶级的分析》《湖南农民运动考察报告》等，已经鲜明地提出：工农大众是中国革命的主要依靠力量，必须充分发动农民，支持农民运动；打土豪，分田地，在井冈山革命根据地的烽火岁月里，他提出"分兵以发动群众，集中以应付敌人"。此后，由井冈山到瑞金，从长征路上到宝塔山下，毛泽东始终坚定地把人民群众作为军队建设与革命的根基。在1938年5月撰写的《论持久战》中，他说："军队须和民众打成一片，使军队在民众眼睛中看成是自己的军队，这个军队便无敌于天下。"① 在1945年4月24日发表的《论联合政府》中，他又谆谆告诫："应该使每一个同志懂得，只要我们依靠人民，坚决地相信人民群众的创造力是无穷无尽的，因而信任人民，和人民打成一片，那就任何困难也能克服，任何敌人也不能压倒我们，而只会被我们所压倒。"②

从最初的"中国工农红军"，到后来的"中国人民解放军"，这支军队的名称本身就充分体现了毛泽东的人民战争思想。依靠群众，发动群众，为人民群众服务，军爱民，民拥军，军民一家鱼水亲……毛泽东创建的人民战争理论，不仅使中国共产党和它领导的军队不断地由小到大、由弱到强，闯过无数艰难险阻，最终建立新中国，让深陷半殖民地半封建社会而积弱积贫一百多年的中华民族从此屹立于世界的东方，而且迄今它依然是人民解放军建设的根本指导思想。

---

① 《毛泽东选集》第二卷，第501页。
② 《毛泽东选集》第三卷，第1097页。

十、中国历代道家兵法要览

　　道家作为先秦诸子百家和中国文化传承的主要派别之一，虽然主张清静无为、少私寡欲、谦退居下，但他们并非真正地超然于世，他们对自然、社会、人生乃至整个宇宙世界，有其自身系统的理论认识与行为处事方法。他们用"道"的范式和法则来引领一切，无论是治国，还是治身，他们奉行的是"无为而无不为"，追求的是返璞归真。

　　老子之后，道家分为老庄学派、黄老学派、杨朱学派、玄学派等。以庄子为代表的老庄学派，在崇尚鲲鹏水击三千里、扶摇九万里而追求"小知（通"智"）不及大知，小年不及大年"逍遥游境界中，强调清虚自守，"天地与我并生，而万物与我为一"，不参物事，不为物累，超然豁达，渐成隐世主义[①]。而以文子、管子、田骈等为代表的黄老学派，以道家思想为核心，同时采纳法、阴阳、儒、墨、名家等观点，兼容并包，提出君道无为，刑德并举，循名责实，赏罚必信，节欲崇俭，休养生息，将"无为而治"由理论推向实践，到西汉初年得到统治者高度重视，汉文帝、汉景帝、窦太后等都以黄老之学为治国指导思想，张良、萧何、曹参、陈平等大臣均好黄老学，施无为之治，在他们的共同推动下，中国历史上出现了著名的"文景之治"。杨朱学派则以战国时魏国人杨朱及其后学子华、詹何为代表，倡导"贵己""为我""轻物重生"，试图通过"全性保真"来达到无为而治目的。玄学派形成于魏晋时期，以何晏、王弼、阮籍、郭象等为代表，到隋唐时发展成为重玄思潮，出现了成玄英、李荣等玄学大家，甚至影响李氏王朝，唐太宗李世民尊老崇道，自称老子李耳之后，以"静"和"无为"思想治天下，唐玄宗李隆基继位后，拜道士为师，下诏把道教推到国道地位，纳入科举体系，并亲自注释《老子》，在宫中讲经论道，身先士卒，弘扬道教。

　　自老子而各派，道家道教信徒们行走于世，他们或入世建功，或飘然而去，但即便藏身山林或淡忘于江海湖泊沉醉在对长生久视之道的修炼中，他们

---

　　① 《庄子》之《逍遥游》《齐物论》。

依旧关注着世间的风云变幻。每当战乱祸起、兵灾肆虐时，本着对大道生成体系与生态秩序的遵从与维护，他们常常挺身而出，以浩然道气诛邪卫道，在历史上写下一幕幕传奇故事。他们在玄之又玄的大道指引下，在阴阳变化的神机妙算中，领悟用兵打仗的要义，推演排兵布阵的军事谋略，创造了极具神秘色彩的道家兵法。姜尚、范蠡、鹖冠子、黄石公、曹操、诸葛亮、谢安、李世民、李筌、刘伯温等，他们皆服膺道家或者深受道家思想影响，对道家兵法卓有建树。班固撰《汉书·艺文志》，著录古兵书五十三家、七百九十篇、图四十三卷，把许多道家著作列入兵家，又把不少兵家著作列入道家。实际上，除《老子》之外，道家的其他著述，如《黄帝四经》《文子》《吕氏春秋》《管子》《淮南子》等均大量论及用兵，它们与《六韬》《黄石公略》《神机制敌太白阴经》《百战奇略》等，共同演绎着道家兵法的无限精彩。

司马谈在《论六家要旨》中，称道家之术"以虚无为本，以因循为用。无成执（势），无常形，故能究万物之情。不为物先，不为物后，故能为万物主。有法无法，因时为业；有度无度，因物与合。故曰'圣人不朽，时变是守'"①。一切都顺应自然的生态法则，没有固定不变的态势和模式，不把自己的主观看法武断地强加于外在的客观事物，所以能真正弄清和掌握万物的实际运行情况，从而得以主动地适应和驾驭万物。在人的行为处事中，有相应的法度但不能呆板固执地恪守这些法度，要"因时""因物"，也就是说要根据客观时空环境的变化而不断调整自己的主观认识和实践行为。圣人之所以能永续"不朽"，就在于他能顺应时势变化而做出正确的改变。道家的这种精神气质，可以说在道家兵法的运用中得到全面深入的贯彻和淋漓尽致的发挥。

多少年来，人们只要提及道家兵法，总会产生一种神秘、诡谲之感。那些仙风道骨的谋臣智士、统兵将帅乃至武林高手们，在巅峰对决的战场上尽展神机妙算、变幻莫测。南怀瑾先生赞誉说："从三代以下，一路下来，如伊尹、姜太公、诸葛亮，乃至明朝的刘基等等，这些著名的人物，有些站在前面，还有其他在背后辅助而不出名的人。这是中国政治历史上的一个秘密，每到拨乱反正的时候，道家的思想，道家的人物就出来了。但是他们完成了使命之后，也不想在历史上留名，'功成、名遂、身退'，实所谓功德无量。"②"汉初三杰"之一的张良，精通黄老之道，史书记载他曾闲步沂水圯上为一穿粗布短袍的老翁进履而得授《太公兵法》，从此日夜研习，俯仰天下大事，终于成为精于韬略、足智多谋的"智囊"，深得刘邦器重和信赖，盛赞其"运筹策于帷帐

① 《史记·太史公自序》。
② 南怀瑾《老子他说（续集）》，第25页。

之中，决胜于千里之外"。唐朝著名道士叶法善洞晓兵法，"有入水不濡，蹈火不热，啸叱风雨，鞭笞魔魅"之能，当太平公主及其党羽图谋加害唐睿宗李旦和唐玄宗时，他献计"道要"，精心策划，"讨逆辅顺，功就佐时"，克敌制胜，顺利地摧毁了敌对营垒，为扶危定倾立下大功①。著名小说《杨家将》描绘北宋时宋辽争战不断，萧太后请来道家高人相助，摆下天门阵，但终为巾帼英雄穆桂英所破。据说这天门阵按五行八卦布阵，阵中有阵，阵阵相连，变化无穷，在不同的方位变换不同的攻击方法，具有很大的战场威力。除此之外，传说中道家还有金罡阵、八卦两仪阵、七星八卦阵、九宫八卦阵、六合阵、北斗七星阵、奇门八卦阵、四象阵、七煞锁魂阵等四十九阵。

水无常形，兵无常势。不墨守成规，强调因时因地因物，讲求发挥统兵将帅的主观能动性，善于根据客观环境和敌情的变化，灵活机动地制订战略战术，在奇正相依、相机变通中有效地打击敌人，获取战争的胜利，是道家兵法的精髓。从道家们传世的大量兵书中，我们迄今依然能够感受到那些令人称奇的兵法韬略和睿智玄机，甚至那些兵书的名字都是如此富有神奇韵味，如《六韬》《神机制敌太白阴经》等，它们在浩浩的中国兵学星宇中恒久地发出璀璨的光芒。

1. 《六韬》的兵法要义

《六韬》又名《太公六韬》《太公兵法》，是我国先秦兵书中流传至今篇幅最大、内容最多的一部兵书，旧题周朝时辅佐周王完成灭商大计的著名得道谋略家吕尚所著，而据文中内容及表述手法等考证实为战国中晚期作品。

《六韬》分为《文韬》《武韬》《龙韬》《虎韬》《豹韬》《犬韬》采用周文王、周武王与姜太公对话的形式，论述治国治军和用兵打仗一整套军事理论体系与原则，在兵学尤其是兵家权谋史上拥有开创之功。司马迁在《史记·齐太公世家》中称："其事多兵权与奇计，故后世之言兵及周之阴权，皆宗太公为本谋。"《后汉书·何进传》记载："太公《六韬》有天子将兵事，可以威压四方。"《三国志·蜀志·先主传》注引先主遗诏说：刘备一有闲暇就读《六韬》和诸子等书，还让人专门抄写《六韬》。唐太宗李世民熟读《六韬》，自称是姜子牙的化身，专门建立太公庙，意在告诉人们他要效法周文王访贤并重用姜子牙那样的贤臣良将，后来果然得到大批治国良才，缔造了"贞观之治"。到了北宋元丰年间，宋神宗下令将《六韬》列入《武经七书》，将其确定为武学和各军事将领必读之书。这部兵法杰作大约在 16 世纪时传入日本，18 世纪时传

---

① 唐玄宗《御制叶真人碑》，陈垣《道家金石略》第 124 页。

入欧洲，现已翻译成日、法、朝、越、英、俄等多种文字，对世界军事亦具重大影响。

《六韬》卷一《文韬》，围绕君王如何实现天下归心论述治国之道，而把用兵纳入其中。在作者看来，统治者必须首先意识到天下不是哪一个人的天下，而是"天下之天下也"，治乱兴衰与祸福都决定于君王自己的所作所为，而不在于"天时"，治理国家最关键的是"爱民而已"。所以，要想获得和巩固江山，就必须得到天下百姓的拥戴，达此目标的正确路径是与天下人共同享有而不是自己独占天下利益，能这样做就是仁爱，就是遵守道义，天下人就会归附他。有"道"的贤圣明君，一定会与天下百姓同忧、同乐、同好、同恶，他能够像遵从天地万物四季的变化规律一样顺应民心，做到"利而勿害，成而勿败，生而勿杀，与而勿夺，乐而勿苦，喜而勿怒"①，使百姓不丧失他们的生计事务，不违背农时，能够享受轻徭薄赋，没有严苛的刑罚，也没有贪官污吏的搜刮。

君王能如此治国的前提，当然是他的个人修养必须达到"柔而静，恭而敬，强而弱，忍而刚"道的境界，必须像尧帝那样不戴金银玉器饰品，不穿锦绣华丽衣服，不看奇珍异象，不玩名贵宝物，不听淫佚音乐，不装修宫垣屋宇，不能兴各式各样的工程建设而驱使民众无休无止地从事劳役，必须避免"害民耕绩"，必须"削心约志，从事乎无为""平心正节，以法度禁邪伪"②。这样，就可以达到民安物阜，老百姓都按照时节变化努力做好各自的本职工作，农民集中精力于农业生产就会五谷丰登，工匠集中精力于手工劳动就会器具富足，商人集中精力于物品流通就会货物充沛，此便是君王必须要持守完整的大农、大工、大商"三宝"。"三宝"兴顺，民众都安居乐业，国家也就兴旺繁荣。

富国强兵是一个国家昌盛、实现长治久安的根本保障。圣贤君王当然要谨记"兵为凶器，不得已而用之"，但也要汲取商王"知存而不知亡，知乐而不知殃"的教训，要懂得在治世中谋划如何防止可能灭亡的灾祸。所以，"相不能富国强兵，调和阴阳，以安万乘之主，正群臣，定名实，明赏罚，乐万民，非吾相也"。"无智略权谋"是君王必须防止的"七害"之首，对于那些有勇无谋、只是为了获得重赏尊爵而"强勇轻敌，侥幸于外"的人，千万不能任命其为领兵的将帅。一个国家的兵力如果不强大，该用兵而不用兵，就会出现"敌

---

① 《六韬·文韬·国务》。
② 《六韬·文韬·盈虚》。

国乃强",危及自身的安全①。

此外，本卷还论及赏罚分明，诚信治军，以及严密掌握敌人的军情变化，把握有利战机，给予对手以出其不意的坚决打击，都是兵道的重要法诀。

《六韬》卷二《武韬》，主要从战略上论述对敌斗争取胜之道以及怎样才能固守江山。作者认为，战略时机的选择极其重要，如果发现敌方频频发生天灾人祸，其内外弊端丛生，无论疏远还是亲近的人都众叛亲离，那么，此时发动攻击可以说是替天行道，完全能够取得"全胜不斗，大兵无创"的战绩。反之，当敌人营垒还没有出现这种衰败的征兆时，就不可以贸然"先谋"而发动进攻。所以，要善于等待时机，做到"大智不智，大谋不谋，大勇不勇，大利不利"②。

这个等待的过程不是被动的，对内既要遵循"道"的法则，不扰民，不侵害别国与天下，又要心怀和施行同舟共济，获取天下就像一帮人共同去打猎，凡是参与的人都有"分肉之心"，只有利益共享才能团结一致打败敌人；对外则可以采取措施积极促使敌人内部的瓦解，为此提出了不使用武力而打击对手的"文伐"十二节，即：投敌方的喜好而骄其志，拉拢敌方首领的亲近之人使其不再忠贞不渝，收买敌方的要员使之成为我方的内应，以美色珠玉引诱敌方沉浸于荒淫享乐或者故意用卑微言词曲意迎合来麻痹他，以敬重、置留等手段来离间敌方的忠臣，通过收买方式使敌方产生内乱相互侵害，暗中给敌方重臣许诺利益而使其轻视农桑耕稼以空虚其国库，用重宝使敌方与我同谋且"谋而利之"使其信任我视我为"重亲"最终为我所用，以尊名荣耀恭维敌人使之感觉并沉浸于自己的强大，以屈尊就卑的方式侍奉敌方必能获得信任进而掌握其军情，用尊贵的名利收买敌方的豪杰智士和勇士使其上司闭塞视听，最后是扶植敌方的"乱臣"来迷蒙他、进美女淫声来诱惑他、送良犬骏马来疲劳他、经常讲天下形势大好来让他忘记忧患，观察到时机成熟了就与天下人共同拿下他。

打败敌人获取天下之后，则应该奉行清静无为，"陈其政教，顺其民俗，群曲化直，变于形容"，在不"争"中"与天下共其生"，使"民有常生""民无与而自富"，如此便能获得长治久安③。

《六韬》卷三《龙韬》，开篇即讲将帅作为君王的股肱羽翼在治理国家与用兵打仗中的关键性意义，指出"命在通达，不守一术。因能授职，各取所长，

---

① 《六韬·武韬·发启》。
② 《六韬·武韬·发启》。
③ 《六韬·武韬·文启》。

随时变化，以为纲纪"①。兴师举兵是国家的大事，而将帅作为君王的辅佐，关系着国家的存亡，所以任命将帅不可不慎重考虑。对将帅的任命，不能拘泥于一个方面的才能，要综合考察其能力来授予相应的职位，各用其长，他们必须懂得并且精于根据时间、空间等客观环境与敌情的变化来灵活制订和运用战略战术。

好的将帅应该具有勇猛、智慧、仁爱、守信、忠诚这"五材"，要避免"十过"，即勇猛而轻死冒进，性情急躁而急于求成，有贪欲而好利喜功，过于仁爱而对部下姑息迁就，有智慧但内心胆怯，有诚信却喜欢轻信别人，廉洁奉公却不善于施惠于人，足智多谋但优柔寡断，性情刚毅却刚愎自用，性格懦弱而喜欢依赖他人。

如何才能选出好的将帅呢？作者提出了著名的"八征"法：第一是问话，观察他的言语表达和思维；第二是刨根问底，观察他的应变能力；第三是派间谍策动，观察他的忠诚度；第四是明白显问，观察他的品德修养；第五是用钱财宝物试探，观察他的廉洁表现；第六是用美色来诱惑，观察他的行为操守；第七是用危难之事来检验，观察他的勇猛果敢；第八是用酒来灌醉，观察他是否失态。用这八种方法，就可以很容易地辨别出外表与内在实际不相符的十五种情况，从而选拔出真正好的将帅。

任命了好的将帅，还需要为他配置谋士五人、天文三人、地利三人、兵法九人、通粮四人、奋威四人、伏鼓旗三人、股肱四人、通材三人、权士三人、耳目七人、爪牙五人、羽翼四人、游士八人、术士二人、方士二人、法算二人等，这样才能形成军队强有力的统领指挥中心。

本卷还论述了君王派遣将帅出师的"立将之道"，明确规定"军中之事，不闻君命，皆由将出，临敌决战，无有二心"。统兵的将帅应通过"诛大""赏小"、赏罚分明、令行禁止来树立威信，通过"礼将""力将""止欲将"三大途径来励军，"与士卒共寒暑、劳苦、饥饱"，如此就可以号令三军，让士兵们在战场上冲锋陷阵，拼死杀敌，"闻金声而怒，闻鼓声而喜"。

将帅出征在外，君王与其通信联络的方式有阴符（根据战情分为大胜克敌、破军擒将、降城得邑、却敌报远、警众坚守、请粮益兵、败军亡将、失利亡士等八种）、阴书（用于阴符不能说明的重大军情与计谋之策）。作者强调战场态势瞬息万变，"势因于敌军之动，变生于两阵之间，奇正发于无穷之源"，要密切观察和掌握敌情的变化，善于随机应变和后发制人，"善胜敌者，胜于无形。上战，无与战"，要等待和捕捉最佳战机，判断能获胜就打，不能获胜

---

① 《六韬·武韬·王翼》。

就要及时停止。两军交锋，"无恐惧，无犹豫"①，大无畏的精神、旺盛的斗志和坚毅果敢的行动，是战胜的根本保障。

用兵的规律是要掌握"神势"，即对阵双方神妙变化的战场态势。要根据出甲陈兵的车、骑、步和强弩长兵军种情况，山林、溪谷、坳泽、开阔无隐的平地等地形情况，阴晴风雨等气候情况，以及敌人的布阵情况等，善于"诡伏设奇"，以"奇伎""奇谋"，出"奇兵"打败敌人获取战争胜利。宫、商、角、徵、羽五音，可以反映战场不同的情况，用以判断"三军之消息，胜负之决"，是音乐在军事中的运用。通过仔细观察敌人的"出入进退"和调遣动静、军中流传的各种言语吉凶以及士兵们的种种议论，就可以推断其军队是整肃划一、士气高昂还是军心已乱、衰竭涣散，从而做到未战而先知敌人之强弱，并"预见胜负"。

农战合一，打仗时用的马、牛、车、舆和各种兵器，就是农民平时稼穑耕种用的农具，战场上的统兵将帅就是和平时期负责日常管理的官吏，士兵就是民众。因此，富国强兵之道就是如何将它们有机地结合起来，做到亦兵亦农，两不相误，当天下安定、国家无战事时农商经济获得发展，而当战事发生时又能迅速谋战保家卫国，这就叫"善为国者，取于人事"。

《六韬》卷四《虎韬》，首先探讨了军队的装备问题。以甲士万人的队伍为例，按照攻陷"坚阵"打败强敌、攻陷"坚阵"打败敌人的步骑兵、打败敌人步骑兵并拦截、堵击处于困境或败逃之敌等不同情况，从白天与夜战、进攻和防守多个角度考虑，详细介绍了"三军之用"的种类和数量，包括各种战车、强弩绞车连弩、大斧大镰大锤铁耙铁叉铁杙矛戟盾刃、金鼓旗帜、车骑步士兵配置数量等。

本卷从战术的角度，比较系统地讲解了在不同战场环境下攻击与防守、破敌和自救的具体打法。如：

《疾战》篇讲，在"敌人围我，断我前后，绝我粮道"的情况下，要采用迅速突围的方式脱险。《必出》篇则进一步阐明在深入敌境遭到敌人四面包围的险境下，要选择敌人"空虚之地，无人之处"突围，突围时要有周密的军事部署，要设伏兵阻击敌人的追击。

《临境》篇在回答敌我双方对峙于边境、彼此战阵坚固都可发动攻击、假如我方要首先进攻但又必须防止敌人的趁机偷袭应该怎么办时说："分兵三处"是最好的办法，其中"前军"要深沟高垒做好守备，"后军"多积粮食不要让敌人察觉我方的意图，而挑选的精锐之师要出其不意地发动突然袭击。

---

① 《六韬·武韬·军势》。

《动静》篇提出在深入敌境、敌我双方"众寡强弱相等"的情况下，如果要瓦解敌军的斗志与阵势，就要派兵绕到敌人后方十里设下埋伏，同时派出战车和骑兵越过敌人前后军一百里，多置旌旗金鼓，交战时一起发出鼓噪呐喊，给敌人造成大兵压境、身中埋伏的恐惧感。

《金鼓》篇认为在深入敌境、连续遭遇恶劣天气致使防御工事受损而这时又逢敌军夜袭、"上下惑乱"的情况下，做好牢固戒备、严阵以待是最重要，以三千人为一个单位，各自守好阵地，营垒内士兵盘问警醒之声不断，旌旗所指，号令相传，敌人来袭时见我军如此气势和有条不紊的防备，必定退回，而此时我派出精锐之师尾随给予痛击，必定获胜。

《绝道》篇称：在深入敌境、与敌僵持不下时，要善于"察地之形势"，选择山林、险阻、水泉、林木等地，依托自然地形优势构筑坚固的防御阵地，谨守关隘和桥梁，还要知道城邑村庄的地形便利，绝不能让敌军断我粮道和对我实行包抄夹击。

《略地》篇言：在战胜攻入敌境夺取了部分土地后如何进一步攻取大城时，最好是把车骑兵驻扎在离城邑较远的地方，将城邑包围起来，阻断敌人的内外联系，城中断粮，而外面的援军又不能把粮草辎重运进去，城邑中的守军必然恐慌，"其将必降"。

《火战》篇则谈道：深入敌境后，部队在行军数百里因疲乏而休整驻扎在草木丛生之地时，如果遇到敌人发动火攻的对策是：我军应该以云梯、飞楼"远望左右"，发现敌军火攻就立马在我阵地前后也燃起大火，利用火势阻挡敌人的进攻，同时撤退至燃烧过后的"黑地"布阵坚守，派出强弩弓箭手护卫左右，加上前后的火阵，敌人便不能加害于我。

《垒虚》篇告知怎样获得敌军营垒内部的虚实情况，要综合天道、地理、人事进行分析，并"登高下望"进行实地观察，通过观察敌人的阵地防御、士兵进出行走、鼓铎声音，甚至其阵地上的飞鸟是否惊恐、有无尘土飞扬等，都可以据此判断其真实诈伪。

《军略》篇的"凡帅师将众，虑不先设，器械不备，教不素信，士卒不习，若此，不可以为王者之兵也"，则可以说是对如何锤炼一支战无不胜军队总的要求，必须要在战前制订精密的作战计划与方案，必须要准备好齐全精良的装备，必须要做好常备军事训练，士兵必须要有熟练的作战技能。就其中的装备而言，攻城要有轒辒车、临冲车，窥探城中军情要有云梯、飞楼，行军途中驻留前后要有武冲车、大橹车拒守防卫，封闭道路街道两边要有强弩弓箭手护卫，设置营垒则要有天罗、武落、行马、蒺藜等障碍物，白天登云梯瞭望立五色旌旗扬阵势，晚上则设云火万炬鼓角齐鸣，跨越沟堑有飞桥、转关、辘轳、钮锯，渡河有天潢、飞江，逆流而上则有浮海、绝江，所有的这些军事装备都应该在平时就准备好，临战时就可以从容不迫，无所忧虑，获得胜利也就有了保障。

《六韬》卷五《豹韬》，继续讨论各种战场战术尤其是一些特殊环境下的作战方法。《林战》篇讲深入敌境、在森林中遭遇敌人如何"以守则固，以战则胜"，关键是车、步、骑兵有机结合，将它们统一部署为"冲阵"，同时要斩除草木，尽量扩宽我军的道路，以利作战进退。

《突战》篇是唯一提到当敌军长驱直入我方、并且侵占我土地抢掠我牛马财物引起军民恐慌的情况下该怎样应对的篇章，作者首先判定这样攻来的敌军是突袭部队，其孤军深入必定缺乏粮草后援，所以我军要调集驻扎在远处城邑的其他部队组成精锐突击队，快速在敌军的后方发起攻击，并选定时间如期与我主力会合夹击，这样就可打败来犯之敌活捉其将领。如果攻来的是敌军的先头部队，而其大队人马还没有完全赶到的话，我军就要仔细观察敌情，可以在离城四里的地方筑营布阵，同时设下埋伏，待敌人大部队攻来时实行内外夹击，"三军疾战，或击其前，或击其后"，这叫"突战"，敌军必定招架不住而败退。

《敌强》篇说的是在深入敌境、遭遇"敌众我寡，敌强我弱"和敌军夜袭时的作战方法，作者把这种敌军称为"震寇"，"不可以守"，最好主动迎击，挑选武艺精湛的弓箭手，以车骑兵左右掩护，对前来偷袭的敌军前后方同时发起猛烈攻击，使其内外遭到反击，敌军上下必定陷入惊恐混乱而败亡。

《敌武》篇指出，在深入敌境、突然遭遇强大的敌人并被其"武车骁骑"包围的情况下，我方明显处于劣势，叫"败兵"，善于用兵的人也可能取胜，不善于用兵的人则必定败亡，获胜的方法是在我方阵地前后三里以弓箭手设下埋伏，派车骑兵设阵左右掩护，当敌人向我发起追击时，用我军的车骑兵去冲击敌军的左右，待敌军冲过我的伏兵时，集中弓箭手向敌军的左右发起猛烈射击，我车骑锐兵又前后夹击，敌人虽然众多但一定会败走。

《鸟云山兵》和《鸟云泽兵》两篇，分别提到深入敌境、在高山或临水险阻之地遭遇敌众我寡情况下的求生获胜之道，其核心是依据地形先将车、骑、步兵布成冲阵，前后左右都要有所戒备，开战后又在便于我方作战的地方将车骑兵变阵为鸟云阵，"所谓鸟云者，鸟散而云合，变化无穷者也"，这实际上是充分利用车骑兵和弓箭手等步兵协调配合、灵活变换阵形的"奇正"作战方式。

《少众》篇专论怎样"以少击众，以弱击强"，以少击众务必要在黄昏时选择在深草林木险要路口设置埋伏，以弱击强则要想法获得大国的支持和邻国的帮助，哪怕是付出一些代价，比如"厚其币，卑其辞"。

《分险》是本卷最后一篇，探讨了在敌我都据有山水之险的对抗局势下如何固守战胜，要义是在我方据有的险要地势基础上，要尽可能做好防御敌方优势的对策，如渡河、扩路、在河道山谷口用战车布置坚固的"车城"阵，以强弩弓箭手护卫左右，再以三千甲兵为一屯，"左军以左，右军以右，中军以中，并攻而前"，轮番冲锋，轮流休整，必定能获胜。

《六韬》卷六《犬韬》，主要论述战场上各分部、各兵种怎样凝聚为统一强大的有生力量以及军队的分类编制、操练、选拔组建等。

《分合》篇首先讲到："凡用兵之法，三军之众，必有分合之变"，平时各部分别驻扎于多个地方，战时需要整合，先由统领将帅确定会战的地点和时间，然后用檄书明确告知各参战部队，令其准时到达指定地点，先到者奖，迟到者斩，如此则无论远近，"三军俱至，并力合战"。

《武锋》篇提出了观察敌情、选择最佳攻击时机的"十四变"：一是敌人刚刚集结立足未稳时可对其发动攻击，二是敌军人马尚未进餐处于饥饿状态时可对其发动攻击，三是气候季节等天时变化于敌人不利时可对其发动攻击，四是敌军还没有占领有利地形时可对其发动攻击，五是敌军溃散逃跑时可对其发动攻击，六是敌人没有防备时可对其发动攻击，七是敌军疲乏时可对其发动攻击，八是敌军将帅与士兵分开时可对其发动攻击，九是敌军长途跋涉时可对其发动攻击，十是敌人正在渡河时可对其发动攻击，十一是敌军忙乱不堪时可对其发动攻击，十二是敌军经过狭窄险要之路时可对其发动攻击，十三是敌人行军阵列不齐整时可对其发动攻击，十四是敌军发生心理恐慌时可对其发动攻击。

《练士》篇认为应该根据每个士兵的不同特点按照同类相聚的原则分别编制为冒刃之士、陷阵之士、勇锐之士、勇力之士、寇兵之士、死斗之士、敢死之士、励钝之士、必死之士、幸用之士、待命之士，这些各具所长的士兵方队不仅便于训练管理，而且在战斗中可以根据不同的任务需要派遣最擅战之士兵去执行，从而达到事半功倍之效以确保获胜。

《教战》篇专论如何将普通士兵教化训练成善战之士。教练的内容包括听到擂鼓鸣金应该采取什么样整齐的行动、行军队列步伐与日常起居操练、在旌旗指挥下的军阵变换等，教练的方式方法是以一带十、以十带百，以此类推，最终使整个三军乃至百万之众都成为训练有素、齐整统一的威武之师。

《均兵》篇谈的是车、骑、步兵在战场上的不同作用、它们在平地和险地环境下的作战能力比较以及车骑兵的编制和行军队列法，指出战车之于军队就好像羽翼之于飞鸟，它的主要作用在于攻陷敌人坚固的军阵、阻击强大的敌军和堵截溃逃的敌人，骑兵机动灵活相当于军队的听用，主要作用在于追击溃逃的敌人、切断敌人的粮道和攻击流动作战之敌。无论在平地还是险要之地作战，关键是对车、骑、步兵要使用得当，协调配合形成有机整体，才能共同发挥出强大威力。

《武车士》篇指出，选拔车战士兵的标准是：年龄在四十岁以下，身高七尺五寸以上，奔跑能够赶上奔马，跳上奔驰的战车，可以前后左右上下灵活自如地作战，能够掌握旌旗，臂力足以拉开相当于八石重的弓弩，向前后左右投射武器都十分熟练。

《武骑士》篇提出选拔骑兵的标准是：年龄四十以下，身高七尺五寸以上，身体健壮而敏捷，远超常人，能够骑马奔驰射箭，前后左右进退周旋自如，可以飞骑越过沟堑、登上丘陵山地、冲过险阻、渡过河流沼泽、突击强敌、扰乱敌众者。

《战车》篇说步兵贵在知晓敌情和战局的变动，战车贵在知晓地形的优劣，而骑兵贵在知晓其他便捷的行军路径，"三军同名而异用也"，由于受地形条件的限制，战车必须选择"八胜之地"，避免"十死之地"，实际上是讲车战怎样避免战败而获得胜利的具体战法。

《战骑》篇称骑兵作战有"十胜""九败"。"十胜"指十大有利战机，如敌人新到、阵势没有稳固、前后各部衔接不畅等，抓住有利战机，发挥骑兵的优势，就可以打败敌人取得胜利。所谓"九败"，则是指不利于骑兵作战的九种情形，如骑兵攻入敌阵但又未能破阵、此时敌人假装溃退而以车骑回击，那么我骑兵就会遭到失败。

《战步》篇论述了步兵如何对付敌人车骑兵的战术法则。必须依托丘陵险阻等自然地形优势，在排兵布阵上要把持长兵器的兵士和强弩弓箭手摆在前面，而把持短兵器的兵士和威力弱小的弓箭手摆在后面，将他们分成许多排轮流出击。如果没有自然的地形优势，就要让士兵制作行马、木蒺藜等障碍物，把牛马编队，设置"四五冲阵"，同时挖壕沟，将战车连接起来作为营垒，通过这些办法来阻绝敌人，并以强弩弓箭手戒备左右，下令三军快速勇猛攻击，绝不能懈怠。

由上可知，《六韬》论兵可谓汪洋恣肆，鞭辟入里。在系统而完善的兵法体系中，总体上看具有如下特点：

第一，把治军用兵视为治国的重要组成部分，富国强兵是基本的政治理念。统治者应该遵从道的法则，奉行清静无为，使百姓安居乐业，农工商"三宝"兴顺，则国家可以长治久安。要牢记"兵为凶器，不得已而用之"，但也要汲取商王的教训，必须高度重视用兵之道。

第二，"智略权谋"是治军用兵的灵魂，它必须贯穿于军事领域的每一个角落。打击敌人要善于等待时机，统兵的将帅要精于根据时空环境与敌情的变化来制订和运用灵活的战略战术，在奇正变化中有效地打击敌人、保全自己，用兵的至高境界是"善胜敌者，胜于无形。上战，无与战"。

第三，备战是一个漫长的过程，军事装备与军队的训练应该常态化。如果"虑不先设，器械不备，教不素信，士卒不习"，就不可以称为"王者之兵"，一旦战争爆发，自然就会手足无措。

第四，农战合一是实行备战常态化的有效之举。农人就是兵士，器具就是兵器，官吏就是统兵的将领，这种寓兵于农，既不违农时、伤农事，又能为军队建设和战争的准备提供丰富的资源。

第五，标准化、规范化是治军的重要原则。从年龄、身高、体能测试等选拔要求的规定，到金鼓之声、旌旗号令内涵的领悟和队列、兵器使用的操练，都必须严格把关，才能打造出一支训练有素、所向无敌的精锐之师。

第六，兴师治军，用兵打仗，需要高度的智慧，也需要高度的技巧。因此，统兵的将帅至为关键，它关系着国家的存亡。通过"八征"法选出的将帅，应具"五材"而避免"十过"，要有政治家的情怀，懂得"与士卒共寒暑、劳苦、饥饱"，更要有兵家的智谋韬略，知晓"随时变化"，能在千变万化的战场上率领士兵们排除万难，所向披靡，最终赢得战争的胜利。

2. 《三略》的兵法要义

《三略》，又称《黄石公三略》，原名《黄石公记》。相传其出自姜太公吕尚，经西汉黄石公传授给张良，是一部专讲政治和军事战略的兵书。

在思想体系上，《三略》糅合了道、儒、兵、法等诸子百家的思想，大量援引《军谶》之语，着重阐述治国用兵谋略，自问世以来对历代军事影响深远，也先后传入日本和朝鲜等国。

《三略》分上、中、下三卷，其兵法要义分别如下：

《上略》的核心是论述将帅在国家治理中的突出地位以及如何成为一个"务揽英雄之心"、能够号令三军、战则"全胜"的优秀将帅。

"夫将者，国之命也；将能制胜，则国家安定。"将帅直接关系着国家存亡的命运，假若他能够统领军队在战场上克敌制胜，那么国家就可以得到安定。所以，将帅必须具有高超的德行、杰出的才华、丰富的智慧谋略和强有力的军事掌控与执行能力。

将帅高超的德行，既体现在他的清廉、正直、公平，能够听言纳谏、明辨是非、宽大为怀，更体现在他应该像圣人那样"守微""不贪强"，懂得"柔能制刚，弱能制强"，打了胜仗则"得而勿有，居而勿守，拔而勿久，立而勿取"。因此，作者崇尚"下下"，即关爱下属。作为君王，"下下者，务耕桑不夺其时，薄赋敛不匮其财，罕徭役不使其劳"。而作为统兵的将帅，就是"必与士卒同滋味而共安危"，如此才能上下一心形成强大的战斗力，才有获得全胜的把握。

将帅杰出的才华，体现在他能知晓一个国家的民情风俗，能够将各地的山川地理形势了然于胸绘制成图，能够清楚地表明险阻艰难之地，体现在他能"察众心，施百务"，敌人的动向随时侦知，敌人迫近有防备，敌人强大能趋下，敌人气势高昂能避其锋芒，敌人来犯能严阵以待，敌人施以暴虐能平定，敌人悖逆能伸张正义，敌人和睦能分化瓦解，体现在他能根据敌人的举措挫败它的图谋，能顺应战场态势的变化打败敌人，能故意释放假情报造成敌人的过错，能撒下天罗地网将敌人包围。

将帅丰富的智慧谋略，体现在他对敌我双方战争态势的准确把握和建立在"必先察敌情"基础上能够深谋远虑地制订打败敌人的英明决策。"夫统军持势者，将也；制胜破敌者，众也。"将帅的职责就是统率军队、把握战场大势，士兵的职责是执行将帅的指令打败敌人获取胜利。显然，"将谋"至为重要。要达到谋而有效，谋能破敌，必须做到三个方面：一要"将谋密"，不能有任何泄露；二要招揽谋士，自己有思想，善于听取谋士的意见和好的建议；三要多听多看，博采众长，"仁贤之智，圣明之虑，负薪之言，廊庙之语，兴衰之事，将所宜闻"，也就是说从仁贤智士、圣明君王到普通民众等所有议论天下兴亡之事的，将帅都应该兼听，并从中获得教益和启示。

将帅强有力的军事掌控与执行能力，体现在号令划一、军政整饬、"战如风发，攻如河决"。将帅的这种掌控和执行能力，来自于他四个方面的综合素质：谋略、勇气、不妄动、问责迁怒。将帅在军中必须"崇礼而重禄"，通过严明的赏罚、任贤用能等树立崇高的威信，使全军官兵一切行动听指挥，"士众一，则军心结"，在此基础上对敌人发动迅雷不及掩耳般的快速打击，就一定能出其不意，大获全胜。

本卷总结了将帅在八个方面可能会对治军用兵带来严重损害的过失：一是将帅不能纳谏，英雄豪杰就会散去；二是将帅不能听从好的计策，谋士就会离去；三是将帅善恶不分，有功之臣就会灰心丧气；四是将帅一意专行，部下就会怪罪于你；五是将帅自己在战场上亲自攻伐，属下就不会多建战功；六是将帅听信谗言，士众就会寒心背离；七是将帅贪财，军内就会奸邪不上；八是将帅好色，士兵就会放纵淫乱。这八个方面，"将有一，则众不服；有二，则军无式；有三，则下奔北；有四，则祸及国"。与此同时，作者还借《军谶》之言，指出在国家和军队的治理中，必须防止上下暴虐无道之政、内贪外廉诈取功名、结党营私、强宗大族相聚为奸、委曲弄文破坏吏治、官多民少恃强凌弱、用人不当而致贤者退无德无才者占位、帮派实力强大欺上瞒下、佞臣当道扰乱军国政令不通、奸雄把政阻塞视听蒙蔽主上。

《中略》主要讲战争结束后君王以"德"治理国家之道和对智士谋臣、统兵将帅们的安置。当太平治世来临，君王体会和遵循天地自然法则，"制人以道"，收服人心，设立各种规矩和法度，使天下教化而行。此时，"虽有甲兵之备，而无斗战之患"，按照君臣之间彼此不疑的原则，曾经在战场上叱咤风云的将帅们应该懂得"飞鸟尽，良弓藏；敌国灭，谋臣亡"的道理，"全功保身"、及时身退是美而无害的大好事。当然，君王应该守信，对那些在战争中立下汗马功劳的将帅们给予足够的奖赏，"封之于朝，极人臣之位，以显其功；中州善国，以富其家；美色珍玩，以说（同'悦'）其心"。作者强调，"谋臣亡"的意思不是要真正取他们的性命，而是"夺其威，废其权也"，通过加封无实权的名誉职位、赐与土地钱财、赏给美女宝物等，既解除了这些兵权在握、威信甚高的战争功臣们对君王统治的威胁，又能"存社稷，罗英雄"，实在是两全其美。

本卷还援引《军势》的内容，阐明以下几条用兵打仗的原则：

一是出师在外，统兵的将领拥有临阵决断的权力，如果进退等所有军事行动都需要向身处朝廷的君王报告且获得批准，"则功难成"。

二是军队用人要用那些喜欢建立功名的智者、喜欢实现自己梦想的勇者、对利益趋之若鹜的贪者、不惧怕死亡的愚者。这四种人都有自己的性情，顺着他们的性情而合理使用，就能够发挥出最大的战斗效力，这是打仗时用人的奥妙之处。

三是不要让能言善辩的人在士兵们面前述说敌军的长处与好话，这样容易造成迷惑；也不能让仁厚的人主管财务，因为他可能抗不住下属的请求而分发过多的钱财。

四是要禁止巫祝行为，不准巫祝者给官兵卜测军事吉凶。

五是擢用仁义之士不能靠钱财，因为懂仁义的人不会为不仁不义者卖命，聪明的智者也不会为昏君出谋划策。

《下略》首先阐明有德的贤人、持道的圣人对于天下统一、国家强盛意义重大，治国需要道、德、仁、义、礼五位一体，"废一善，则众善衰；赏一恶，则众恶归"，"一令逆则百令失，一恶施则百恶结"，所以要谨小慎微，公平治世，善恶分明，以解除民众的疑惑，如此才可以求得国家的安定。

在用兵的问题上，作者差不多是直接引用《老子》之语而鲜明地表示：

"夫兵者，不祥之器，天道恶之，不得已而用之，是天道也。"人与道的关系，就如同鱼和水一样，鱼得水而生，离开了水就只有死亡，因而君子总是心存敬畏不敢违背道的法则。圣明的君王在万不得已的情况下兴师用兵，不是因为喜欢打仗，而是出于诛暴讨乱，是正义之举，获得胜利是必然的。不过，即便是这样的用兵，也要恬淡为上，要重视战争的危害，不要伤害到民众的生命财产。

综观《三略》，原文声称其"为衰世作"，根据上、中、下三篇的内容和逻辑关系，准确的理解应该是为避免国家因为用兵及军政关系处理不当而出现衰败而作。在一个国家的大政中，治军用兵、御敌自卫是不可避免的，于是统兵的将帅就十分关键，他的品行和军事才能，以及怎样富有谋略地带兵打仗，决定着国家存亡的命运。所以，君王如果能深刻地读懂《上略》，"则能任贤擒敌"，国家可安；战争结束后，如何妥善地安顿好手握军权、立有赫赫战功的将帅，防止他们弄权干政、影响国家的和平安宁，成为新的课题。因而，"还师罢军，存亡之阶"。君王如果能深刻地读懂《中略》，"则能御将统众"，天下太平；将帅等豪杰之士，虽然功高，但依然是臣下，"臣当君尊，上下乃昏；君当臣处，上下失序"。一旦出现这种混乱失序状况，国家就会重新走向衰败。为了能够维系上下不失序，就需要道、德、仁、义、礼。由此，君王如果能深刻地读懂《下略》，"则能明盛衰之源，审治国之纪"。

《三略》采用的是主论加大段援引《军谶》《军势》之语的写作构架，从形式上看仿佛较为散乱，实则富有严密的内在逻辑，可以说是环环相扣，层层递进，从整体上论证了治国用兵与国家的兴衰存亡之道。

3.《淮南子》的兵法要义

《淮南子》原名《鸿烈》，由西汉前期的淮南王刘安召集宾客方术之士所作，后世多称之为《淮南子》或《淮南鸿烈》。刘安为汉高祖刘邦的孙子，喜读书，好鼓琴，学识渊博，才华横溢，南宋史学家高似孙称他是"天下奇才"。公元前139年，刘安将《淮南子》内书二十一篇作为珍贵礼品，献给继位刚两年、属于他侄辈的汉武帝，期望这位新的君王能行休养生息之治，实现国泰民安。

《淮南子》被誉为以道家哲学为总览的百科全书。东汉时高诱讲："其旨近《老子》，淡泊无为，蹈虚守静，出入经道。"[1] 近代学者梁启超将其评论为

---

① 高诱《淮南子注·叙》

"汉人著述中第一流也","实可谓集道家学说之大成"①。作为黄老学派的代表作,《淮南子》以天文、地理和人事论解大道,涉及古今治乱、存亡、祸福与世间诡异物事,其卷十五专列《兵略》论用兵之策。

战争由来已久,它起因于人类有衣食等欲望但没有足够的物质财富来满足而出现的彼此争斗,"夫兵者,所以禁暴讨乱也",这是《淮南子》的战争观。其内涵有四。

一是战争具有不可避免性,这是由于人围绕利益的争夺,就像其他许多"有血气"的动物"喜而相戏,怒而相害"一样,是天性。

二是战争的发动不是为了开疆拓土,也不是为了贪图金玉财宝,而是用来阻止利益争斗中的强凌弱、勇侵怯,是为了"讨强暴,平乱世",消除社会的各种危险和污秽,使其重新恢复清静祥和与安宁。比如,传说中的三皇五帝时代,黄帝因为炎帝兴起火灾而与其交战于阪泉,颛顼因为共工犯水灾而将他诛灭。

三是战争的发动,是在用道来教化、用德来引导、用武力来威慑等都不起作用的情况下才实施的。

四是战争只针对那些侵夺人民、施暴天下的极少数人,圣人用兵就像梳头除草,"所去者少,而所利者多"。如果战争的兴起,是以牺牲无辜的民众为代价去滋养没有仁义的君王,或者以耗尽天下的钱财去满足一个人的欲望,那就祸害无穷。

按照这样的战争观,《淮南子》对齐桓公那样的称霸用兵做了比较全面而客观的分析,将其定性为"非以亡存也,将以存亡也"。意思是说,这种用兵就是禁暴讨乱,是为了保存天道法则而不至于它在无道昏君侵暴下消亡。所以,如果听说敌对国家的君王有损害其民众利益的"不义"行为,那么对其兴兵问罪是可以的。但在用兵时要做好两件事:一是告诫出师的将士们不要砍伐树木,不要掘人坟墓,不要焚烧田里的五谷和家中的积蓄,不要俘虏民众,不要抢掠牲畜;二是向敌国的民众发出安民告示,说明"兵之来也,以废不义而复有德也",要推翻的是侵害百姓的无道君王及其暴政,不但不会伤及民众,相反还要"尊其秀士而显其贤良,振其孤寡,恤其贫穷",让身陷牢狱者获得自由,对有功的人给予奖赏,号召大家勇敢地站出来与无道君王做斗争。齐桓公是这样做的,商汤、周武王也是这样做的,所以他们都成就了王道霸业,他们率领的军队叫"义兵",所到之处人们无不开门迎接,"至于不战而止"。

最后,作者得出结论:"举事以为人者,众助之;举事以自为者,众去之。

① 梁启超《中国近代三百年学术史·汉书艺文志诸子略考释》。

众之所助，虽弱必强；众之所去，虽大必亡。"如果用兵打仗是为了禁暴讨乱有利于人民，就会得道多助；反之，动武是为了自己的私利去占地夺物，就会遭到民众的抛弃。凡得到民众的支持，即便弱小也一定会变得强大；而失去民众的支持，即使强大也终将灭亡。

《淮南子》把用兵决胜区分为上、中、下三种不同的境界。

治理国家，整肃境内，推行仁义，广施德行恩惠，建立政治法度，禁闭作奸犯科邪伪之道，使百官大臣都听令服从，让老百姓都和睦相处，全国上下同心协力，使各诸侯国都信服国家的实力，天下四方都感念国家的大德，在朝廷颁行的政令能使千里之外的敌人不敢轻易来犯，发起的外交行动能获得天下的响应，这是用兵决胜的上等境界。

国土辽阔人民众多，君主贤明将帅忠诚，国家富裕军队强大，纪律严明号令整齐，战场上两军对垒，尚未交锋敌人已望风而逃，这是用兵决胜的中等境界。

懂得宜于作战的地形选择，熟悉山川险要的形势便利，明白行军打仗的奇正变化，察知战场布阵的分合形势，擂鼓进军，双方白刃相接，弩箭交错，血流成河，死伤无数，以此决定输赢胜负，这是用兵决胜最下等的境界。

"庙战"是《淮南子》非常强调的一个战略理念。"凡用兵者，必先自庙战：主孰贤？将孰能？民孰附？国孰治？蓄积孰多？士卒孰精？甲兵孰利？器备孰便？故运筹于庙堂之上，而决胜乎千里之外矣。"这一连八问，从君王的贤明、将帅的才能、民众的拥护、国家的安定，到国库积蓄的多寡、士兵武艺的高低、作战武器的精良、各种军用物资的准备情况等，都是战前应该在朝廷上仔细商议和解决的。交战双方拼的是综合实力，比的是谋略高下，战争的胜负归根结底是由国家的治理状况决定的。如果一个国家内政清明，经济发达，社会稳定，兵精粮足，并且上下团结，充满必胜的决心与勇气，那么其他诸侯国就会"慕其德""服其威"，获胜是不言而喻的。这种良好的治理与国家精神状态，来自于对大道运行法则的遵从和贯彻施行，"所谓庙战者，法天道也"。"庙战"的根本意义在于凭借奉行清静无为政治而来的国富兵强，取得"制胜于未战"之果。

《淮南子》认为，用兵须讲究"三势""二权"。

所谓"三势"，是指"气势""地势""因势"。气势讲的是军队官兵士气高涨，斗志昂扬，一往无前的勇气和所向披靡的杀敌精神，让敌人为之震撼。地势是说要占领那些险要的关津渡口、山林峭路狭窄之地，"一人守隘，而千人弗敢过也"。因势即抓住敌军的疲劳困倦、松懈混乱和饥渴寒暑等有利战机发动进攻，促使其衰败消亡。

所谓"二权"，是指"知权""事权"。知权指善于使用间谍准确地侦知敌人的情报，并在此基础上重新修订我方的作战计划与方案，把军队隐藏起来设下埋伏，出其不意地发动攻击，使敌人无法掌握我军的动向和做出防备，这实际上是讲如何正确地制订作战方案。事权是说在与敌人交战的时候，我军队列齐整，进退一致，搏击中前后左右互不干扰，自己被兵刃击中的少，而敌军受到伤害的多，这实际上是讲怎样准确地执行作战方案。

打仗的时候，一定要紧紧把握这"三势""二权"，使战场形成有利于我方的格局，同时选拔精锐的将士，重用良才，点兵点将都恰得其人，计划和谋略确定，生死军令状明明白白，所有的军事准备行动都要做得令人振奋。这样，攻城根本不用架云梯，破敌也不必等到真正与敌人交手的时候。于是，《淮南子》强烈主张"胜定而后战，铃县而后动"，不打无准备之战，不打无把握之战，"唯无一动，动则凌天振地，抗泰山，荡四海，鬼神移徙，鸟兽惊骇"。这样，敌人就再也不敢来侵犯，国家也就没有守城防御之忧了。"故全兵先胜而后战，败兵先战而后求胜。"

在具体的战术上，归纳起来，《淮南子》颇为关注以下五大原则：

一是"贵谋"，倡导奇正相应。"兵贵谋之不测也，形之隐匿也，出于不意，不可以设备也。"怎样才能如此？关键是要做到"上隐之天，下隐之地，中隐之人"。隐之天，是巧妙利用风雨寒暑以及大雾弥漫等气象变幻来掩护军事行动；隐之地，是借助险要的山地丛林等自然地形地貌来隐秘地进行军事部署；隐之人，是在行军布阵的时候，动作迅捷而悄无声息。为此，作者提出了八个方面的具体要求，即布阵要"翼轻边利，或前或后，离合散聚，不失行伍"，要懂得"望气候星"观测自然天道，要故意放出虚假信息情报让士兵大声传说而使敌人听到，要通过拖曳树枝弄起扬尘让敌人看到，要鼓舞士兵具有镈钺般坚定不移的战胜信念和意志，要勇猛快速"用轻出奇"，要善于勘察和选择好有利地形安营扎寨坚壁清野，要"因时应变"捕捉有利战机对敌人发动夜袭等打击，要善于根据不同的战场使用不同的攻击方法和武器装备，如平地用车战、险地用骑兵、渡河用弓箭手、山林险路隘口用可以连发的弩机、白天多举旌旗、晚上多置火把、天色昏暗的时候则多擂战鼓。深谙这八个方面的技巧，就可以做到奇正用兵。持静相对于急躁是奇，治理相对于混乱是奇，饱餐相对于饥饿是奇，扶逸相对于劳顿是奇，"奇正之相应"，就像水与火、金与木互为雌雄对立、相生相克一样，谋战和以奇用兵的玄奥全在其中。

二是强调以静制动，无为应变。面对来势汹汹的敌人，我方应"无形而制有形，无为而应变"，这样做我们虽然还没有战胜敌人，但敌人却不可能取胜于我了。虎豹不动，就不会掉入陷阱；麋鹿不动，就不会撞入圈套；飞鸟不动，就不会陷于罗网；鱼鳖不动，就不会被钩住嘴唇。所以，"静则能应躁，后则能应先"。敌人先我而动，必然暴露出它的行踪与弱点；敌军急躁而我按兵不动，必然使其兵力疲惫。敌人显露出弱点我军就可以攻其制胜，敌人兵力疲惫我军正好扬威克敌。所以，用兵的关键就是要根据敌人的行动来及时修订我军的应变之策，在冷静观察敌人的奇正战术运用中掌握其命门而制服它，要利用敌人想要的东西做诱饵来调动它，使之疲于奔命。只要敌人露出破绽，就要抓住战机乘虚而入，在敌人招数用尽、精疲力竭时将其彻底打败。反过来说，如果敌人守静不动，就要采取特别的奇招去对付它，敌人不应招就自己尽量做好调整去等待，敌人应招而动就会彰显其行为意图，我军就顺其所为与之周旋直到战胜它。

三是主张先削弱敌人而后战，追求事半功倍。在敌对双方长期的抗衡较量或者激烈的战场格斗中，二者实力的比拼与强弱转化，常常决定着战争的走势与最后的胜负结果。假若目前敌人强大且掌握着战场的主动权，尚处于劣势的我方就不能轻易行动。"故善用兵者，先弱敌而后战者也，故费不半而功自倍也。"商汤当年只有七十里方圆的领地，实力不强，于是靠德行修政慢慢积蓄自己的能量，最终等来夏桀诛杀重臣、众叛亲离而走向衰弱的绝妙战机，于是通过鸣条之战一举将其推翻而称王。削弱敌人的方法有多种，我施德立威而敌人行暴虐民，此属于战略性的；我军将士同心合力，用计谋瓦解敌人的军心分散它的兵力，则是战术性的。"故能分人之兵，疑人之心，则铢铢有余；不能分人之兵，疑人之心，则数倍不足。"如果能使敌人的力量首先遭到削弱，那么消灭它铢铢之力都显得多余，反之用数倍于敌人的力量还是不够。所谓"动静时"，其中一个重要的内涵就是在以静制动中等待敌我力量的强弱转化，这个转化的过程也就是敌人逐渐被削弱的过程。

四是主张避实击虚，快速打击。"故善用兵者，见敌之虚，乘而勿假也，追而勿舍也，迫而勿去也。"不管敌人是安营扎寨还是在腾挪移动的过程中，"必有所亏"，只要瞅准其虚弱处就必须实施快速打击，"应敌必敏，发动必亟"。守静不动的时候要稳如山丘，发起进攻时则要似疾风暴雨。这样，所攻必破，没有不被摧毁的。如果敌军的精锐转向左边聚集，就攻它的右侧；如果敌军溃退，就击它的后翼；如果敌军在我军逼迫围困下处于"奋迟"不敢动的状态，就要"击之如雷霆，斩之若草木，耀之若火电"，使其人来不及开拔、车来不及启动，只能像钉在地上的树木一样被我歼灭。"善用兵者，当击其乱，不攻其治"，对于那种军容堂堂齐整、旌旗猎猎气势威武的敌军，绝不能轻易出击。当敌人的软肋还没有暴露、我军也没有发现其虚弱处的时候，就要采取相持的战术。敌人出现了"死形"，我军就要因势而将其消灭。所以，在战争中洞察敌我虚实情况是极为重要的，"实则斗，虚则走"，以我之实待敌之虚，绝不能"以虚应实"，否则，必为敌人所擒。同时，还要明白敌我之间的虚和实是随时变动的，"胜兵者非常实也，败兵者非常虚也"，要善于根据敌我虚实的变化，因时而动。

五是要求以柔弱示敌，以刚强克之。"故用兵之道，示之以柔而迎之以刚，示之以弱而乘之以强。"雄鹰等飞鸟发起攻击前总是缩伏着头，凶猛的野兽在捕取猎物之前总是藏匿着自己的爪，虎豹在俘获噬咬其他的动物之前也是不见其锋利爪牙的。用兵的道理也一样，展示在敌人眼前的一定要看起来很柔弱，使其麻痹大意，真正出击时则勇猛刚强，其势如打开千里长堤决口使蓄积已久的水倾泻而下，又仿佛滚落巨石于万丈深渊。此种强大的气势，是依托于国强、民强、兵强而产生的，是天时、地利、人和的综合体现，是全军上下如父子兄弟般团结一心的体现，是动静有时、举措果断迅猛"贵谋"战略的体现，是"得道而强"的体现。天下人见我军气贯长虹，还有谁敢与我交战呢？

《淮南子》十分强调将帅在军队和战争的灵魂作用，形象地把将帅与全军将士的关系比喻为鼓与五音、水和五味的关系。鼓作为乐器，并不属于宫、商、角、徵、羽五音中的任何一种，但它能调和每一种乐音，所以成为五音之主；水不是酸、甜、苦、辣、咸五味之一，但它能调和各种味道，因此成为五味调；将帅与其他的军官士兵不是一回事，但他统领着全军将士。

将帅该具有怎样的修行？《淮南子》说，他的内心世界应该充满激情如生机勃勃的春天，应该开阔明亮如光芒万丈的夏天，应该才华横溢如果实累累的秋天，应该冷静坚定如寒冷凝藏的冬天，他能够伴随敌我双方形势的变化而调整自己的所思所行，能够随着时间的推移而不断完善各种战略战术。此实际上是在用春夏秋冬四季最典型的自然现象来描绘将帅应该具有的德才，同时强调他不能拘泥呆板，应该顺应环境的变化，与时俱进。

将帅的这种高尚德才修行或者说综合素质，又具体表现为"三隧""四义""五行""十守"。三隧是指上知晓天道，下熟悉地形，中能察知人事；四义是指报效国家不负三军众望，忠于君主奋不顾身，遇见危难不怕牺牲，处理疑难不怕承担责任；五行是指性格柔和但原则性强，果敢坚毅但不走极端，仁慈有爱而不容侵犯，对人讲信用而不容欺骗，勇猛但不凌辱别人；十守是指头脑清醒不犯昏，深谋远虑不可被模仿，意志坚定不可动摇，智慧明鉴不可蒙蔽，不贪钱财，不沉溺于物，不好花言巧语，不图名播四方，不可喜狂，不轻易动怒。将帅能做到这些，就说明其玄奥高远不同于常人，他的见解必定把握道的关键，他的表述必定符合道的法则，他的行动一定顺应时节变换，他的各项举措一定符合战场情理。将帅果敢的行动与气势，如弯弓射箭疾矢如飞，象龙腾蛇行一样灵动无形，进攻则无坚不摧，防守则牢不可破。

毫无疑问，并非所有的将帅都能达到至高境界。因此，《淮南子》根据将帅指挥作战的实际表现，将其划分为上将、中将、下将三个档次。上等的将帅用兵，上得天道，下得地利，中得人心，善于把握有利战机采取军事行动，以雷霆万钧之势发动进攻，战无不胜；中等的将帅既不知天道，也不懂得占据有利地形，但他精于用人和巧妙地利用战场形势，虽然不一定能百战百胜，但取胜的谋略还是很多的；下等的将帅用兵，听取了众多消息自己却不能裁定拿主意，有很多智慧但总是疑疑惑惑，平时患得患失，发动进攻又犹豫不决，所以一采取行动就被敌人打败。

优秀将帅不是天生的。"盖闻善用兵者，必先修诸己，而后求诸人。"只有自己修炼好了，才有可能率领大军驰骋疆场获取胜利；如果自己都没修炼好就带着兵去打仗，就像用火去救火、用水去治水一样，怎么可能战胜敌人呢！

那么，将帅又该如何修炼自己？《淮南子》指出首先是要遵从道的法则，修炼自身的道行。"将失道而拙，得道而工。"大道负阴抱阳，左柔而右刚，"变化无常"；得道就能应对一切，就可以称为"神明"。"夫将者，必独见独知。"得道的将领能见人所不见，知人所不知，能够做出正确的战略决策，灵活自如地指挥三军将士大获全胜。"良将之所以必胜者，恒有不原之智，不道之道，难以众同也。"

当然，一支军队强大的战斗力不能只靠将帅一人。《淮南子》指出，在军队里，必须以将帅为核心，选拔任用一大批优秀的各级将领，共同组成军队内自上而下的、高效运转的指挥与执行系统。其中，"五官"的选用又是重中之重。管理战机把握、吏卒选拔、兵甲治理的司马官，管理队列布阵、作战编制、旗鼓号令的尉官，管理敌情侦察、评估战斗难易、确保情报无遗漏的候官，管理行军道路畅通、粮草辎重运输、保障井灶等各类军需的司空官，管理战场打扫、保证营地转移时无人员拉下、无车辆兵器等遗失的舆官，他们对于将帅而言，"犹身之有股肱手足也"。这"五官"务必要挑选恰当的人来担任，他们要技有专长，能胜任岗位职责的要求，能做相应的事。将帅把自己治军打仗的主张与政令告诉他们，他们必须像虎豹的爪牙、飞鸟的六翮那样一丝不苟地贯彻执行。

如何治军以提高军队整体的战斗力？《淮南子》提出，一要靠将士同心专一，二要靠赏罚分明，三要靠发扬团队精神。

"故良将之用卒也，同其心，一其力。"实现将士同心最好的办法是在军队内营造一种父子兄弟般的家庭氛围，"是故上视下如子，则下视上如父；上视下如弟，则下视上如兄"。在相互关爱中，将帅与士兵们恩深情似海，虽赴汤蹈火，在所不辞。不过，这种关系的建立，要以居上的将帅为主导。将帅们务必要懂得积爱积德，应该仿效古代的圣贤良将，和士兵们一样酷暑不打伞严寒不穿裘衣，险隘不骑马上山爬坡必下车步行，饭做好后待士兵食用了自己再进餐，井凿好了等士兵解渴了自己再饮用，将士能如此同甘苦共饥寒，"故其死可得而尽也"。假如敌军内部也是这种状态的话，就没必要与之交战了，这就是所谓"父子兄弟之寇，不可与斗者"。

"庆赏信而刑罚必"，是军队内进行人事治理的具体内容。条例清楚，号令严明，立功必赏，有过必罚，才能真正树立军威，凝聚军心，步调一致，形成强大的团队战斗力。人都喜欢生而憎恨死，然而地处战场的高城深池尽管箭飞石滚如雨，平原广泽地区虽然也是白刃交接刀光剑影，士兵们却争先恐后向前勇猛冲锋，他们并非不怕死而喜欢受伤，"为其赏信而罚明也"。

"卒不畏将，其形不战。"士兵惧怕将帅，实际上是敬畏军威。无论何将何兵，个人的军事能力再强，也绝不允许擅自行动逞强冒进，否则就是不听将令，违犯军规，与临阵胆怯脱逃者一样，都必将受到处罚。"勇者不得独进，怯者不得独退"，所有将士都只能听令于统一的指挥，"动如一体"，才有可能打败敌人。虎豹熊罴这些动物都很凶猛，然而它们皆被人捕食其肉并剥其皮为席，就是因为它们彼此间不能通过沟通达成团结共力。一座章华楼台失了火，用勺和升这样的器具去盛水灭火，即使舀干了深井大池里所有的水，火还是难以扑灭，而如果用大盆容器盛水灭火，就能立刻扑灭。《淮南子》用这些生活中的事例告诫世人，行军打仗不在人多，关键是能否通过将帅的有效治理，达到"将卒吏民，动静如身"。商纣王号称有百万之众，却因有"百万之心"而被周武王"专一则威"的三千甲士所击败。所以，"千人同心则得千人力，万人异心则无一人之用"。

《淮南子》不是兵书，但它的军事思想是如此丰富，从战争观、战略观、战术观，到将帅观、治军观，其兵法体系是如此庞大而完善，其中许多主张堪称真知灼见，且极富实战操作性，如："庙战"论，关于用兵的"三势""二权"战略思想，关于奇正相应、无为应变、先削弱敌人而后战、避实击虚快速打击以及柔弱示敌刚强克之等战术原则，关于将帅修行的"三隧""四义""五行""十守"思想，关于军队"五官"选拔的指挥系统建设以及将士同心、发扬团队作战精神的治军论等等。

《淮南子》认为，由于人性中固有的逐利之争，战争是不可避免的，但"明王之用兵也，为天下除害，而与万民共享其利"。如果用兵是为了禁暴讨乱，就会得道多助；假若是为了占地夺物的私利而战，就会失道寡助。因此，高度重视民本的战争理念，成为《淮南子》军事思想的一大显著特点。"兵之所以强者，民也"，"故将以民为体，而民以将为心"。

这种民本思想，体现在军队的建设中，更体现在国家的治理中。那么，兵、民、政到底是一种什么样的关系呢？"兵之胜败，本在于政。政胜其民，下附其上，则兵强矣。民胜其政，下畔其上，则兵弱矣。"统治者采用的政策，如果能考虑到民众的利益，就会得到民众的支持和拥护，国家就会足食足兵，军队也就变得强大，"故同利相死，同情相成，同欲相助"；反之，民众就会背离、反抗其上，军队自然弱小无战斗力。由此可见，兵、民、政关系的核心是利益，利益共享则国富兵强，战可全胜；忽略甚至肆无忌惮地抢夺民众的利益，就会兵衰国危天下乱，祸莫大焉。

《淮南子》一针见血地指出，统治者与民众利益的交汇点在于：君王在两个方面有求于民众，一是需要民众为他生产各种产品创造物质财富和修建林林总总的工程，二是需要民众在战场上为他拼死效力。而民众寄希望于统治者的地方在三个方面：饥饿的人能有饭吃，劳作的人能得到休息，有功的人能得到奖赏。如果君王和民众都能满足彼此的愿望，则不仅可以使军队强大、政令畅通，而且君王完全可以优哉游哉地去射猎、钓鱼、弹琴、吹竽、博弈玩乐等，实现清静无为而无不为；如果民众付出了辛劳，君王却不能满足他们的愿望，则"国虽大，人虽众，兵犹且弱也"。

用大道理论作为治军用兵的绝对指导思想，是《淮南子》的另一个显著特点。"兵失道而弱，得道而强；将失道而拙，得道而工；国得道而存，失道而亡。"用兵有三个境界，将帅有上、中、下三个等级，判定的标准都离不开"道"。遵从道法，修炼道行，是治国的君王、统兵的将帅最起码的功课。得道者用兵，主"静"、守"一"、"因时应变"。守静可以使军队稍安勿躁，从容应敌，以"无形"制"有形"；专一可以使将士同心，步调一致，形成强大战斗力；因时则可以在观察敌我虚实强弱转化中选择最有利的时机强势出击，克敌制胜。"顺道而动，天下为向"，这就是《淮南子》讲述的兵法真经。

4.《太白阴经》的兵法要义

《神机制敌太白阴经》被称为中国古代十大兵书之一，由中后唐时期道家人士、号少室山达观子的李筌用十年时间所著。

经安史之乱而由盛转衰的大唐王朝，在唐肃宗、唐代宗、唐德宗时期（756—805），面临着两大严峻的考验。

一是风起云涌、到处萌生的藩镇割据。自唐朝初年以来，为抵御外敌，在重要州设置了都督府，唐睿宗时设节度大使，唐玄宗时在地处边境的平卢、范阳、河东、朔方、陇右、河西、安西四镇、北庭、剑南、岭南共设十军镇，通称"藩镇"。安史之乱后，为防止叛军进攻，中央政府在内地也大规模设置军镇。节度使是地方各军镇最高长官，其权力由最初掌管一个地区的军政而不断扩大，走向集军、民、财三权于一身，甚至兼管多镇。他们拥兵自重，骄横跋扈，形成地方割据，既与朝廷对抗，又互相兼并，致使烽烟四起，战争连年。

二是吐蕃大军压境，步步进逼。由吐蕃在青藏高原建立的吐蕃政权，曾因文成公主、金城公主相继出嫁松赞干布、尺带珠丹和唐蕃多次会盟而与唐朝保持了长期的友好密切关系。安史乱起，唐朝中央政府抽调大量军队平叛，西部边陲防务空虚，吐蕃趁机占领了陇右、河西大片地区。公元 763 年 10 月，吐蕃攻入唐都长安，唐代宗仓皇出逃陕州。尽管吐蕃军占领长安城 15 天后即被唐朝名将郭子仪击退，但此后数年内却攻占了甘、肃、瓜、沙诸州以及北庭、安西地区，还向南占领了剑南、西川的一部分，对唐朝构成重大威胁。

"寂寞天宝后，园庐但蒿藜。我里百余家，世乱各东西。"杜甫的"三吏三别"组诗，生动地描绘了安史之乱后唐朝在藩镇割据与吐蕃袭扰双重打击下的悲怆与萧条。曾任荆南节度副使、仙州刺史的李筌，就生活在这样一个剧烈动荡的衰败之世。这位"有将略"、也曾统兵驭师的地方要员，依据自己长期的研究和体验，撰写出著名兵书《神机制敌太白阴经》十卷，"藏之名山石室间"。唐代宗永泰年间，他奉皇帝之命而进献朝廷。此后，"入山访道，不知所终"①。

李筌在《太白阴经·序》中写道："臣今所著太白阴经，其奇谋诡道，论心术则流于残忍，以为不如此则兵不能振。"卷八《杂占·太白占》又说："太白主为大将，为威势，为杀伐。"太白金星即启明星，在中国古代大多用以比喻兵戎。由他的自述可见，《太白阴经》是一部以论述谋略为中心、探讨用兵杀伐之术的军事典籍。清朝永瑢、纪昀主编的《四库全书提要》认为，此书既不像一般的兵家仅论"权谋"，也不像儒家那样"持论迂阔，讳言军旅"，而是"先言主有道德，后言国有富强，内外兼修，可谓持平之论"。事实上，《太白阴经》论兵依循老子大道哲学思想为主线，博采众长，而成一家之言。书中多处直接引述老子原话或要旨，如《天无阴阳篇》"天地不仁，以万物为刍狗"，《贵和篇》"兵者不祥之事，不得已而用之"，《主有道德篇》"唯圣人能返始复本，以正理国，以奇用兵，以无事理天下"，《智有探心篇》"古者，邻国烽烟相望，鸡犬相闻，而足迹不至于诸侯之境，车轨不结于千里之外。以道存生，以德安形，人乐其居"，等等。在行文格式上，每篇篇首以"经曰"作为论点提示，正文则援引史实、前人著述等进行论证，以阐明用兵之要，注重理论的

---

① 《四库全书提要》引《神仙感遇传》。

严密性与实战的操作性。

作为"心术"兵书，尽管李筌申明"兵家之所秘而不可妄传"，然而经当世皇帝"清览"后，《太白阴经》以其论兵的系统性与精要之义，迅速引起人们的关注并得以广为流传。与李筌同时代的政治家、史学家杜佑在撰写《通典·兵典》时，视《太白阴经》与唐太宗时的李靖兵法为"通论"二家，称"佑之采用此书与李靖之书无异，其必有取之矣"。事实上，《通典·兵典》的攻城具、守城具、守拒法、水战具、军行渡水火攻具、火兵、识水泉、声感人等篇内容，均直接采自《太白阴经》，足见其影响。

《太白阴经》卷一《人谋》上，包括《天无阴阳》《地无险阻》《人无勇怯》《主有道德》《国有富强》《贤有遇时》《将有智谋》《术有阴谋》《数有探心》《政有诛强》十个篇章，核心都在于强调用兵打仗的根本性决定因素是人，而非天道鬼神，也不是自然的阴阳寒暑变化或者地势险要之利。

在李筌看来，万物因为有了天地而存在，因为有了阴阳而生生不息，"阴阳者一其性，而万物遇之自有荣瘁"，阴阳与水火一样有其自然属性，万物秉承阴阳之变而有繁盛与枯萎。因此，"阴阳、寒暑为人谋所变"，而不是人谋的成败由阴阳变化所决定。他高度认同范蠡的观点："天时不作，弗为；人事不起，弗为。"而所谓"天时"，是指敌对方发生了水旱虫蝗等自然灾害或者出现了荒淫无度的暴乱之政，致使其出现经济凋敝与社会危机四伏之时，而不是指阴阳家们所谓天干地支日时不全的"孤虚向背之天时也"。抓住这样的"天时"，显然要靠人的睿智谋略。至于地势险易之利，它与"天时"一样都是不可依赖和仰仗的，仅仅是用兵的辅助条件而已，而且还要"因人而险易"，没有绝对的险要之地和不险要之地，也没有绝对的易取之地和不易取之地。远古时期的三苗氏东有洞庭湖、西有鄱阳湖，天然地势不可谓不佳，但"德义不修"，最终被大禹所灭；夏朝的末代君王夏桀东依黄河、济水，西据太华（今陕西华山），南有伊阙，北有羊肠，然而"修政不仁"，所以终为商汤打败并遭到放逐；殷纣王东有孟门隘道，西有太行大山，雄峻常山（今河北恒山）拱其北，滔滔黄河流经其南，但"荒淫怠政"，最终为周武王所杀；此外，还有秦朝的子婴和东晋十六国时后秦的姚泓，三国时东吴的孙皓和南北朝时期南陈后主陈叔宝，以及蜀主刘禅和成汉的李势等等，他们都曾经拥有关中、江东、蜀中这样一些富庶奇险之地，可是全都因为"刑政苛刻"或"刑政不修"或"时无英雄"而丢掉了江山乃至自己的性命。无数的事实充分说明，"天时不能祐无地之主，地利不能济乱亡之国"[①]，只有人才是战争的主体，才是获取胜利

---

① 《太白阴经》卷一《地无险阻篇》。

的关键。

人如何决定战争的胜负？李筌引述了《六韬》中姜太公的话和孙武等兵家的相关言论，认为明王、圣主、贤臣、良将都是不可或缺的，在国家与军队的治理中，要"任贤使能""明法审令"，如果"无厚德高明""无智无虑""少勇少力""士卒不勇"，而只知"徒占日月之数"，成天寄希望于"天时""天福"等好运降临，甚至靠占卜、"恃鬼神"来决胜负、制生死，这是万万不可以的。他在《人无勇怯》篇中强调，一个人、一支军队的勇敢或胆怯属性尽管会受到地域的影响，但主要还是取决于"谋"和"法"，没有什么人天生就是勇敢或胆怯的。假如善谋略，就能自信满满进而凝聚众将士之力形成很好的气势，在此氛围下即便本身胆怯的人也能变得英勇。反之，谋略拙劣就会信心不足丧失气势，本来勇敢的人也会变得胆怯。严明的刑赏，则是使人由怯而勇的另一个有效途径。对胆怯的人施以刑罚，就能使他变得勇猛；对本来就勇敢的人给予奖赏，他就会更加拼死去战斗。"能移人之怯，变人之心者，在刑赏之间。"对于治国之主或者领兵的将帅们来说，象三皇五帝那样拥有高尚的道德是十分重要的，"人主之道清平，则任人不失其才，六官各守其职"。人尽其才，才尽其用，百官各司其职，对内有贤明的宰相，对外有智勇的将帅，"将相明，国无兵"。凭借道获胜者可以为帝，依靠德获胜者可以为王，以智谋取胜者可以称霸，仗恃武力获胜者可以称强。总之，是道、德、智、勇、力这些人为的因素，决定着战争的胜负。

国家富强是打败敌人获取胜利的有力保障。"乘天之时，因地之财，用人之力，乃可富强。"这是李筌在《国有富强》篇提出的著名观点。"乘天之时"，就是要像古时的圣人那样"法天"，不违农时，劝课农桑，春植麦，夏种谷，秋收时就富足；"因地之财"，就是要"法地"，充分利用各地丰富的物产资源，使人们粮食物资器用充足；"用人之力"，就是要"法人"，使商旅之人"通四方之珍异"以交换有无，使农夫努力稼穑耕种增加土地产出以"资用军实"，使女工理丝麻多织衣装以满足军民穿戴所需。富国强兵不仅需要普通民众的勤勉用力，而且军人在不打仗的时候也要致力于生产，"兵居其地，非有灾害、疾病而贫者，非惰则奢"。勤俭节约，踏实努力，当然就不会贫穷。因此，凡事皆在人为，战场上打败敌人如此，富国强兵也是如此，这就叫"地诚任不患无财，人诚用不畏强御"；而对智者来说，"有容身之地"就"不言弱"，"有市井之利"就"不言贫"，国家富裕军力强大便指日可待。

《贤有遇时》篇进一步提出："废兴之道，在人主之心，得贤之用，非在兵强、地广、人殷、国富而已。"在一般人看来，有强大的军力，有辽阔的疆土，再加上人民殷实国家富裕，就可以实现兴盛。李筌却不这样认为，他觉得仅仅有这些是不够的，或者说这些不过是表面现象而已，在它们的背后更重要的是治世君主要有"如明镜澄泉"般透亮的心，要"使贤任能不失其时"。商汤得伊尹而灭夏，周文王、周武王用姜太公而代商，吴王阖闾用伍子胥而称霸，越王勾践用范蠡而雪会稽之耻，齐桓公用管仲而建霸业，秦穆公用百里奚而称霸西戎，刘邦用韩信而打败项羽，他们都是因为重用了贤能之人，才改变劣势进而立下千秋伟业。在这里，李筌强调君主应该慧眼识英雄不拘一格擢用人才。那些出类拔萃的贤能者，最初都和普通人差不多，他们没有显赫的家世，相貌长得也不特别，有的还穷困潦倒，"或智或愚，乍醉乍醒"。所以，贤明的君主务必要用心去感觉，用智慧去分辨，如果仅凭他人的观感和述说就想得到贤能有用之才而谋大业，"未之有也"。而作为将帅臣僚的贤能之士，他们之所以能脱颖而出名震天下，也在于遇见了知人善任的明君，在于从明君那里获得了尽情挥洒才华的平台。明君与贤者，彼此都把握住了机遇，"道同而志合，信符而言顺"，于是才可能有实现兵强、地广、人殷、国富，这才是真正的兴盛之道。

《将有智谋》篇阐述将帅之根本在于智谋。作为战场指挥官，将帅身系国家安危和士兵们的性命，责任重大。因此，他必须具有超人的智慧和胆识，从战略到战术必须深谋远虑，精心部署，灵活指挥，方能打败敌人。将帅的足智多谋从何而来？又怎样体现？李筌说："将军之事，以静正理，以神察微，以智役物。见福于重关之内，虑患于杳冥之外者，将之谋也。"以静正理，无疑是老子持虚守静思想的直接体现。只有冷静从容，才能应对复杂多变的战场态势，把握战争规律，洞察敌我双方的细微军情，进而实现以智谋驾驭战场；将帅的足智多谋具体表现在许多方面，如打仗时能够率领士兵克服重重险阻难关而展现战斗胜利的喜悦幸福，制订战略战术和具体的作战方案时能够深刻地考虑到并有效防范那些细小的祸患。

《术有阴谋》篇专门阐述对敌人施以权谋对于用兵打仗的重要意义以及权谋运用的具体表现。"古之善用兵者，必重天下之权而研诸侯之虑。"不重视权谋或者谋划不深入仔细，就把握不了战场上敌我双方的轻重强弱；制订和实施正确权谋的前提是熟知战场情况知己知彼，如果不细心探究，就不能确切地知晓那些隐匿变化的军情，就可能影响权谋的正确制订与实施。李筌崇尚谋战，称"夫太上用计谋，其次用人事，其下用战伐"。对敌人施行计谋的目的在于迷惑其君王或主将，具体的做法很多，如送阿谀奉承之臣去辅佐他，用男女巫师引诱他去做侍奉鬼神之事，使其重衣着华丽奢享生活而轻视农耕致其仓库空虚，送他美好之物而骄惰其志，送他能工巧匠使其大兴土木以耗其财疲其力，等等。运用这些计谋使敌方营垒出现内乱，"其所谓是者皆非，非者皆是"，离间他的君臣关系，阻塞他的忠谏之路，本身诚信的却认为是欺诈，本身欺诈的却认为是诚信，本身忠心耿耿的却认为是叛逆，本身叛逆的却认为是忠心，那些忠言进谏的被处死，而巧言谄媚的却得到奖赏，正人君子全都被撤职在野，而小人却充斥于各个职位，各种严苛的法令和暴行使民众苦不堪命，"此所谓未战以阴谋倾之，其国素已破矣"。这时再发兵攻打，"其君可虏，其国可隳，其城可拔，其众可溃"。运用此种方法，即便弱小者也可以扭转劣势，实现以弱胜强、以小胜大，商汤亡夏，周王灭殷，越王勾践打败吴王夫差，都是活生生的案例。所以，李筌批评那种所谓"兵强大者必胜，小弱者必亡"的论调是儒生迂腐之言。

《智有探心》篇向世人昭示了谋战的一个非常重要的原则：如何侦知敌人的真实情况特别是其内心的想法，并在此基础上制订出正确的战略战术，从而牢牢掌握战争主动权。在李筌看来，探知对方内心的想法，首先可以给他一股脑儿地讲道德、仁义、礼乐、忠信、诗书、《易经》和解释《易经》的传书、诸子百家书和历史书、计谋等，在包罗万象中使之"澄其心，静其志"，在本性流露中观察其表情，发现他的爱恶喜好与取舍，然后"从欲而攻之"。"探心"必须注意多方面考察，综合判断。一个人的内心世界，可以通过他的容貌、声音、语言、行为等反映出来。所以，要"因其心，察其容，听其声，考其词"，还要"反射其实"，就是说要以客观事实来检验。不同的人内心的想法是不一样的，因而"探心"的方法也要不同。探仁爱之人的内心世界，必须要用讲诚信的办法，"勿以财"；探勇士之心一定要用讲义气的方式，"勿以惧"；探智士之心要用忠厚的方法，"勿以欺"；探愚笨者之心就要用蒙蔽的方式，"勿以明"；探品行不好者的内心要用非常规的方式，"勿以常"；探好财者的内心则要用行贿的方式，"勿以廉"。与此同时，不同的人受其职业、生活习惯、性格、阅历、知识构架、身份、地位等影响，他的语言表达方式和内心想法也是有差异的，探心时务必要多方面考虑。如与智者交谈时就要依赖广博的知识才能真正探知其内心，与知识渊博的人说话则要靠智慧辩论，与显贵的人交谈要仰赖权势，与富人说话要凭借贵重宝物，与贫穷的人交谈要依靠钱财利益，与地位卑贱者交谈要采取谦恭的方式，与勇猛者说话要靠果敢刚毅，与愚钝质朴的人交谈则要靠锐敏。"此八言，皆本同其道而末异其表。"各种不同的交流表达方法，其相同点在于他们都是在说别人想要听到的，其不同点在于他们说话的真实意图对方其实并不知晓。如此一来，就可以使对方在不知你的深浅中自然袒露心扉，而我就可以自由无阻地穿行在其内心世界，掌握他的真实想法，这样，还担忧什么谋略不能成功呢？李筌所讲的一整套"探心"术，实际上是要治国治军者明确必须掌握主动权，他的原话是："夫道贵制人，不贵制于人。制人者握权也，制于人者遵命也。"而制人的法则是避人所长攻人所短，扬己之长蔽己之短。

《政有诛强》篇针对豪强大族、手握大权的臣僚、太监以及君王宠信的亲近之人等控制军权、干预军队事务而乱军的情形，提出解决之道。李筌认为一旦出现这种情况，其危害甚大，将会直接造成士兵们胆怯脆弱无战斗力，也会使武器装备因缺乏有效维护而不锐利，"政令不一，赏罚不明"则更是不言而喻。作为统领国家军队的将帅，应义不容辞地诛杀这些乱军的豪强权臣，以整肃军威。不过，在具体的处理方式上，李筌还将其理智地区分为"有兼才"和"无兼才"的豪强。对于"有兼才"的豪强，要驾驭控制他，教导他，"牢笼其心"，驯服其为我所用；而对那些"无兼才"的豪强，则要想法助长其罪恶，积累其凶残，骄纵其野心，"使祸盈于三军，怨结于万人"，然后将其诛杀铲除，以壮军队豪气。

《太白阴经》卷二《人谋》下，分《善师》《贵和》《庙胜》《沉谋》《子卒》《选士》《励士》《刑赏》《地势》《兵形》《作战》《攻守》《行人》《鉴才》共十四篇，集中论述治军的各项原则和用兵打仗的战略战术思想。

《善师》篇讲"夫兵者凶器，战者危事"，《贵和》篇言"兵者不祥之事，不得已而用之"。这些话几乎原封不动地来自于《老子》，它们反映了李筌基本的战争观。尽管战争是不吉利的，要慎战，但在不得已的情况下毕竟还是要进行。既然用兵打仗不可避免，那么用于作战的军队就显得非常重要了。怎样才能打造出一支骁勇善战的常胜之师呢？

首先，一支好的军队要讲道德忠信。军队是用来保障国家和民族生存而不致灭亡以及平乱除害的，肩负着重大的社会责任与历史使命，当然应该有其价值评判标准和道德准则。李筌赞赏"善师者不阵，善阵者不战，善战者不败，善败者不亡"。所谓"善师""善阵""善战""善败"，是指战场上不同的军事行为都有一个共同的特点，即懂得运用道德仁义忠信去规范军队、塑造军队，使全军将士在残酷的战场交锋中能步调一致，并且还能闪烁出人性的光辉。李筌坚信："非道德忠信不能以兵定天下之灾、除兆民之害也。"[①] 在他看来，不仅治军需要讲道德忠信仁义，而且对打败的敌人、归附的降者都应该以德安抚，"所谓叛而必讨，服而必柔，既怀且柔，可以示德"。

其次，一支好的军队要重和不好战。用兵的目的是为了和平，打仗是万不得已之举，"先王之道，以和为贵。贵和重而人不尚战也"。李筌十分推崇和谐的国家关系、民族关系。他欣赏春秋时期晋国的晋悼公任用魏绛和睦北方的戎

---

① 《太白阴经》卷二《善师篇》。

翟"以正诸华",在中原地区则八九年间"九合诸侯",就像乐器和声一样,"无所不谐"。他希望天下都如楚国只需凭借方城山和汉水这样的自然地形就可以自卫而高枕无忧,"虽军之众,无所用也"。李筌说:"战胜易,和胜难。"用武力取胜容易,以"和"取胜则很艰难,因为"和"的背后是心悦诚服,这不仅需要智慧,更需要德、仁、义。古代那些成功出众的圣贤帝王,之所以能"举而胜人",就在于他们首先用文德去怀柔感化,感化还不归附的就赠送玉帛等财物去拉拢,拉拢还不奏效的才下令让将帅操练兵马对其诉诸武力,"攻其无备,出其不意"。

再次,一支好的军队应该刑赏有度且无私。对有功者赏,对有过者罚,是治军的重要原则,而李筌对这个问题却有自己独到的见解。他认为善于治理天下者,"不赏仁","不赏智","不赏忠","不赏能","不赏勇",因为以仁爱对待大众、用智慧进行权谋、以忠诚侍奉君王、凭技能制作器物、面对敌人要勇敢,"此五者士之常也"。所谓"常",就是分内之事,当然不应该赏,否则就会引发人们竞相争抢,进而招致治理混乱,一旦出现混乱就非得动用刑罚不可了。于是,李筌引《老子》第三十八章的话"夫礼者,忠信之薄而乱之首",并将其改为"故赏者,忠信之薄而乱之所由生;刑者,忠信之戒而禁之所由成"。他说:刑罚过多奖赏过少就等于没有刑罚,奖赏过多而刑罚过少也等于没有奖赏,刑罚过多就没有人再行善,奖赏过多人们反而会作奸犯科,应该通过奖赏来告诫大家不要犯禁,通过刑罚来劝人行善,如果大家都重视过错而不是一味求善,那么就可以达到"人自为善"。李筌在这里把老子"正言若反"的辩证法思想几乎运用到了极致,他是想让人们真正如老子所说的那样在最质朴、最本真的意义上去行善,去根本杜绝作恶犯奸。就治军来说,"赏,文也;刑,武也。文武者,军之法,国之柄"。

按照对刑赏的这种哲学理解,李筌主张刑赏必须适度,根据罪行来制刑,考量功劳而设赏,要"赏一功而千万人悦,刑一罪而千万人慎",并且做到"赏无私功,刑无私罪",所有的刑赏条例规定都要"常公于世",使其被大家所熟知并成为自觉的行为规范。他强调"治乱之道,在于刑赏,不在于人君"①。显然,李筌对刑赏治军治国的理解,远远超过人们在一般意义上所讲的赏罚分明,对于用兵者而言这是一个相当高的境界。

最后,一支好的军队需要选士励士鉴才。军队是由将帅和众多士兵构成的战斗团队,这个团队的综合素质高低取决于每一位军人。

李筌深知只有把各种优秀人才招进军营,军队才能充满强大的战斗力。他

---

① 《太白阴经》卷二《刑赏篇》。

在《选士》篇中提出要借鉴古代"悬赏于中军之门"的方式，选拔十类人才，使其"皆尽其才，任其道"，具体包括：有深谋远虑的"智策之士"，就让他为军队出征打仗出谋划策；口若悬河善于言辞的"辩说之士"，就用其与敌方谈判和游说四方；善于侦知敌国君臣及各方面情况的"间谍之士"，就派他去离间敌方上上下下的亲疏关系；熟悉山脉泉水河流粮草分布、驻营之所和道路弯直走向的"乡道之士"，当大军进入敌国之境时就用他做向导；擅长制造兵器和攻城守城器械、懂得奇变诡谲的"技巧之士"，就让他为军队制造各种各样坚锐厚实的武器；身强力壮能使用弓戈矛剑戟等制服敌人夺其旗鼓的"猛敌之士"，就用他去冲锋陷阵捕虏敌军以守危攻强；能站立在马背上骑着奔马倏忽跨越城堡飘然穿行于敌人营垒的"矫捷之士"，就用其突袭和追击拦截敌人；能一天内往返三百里还不见太阳下山的"疾足之士"，就约定时间让他快速探报相关军情；可以负重四百二十至六百三十斤行走五十步的"巨力之士"，就用他在战场上去破坚摧刚；通阴阳五行会占卜知日月星辰天道运行的"技术之士"，就让他去施法术讹诈恐吓愚蠢痴迷的敌人。李筌肯定强军兴国的根本途径不是个人的聪明文思，而是"在乎选能之各尽其才者也"，选拔重用方方面面的贤能人才，并且因材而用使他们发挥各自的专长，这两者缺一不可。

将各种出类拔萃者选进军营，只是让军队有了好的素材，更重要的是如何进一步去塑造他们，使其成为虎奋鹰扬之士，激励是颇为有效的途径。《励士》是李筌为打造精锐之师而另外设置的一个篇章，专论激励在军队建设中的作用和具体方法。他说发号施令要使人"乐闻"，调兵遣将要使人"乐战"，与敌军兵刃交锋要使人"乐死"，其关键是要善于"激人之心，励人之气"。激励的方法要像古先帝王那样集合三军将士，公开对立功者进行从物质到精神的全面嘉奖，还要让他们的父母妻子都受到重赏。颁奖的仪式要十分隆重，大将军亲自宣讲立功者的事迹和嘉奖内容，偏将军、子将军等捧赐捧觞敬酒。这一切既表示对立功者及其家属的尊重，让他们感到无上荣光，更重要的是使"众士咸知"，邻里乡党州县莫不口口相传，父勉子，妻勉夫，朋勉友，连素不相识的人在路上相逢都彼此勉励。"如是励之"，必然在军内外形成人人以立功为荣、家家户户推崇立功者的良好氛围，而在战场上士卒们必定奋勇当先，"闻金革之声，相践而出"。有如此旺盛士气骁勇军队，周邻各国怎么可能还有堪与其匹敌抗衡者？攻取城镇哪里还有坚不可破的呢？

在军队建设中，将帅居于灵魂地位。如何挑选出德才优秀的人并委以军内重任，使其肩负起带兵打仗的历史使命，是能否塑造出一支精锐雄师的重中之重。李筌认为，"将者，国之辅。辅周则国强，辅隙则国弱。是谓人之司命，国家安危之主，不可不察也"。他说人有八种不同的品行：仁、义、忠、信、智、勇、贪、愚。讲仁爱的人喜欢施舍，讲义气的人喜欢亲近，讲忠贞的人喜欢直言，讲诚信的人喜欢践守承诺，讲智慧的人喜欢谋划，讲勇气的人喜欢果敢，贪婪者喜欢索取，愚蠢的人喜欢自以为是。能够建功立业称霸天下者，不在于一般意义上的兵强士勇，而在于仁义智勇，但这也仅仅是"偏才"而已，够不上称为"大将"。只有那些"能柔能刚，能翕能张，英而有勇，雄而有谋，圆而能转，环而无端，智周于万物而道济于天下"的通才，才可以成为大将。那么，怎样对其进行考察鉴别呢？李筌在《鉴才》篇提出：

一是考察的时间必须在任命之前，"先察而任者昌，先任而察者亡"，而且要以动态的眼光来考察，"欲求其来观其往，欲求其古察其今"，从一个人以前的所作所为来判断其未来可能怎样，从他现在的表现来分析其过去的行为状况。

二是考察的内容要全面，如通过观看他的技能演示来判定其专业才华是否精通而广博，通过审视他的相貌来判定其是否忠厚持贵，通过分析其内心世界来辨别他是否意志坚定且明于事理。只有经综合考察而证明其真正为德才兼备者，方可重用。

三是不仅听他说，而且要观其行，通过让他做事来进行实际检验，"审其贤愚以言辞，择其智勇以任事"。

对于军队将帅而言，还有一点极为重要，那就是必须熟悉军事，必须懂得用兵打仗的权谋和战争规律，"不知军中之事而同军中之政者则军士惑矣，不知三军之权而同三军之任者则军士疑矣"[1]。假如三军将士对统帅或主将感到迷惑与怀疑，那么军心与士气必然遭受打击，敌国趁机发动进攻的灾难就会降临了。

将帅一旦被选拔出来并委以重任，他在治军时就一定要深得士兵们的衷心拥戴，得其心才能得其力，得其力才能拼死而战。可是，士兵与将帅并无骨肉之亲，他们凭什么要去"冒锋镝，突千刃"至死也不退却呢？李筌在《子卒》篇提出关键在于"若慈父之爱子也"，将帅能像慈父珍爱他的儿子一样对待士兵，用恩信仁义去教育他，以礼仪忠恕去引导他，用细微惠爱去渐渐感化他，士兵们才能听其指挥勇赴战场救其危难。为此，他还引证了从《军志》《军谶》到《孙子兵法》的名言以及王翦、李牧、吴起、田穰苴等军事家用兵的实例，以此说明怎样达到"士乐其死"而强军强国。

有一支军心凝聚、英勇善战的好军队，就有了逐鹿疆场获取胜利的基本依靠力量。但是，要想在你死我活的战场交锋中真正打败敌人，实施正确的战略

---

① 《太白阴经》卷二《鉴才篇》。

战术是必不可少的。

李筌赞同"庙算"的战略观，认为在战前必须对敌我双方的较量进行客观而全面的综合评判。如果"天道""地道"和"人事"并没有展现出对敌方不利的因素，就不可先行发动攻击。只有当敌人阵营内出现了四时错乱极端恶劣天气等天灾、粮食物产歉收等地妖以及治理内乱人事不和之时，才可以"法地"、"则天"而动。在这样的时机没有到来之前，"人谋"要做的就是"静见其阴，动见其阳，先观其迹，后知其心"①，也就是说冷静地观察和分析敌人的一切变化，等待和捕捉最佳战机。

在李筌看来，"非诡谲不战"的谋战思想是体现在许多方面的。"夫善用兵者，攻其爱，敌必从；捣其虚，敌必随；多其方，敌必分；疑其事，敌必备。"这是从战术的角度讲智谋。攻击敌人心爱之地，捣其虚弱之处，在多个方向同时发动进攻，用计使战事扑朔迷离，就牵住了敌人的鼻子，使其跟随我军的调动，处处被动，处处设防，最终在防不胜防中被我歼灭。"是故贪者利之使其难厌，强者卑之使其骄矜，亲者离之使其贰。"这是从有效利用敌人的角度讲智谋。对于贪婪的敌人就用利益去诱惑使其欲壑难填，对于强大的敌人就故意表示自己的卑微谦弱使其骄傲自满和轻敌，对于上下关系亲密的敌人就想法离间使其内部彼此猜疑，"难厌则公正阙，骄矜则虞守废，疑贰则谋臣去"，敌人如此自毁长城，其被打败攻取便指日可待。"夫善战者，胜败生于两阵之间。其谋也，策不足听；其胜也，形不足观。"这是从自我隐秘的角度讲智谋。敌我交锋，两军对垒，不仅要善于攻破瓦解敌营，而且要善于保护自己，特别是策谋要深藏于内心而不能让敌人侦知，战术运用要奇巧多变使敌人不足以观察把握。如果战场上真能做到这些，则谋战必胜。所以，"夫竭三军气，夺一将心，疲万人力，断千里粮者，不在武夫行阵之势，而在智士权算之中"，柔弱持虚就像宽大的袖子不盈满，深沉隐秘舒展开来却可笼罩四海，实在是胸有韬略胜兵百万，方寸之心能改变成败，老子的思想直接变成了李筌的语言，这就是"智周万物而不殆，曲成万物而不遗。顺天信人，察始知终，则谋何患不从哉？"②

"势"是中国古代军事文化的一个重要范畴，通常指战场交锋的情形态势。创造形势，把握趋势，稳操胜势，向来是兵家论兵的重点。李筌在《地势》《兵形》《作战》等篇都讲到了"势"，认为"势"是人为的，即便是自然险要之地，也需要人去灵活掌控，才能发挥其作用。"善战者，以地险，以势胜。"

---

① 《太白阴经》卷二《庙胜篇》。
② 《太白阴经》卷二《沉谋篇》。

他根据军队开拔的情况，将作战地势分为"散地""轻地""争地""交地""衢地""重地""危地""围地""死地"等九种。它们的具体内涵是："散地"指战场在自己的领地内，由于地形熟悉，可以没有约束地随意布阵作战，敌人要攻进来极端不易，所以事实上是没有或少有战争杀戮的，"故散地无战"；"轻地"是指我军深入敌境不远的战场，交战时根据敌我态势变化随时可以撤回本土，这样的地方不能过于停留；"争地"对敌我双方都有利，所以常常成为兵家所必争，这样的地方不能轻易发动进攻；敌我双方你来我往犬牙交错地带，称"交地"，这样的地方不可能隔绝往来联系；三国接壤之地，道路四通八达，是"衢地"，宜于结交邻国；如果深入敌境甚远并且占领了敌人的一些城镇，必须要坚志固守，那就叫"重地"，这样的地方为了生存就要掠取敌人的物资；山林沼泽险阻所在地，危险万状，因此属于"危地"，这样的地方要快速行军通过；出入进退的道路都很曲折险峻，少量敌人就可以围攻我军的地方，称"围地"，这样的地方要仔细谋划；因为地势恶劣，必须要速战速决才能求得生存，不战就会被消灭，这样的地方是"死地"，必须拼死奋战。显然，各种各样的地形地势，既有天然的依托，而更重要的还是指挥军队作战的将帅们如何去巧妙利用，这就是李筌所说的"兵因地而强，地因兵而固"。并不是所有的城镇都要去攻占，如果不符合整体的战略部署就要放弃；也并非所有的地方都要去争夺，不争之地是因为其对我方体现不出什么利益；将在外对君王的命令有的就不一定要听从，这是由于如果机械地执行反而会给自己的军事行动带来不便。"凡地之势，三军之权"，所有因地形差异而有利于或不利于用兵的形势，三军将帅都要认真地分析权谋。"良将"通常都这样做，"智将"也会遵从，而普通的"旅将"才责难它。如果不把握地形大势却想侥幸取胜，自古就从未听说过有这样的好事。

《兵形》篇除了强调"战阵无常势""兵因敌而制胜"外，重点讲用兵的"形"与"神"关系。在李筌看来，一支军队的旗帜金鼓队列阵式等，是属于形的范畴，而其智谋计策则属于神的问题。军队要战胜攻取，必须要有威武雄壮的"形"，但这种形是仰赖于神的运用；军队的虚实变化是谋略之"神"所致，但这种神要通过形来具体展现。用兵通常会以粗略的外在之形假象来迷惑敌人，而以严密的内在神机妙算来谋划战事。例如：拖曳树枝制造尘土飞扬之形，是想显示兵马众多；减少做饭的军灶熄灭火源，是想让敌人觉得我军兵力稀少；勇敢而不坚定，遇到敌人就马上逃离，是表示要退却；派出去侦探情报的人，凡山川险要之地无所不至，展现出似乎真要发动进攻；油幕盔甲衣胄挂满树梢，是想表明其强大；偃旗息鼓，安静无声，是想显示他的弱小。用兵之形，因为内在的谋略之神而变化万千；然而，所有的军机谋略都必须根据敌情的实际变化来制订，随机应变才是制敌之根本。如果只看外在表象之形，不察内在智谋之神，或者只管谋划而不顾战场客观实际的变化，都难以在殊死搏斗的敌我交锋中取胜。

《作战》篇通过"平地之战""水上之战""山谷之战"等具体的战术运用，说明"势"和"利"对于作战的重要意义。势是军队依据自然地形和军机谋略等而形成的战场态势，利则为"彼之所短，我之所长"。在平原地带作战，要尽量利用左边有河流、右边有浅丘、背后靠着高地的自然地形，让军队向下顺势发起攻击。在水边作战，要注意三点：一是不要把敌人逼得过于靠近水，二是要趁敌人半渡而击，三是不在水上迎击逆水而来的敌人。在山谷险隘处与敌人相遇，则要把金鼓旗帜隐藏于山林，迅速抢占高地并派出侦察远远地探明情况，而且要不时让军队人马出没。无论在何处作战，用兵只要考虑到了势与利，取胜就能做到像水从高处流往低处一样自然而然，似破竹数节后"迎刃自解"般容易，"夫善用兵者，以便胜，以地强，以谋取，此势之战人也"①。

《攻守》篇论战场上是采取攻势还是守势并不绝对，而是要视军队实力而定，"力不足者守，力有余者攻"。攻城的战术原则是：首先阻断敌人的外援，使它没有救兵可搬。其次要弄清城中的粮食储备情况，计算城中人口每天的粮食消耗。当城中粮多人少时，要快速发动进攻而不能采取围困战术；当城中粮少人多时，则应采围困战术而不是发动进攻。这里实际上是在强调不要与敌人打消耗战，而应发挥我之长处攻敌人短处。另外，守城时要把壮男、壮女和老弱男女各自编为一军，"三军无使相遇"。否则，军队里就可能发生男女奸情以及壮者悲叹老者、强者可怜弱者这些状况，进而影响士兵情绪和军队战斗力，"使勇人更虑、壮夫不战"。

《行人》篇主要讲述怎样利用"行人"来准确获知敌人的情报并制订实施相应的战略战术。"夫三军之重者，莫重于行人。"所谓"行人"，是指长期处于敌人内部、谙熟敌情并制订计谋者，他们对于军队获胜甚至一个王朝的兴起具有举足轻重的作用。如协助商汤灭夏的伊尹曾经是夏朝的一个厨师，帮助周王灭商的姜太公吕望原是商朝的渔夫，秦始皇时期的宰相李斯曾是东方楚国的猎人，帮助刘邦打败项羽的韩信曾为西楚的逃亡之卒……诸如此等，均有相似的背景。所以，李筌说统兵的将帅若能收服那些敌对方的贤能人才而用之，从他们那里了解掌握敌情，"战何患乎弗克？"一般说来，"行人"的使用有两条途径：一是从敌国奔我而来的人，对他许以高官，重视其言辞，查验他的事迹，假如属实就重用他，使其成为我对付敌人的向导。二是由我方派出，命其

①　《太白阴经》卷二《作战篇》。

打入敌人内部刺探搜集各种消息。"行人"及"行人之谋",是军队内机密中的机密,不能有任何泄露,他们就仿佛鹞鹰那样的猛禽飞进丛林不见踪影,象游鱼般潜入深潭了无痕迹。

《太白阴经》卷三为"杂仪类",包括《授钺》《部署》《将军》《阵将》《队将》《马将》《鉴人》《相马》《誓众》《关塞》等篇,主要探讨军队指挥机制、编制建设等方面的事宜。其中:

《授钺》篇介绍君王任命出征统帅仪礼,核心是赋予其领兵打仗的绝对指挥权,"三军之事,不闻君命,皆由于将",而将帅在外,"临敌决战,无有二心"。这实际上是解决军队领导机制的问题,保证将帅在战场上能放开手脚,专心杀敌。

《部署》篇以一军为单位说明军队的战阵编制与部署,一军的总兵力为一万二千五百人,分正兵、奇兵布局,正兵计八千七百五十人,按八阵式列为一百七十五个方队,奇兵三千七百五十人,列为七十五个方队。正、奇兵按照7:3的比例配置,每十队中有三队为奇兵,用正兵迎击敌人进行正面厮杀,以奇兵出奇制胜,"余奇"兵力由主将直接控制,称"握奇"。正、奇兵各方队根据战情需要或整合或分散,灵活自如,都由主将节制指挥。

需要指出的是,自《宋史·艺文志》开始著录的专论八阵布列之兵书《握奇经》(又称《风后握奇经》),虽托为轩辕黄帝时的大臣风后所撰,但南宋朱熹等认为实际上是李筌的杰作。该书以天、地、风云四阵为正,以龙、虎、鸟、蛇四阵为奇,四正四奇共八阵,另有"握奇"作为机动兵力。布阵时,先以具有快速反应特点的"游军"于阵前两端警戒;布阵结束后,游军撤至阵后待命。战斗进行时,四正兵与四奇兵与敌人交锋,游军自阵后出击配合,再以"余奇"之兵策应重要作战区域。握奇阵法堪称中国古代战阵战术的经典,特别是"握奇"与"游军"的设置,极大地增强了军队作战的灵活性与快速反应能力。全书仅三百八十余字,讲奇正可谓字字珠玑,"治兵以信,求圣以奇。信不可易,战无常规。可握则握,可施则施。千变万化,敌莫能知。动则为奇,静则为陈。陈者阵列,战则不尽"①。

《将军》《阵将》《队将》《马将》各篇,分别以一军为单位讲述各级指挥将领的配置情况与任职资格、职责要求。其中强调,大将军作为"三军之众,万人之师"的统帅,必须由"智信仁勇严谨贤明者任"。在李筌看来,智勇双全、诚信仁爱、办事严谨、贤能干练、明于事理,是将帅必备的综合素质。

《鉴人》篇提出要从一个人的外貌到内心来观察判别其是否可以"任将",

---

① 《握奇经》,《四库全书》本。

具体方法有"神有余法""形有余法""心有余法"。所谓"心有余法",是指其人要懂得惩恶扬善,先人后己,不嫉妒别人而自以为贤能,不危害他人而保全自己,乐善好施,常守忠信,对人豁达宽容,不斤斤计较。

《誓众军令》篇专讲通过战前誓师和申明军令来鼓舞士气,宣扬军威,严肃军纪,使军队拥有旺盛斗志和强大战斗力。李筌认为,人们内心的想法决定着他会怎么说,而命令是通过言辞来表达的。所以,将帅必须胸有雄才大略,言辞铿锵激昂,"锐铁石之心,凛风霜之气",才能发号施令,申明军法,只有"军无二令,将无二言",才能勉励士兵们为国厮杀,不违反法令典刑。他主张军队要有铁的纪律,一共列举了二十一条必杀军规,包括泄漏军情及告密者、离军出走及叛逃者、不战而降及投敌者、不按时赴令以及撒谎会战误时者、与敌人私自交往者、损失主将者、丢失用于传令指挥的旌旗节钺者、遇有灾难以及在战场上被敌人困迫而不相救者、制造散布谣言以及妄说阴阳卜筮鬼神灾祥等迷信而蛊惑动摇军心者、无缘无故惊扰军队以及大呼小叫惊慌失措者、丢弃武器装备以及不严谨检查者、盗窃军资财物者、将吏失职相互包庇以及做事曲解法令者、以强凌弱赌博忿争酗酒闹事以及恶骂无礼不通情理者、在军中骑马奔走以及将军以下本应步行却骑马者、破敌后及进入敌人境内掳掠者、巡夜失察违禁夜行以及擅自借宿其他营地者、守城不牢固者、不听从调遣以及将吏以权谋私安排不公平者、欺压百姓强奸民女以及把妇女带入军营者、违背将帅命令者。显然,这些军令具体而严格甚至有些苛刻,但作为从严治军而言是相当必要的。

战马是军队战斗力的有机构成部分,《相马》篇即介绍如何选择好马以及防止"骨劳""筋劳""皮劳""气劳""血劳"这"五劳"之马进入军营。《关塞四夷》篇记录了当时疆域设置情况,包括关内道、黄河北道、河东道、陇右道、北庭道、河西道、安西道、剑南道、范阳道、平卢道、岭南道、河南道等,凡关塞之地,"设险守固",以确保唐朝国防安全。

《太白阴经》卷四为"战具类",包括《攻城具》《守城具》《水攻具》《火攻具》《济水具》《水战具》《器械》《军装》八篇,系统介绍各种武器装备和军事物资,阐明"工欲善其事,必先利其器",如果没有精良的器械和充足的粮草辎重,则"不可言兵""不可举事"。

《太白阴经》卷五为"预备",包括《总序》《筑城》《凿濠》《弩台》《烽燧台》《马铺土河》《游奕地听》《报平安》《严警鼓角》《定铺》《夜号更刻》《乡导》《井泉》《迷途》《搜山烧草》《前茅后殿》《衅鼓》《屯田》《人粮马料》《军资》《宴设音乐》各篇,涉及守城防御和情报传递等军事工程建设、日常军事备战活动、粮草军资筹措以及激励众将士的饮食宴乐等,旨在告诫治军者"不备不虞，不可以帅师"，即便是天资不高的愚笨者，只要勤勉努力有充分的备战，一样可以如智者那样建功立业。

《太白阴经》卷六"阵图"，包括《风后握奇垒》《风后握奇外垒》《太白营图》《偃月营图》《阴阳队图》《教旗》《草教图》《教弩图》《合而为一阵图》《离而为八阵图》等篇，主要介绍相关军阵布置情况，强调其主要用于平时教习，使士卒知道进退止步之法，明白金鼓旌旗号令内涵，实际打仗时则必须因敌而变化，"应敌战阵不可预形"。卷七"祭文、捷书、药方"，卷八"杂占"，卷九"遁甲"，卷十"杂式"，多神秘空虚附会之语，于用兵并无多少裨益。

从总体上而言，《太白阴经》论兵以"人谋"为中心，强调策谋人为和因时因地对"势"的把握，认为兵强国富废兴之根本，在于执政者修行得道，厚德高明，任贤使能；统兵的将帅应该是智信仁勇严谨贤明之人，须具备"能柔能刚，能翕能张……智周于万物而道济于天下"的卓越本领；通过选士励士鉴才和刑赏有度打造一支讲道德忠信、贵和不好战的骁勇善战之师，是打败敌人赢得战争胜利的关键。李筌以他超凡的兵学才华和富于理论与实践相结合的行文风格，使《太白阴经》成为中国军事文化史上一座令人敬仰的丰碑。其中，凡职责分内之事不奖，由赏而促使将士不犯禁，通过刑罚而劝诫为善等许多创新思想，于治军治国等确有深刻的启示。

十一、《老子》与《孙子兵法》

在中国军事史上，《孙子兵法》被尊为兵经、兵学鼻祖，两千多年来一直享有盛誉。其对战争的深刻认识，对战争与政治、经济关系的精微探索，对战略、战术与治军原则的精辟见解等等，在历代军事领域和国家的治理中，无不具有广泛而深远的影响。

早在战国秦汉之际，许多统兵的将帅不仅收藏有《孙子兵法》，而且能非常熟练地将其运用于战争实践。韩非在《五蠹篇》中讲："境内皆言兵，藏孙、吴之书者家有之。"大史学家司马迁也说："世俗所称师旅，皆道孙子十三篇。"《史记》上记载，孙膑、赵奢、韩信、陈余、黥布等用兵，都直接以《孙子兵法》为指导。

秦汉以后，人们依然是"用兵皆用其法"[①]。曹操盛赞其计谋深远，声称"吾观兵书、战策多矣，孙武所著深矣"，他还亲自对孙武手定的十三篇进行了精心注解。足智多谋的诸葛亮同样推崇孙武，认为"战非孙武之谋，无以出其计远"[②]。唐太宗李世民讲"观诸兵书，无出孙武"。宋神宗元丰年间，王安石变法，讲究武备兵学，确定《武经七书》为武学必读教科书，将《孙子兵法》列为"七经"之首。明代李贽称赞"孙子所以为至圣至神，天下万世无以复加者也"[③]。清朝编撰《四库全书总目》，更认定《孙子兵法》为"百代谈兵之祖"。诚如茅元仪在《武备志·兵诀评》所评价的那样：在中国兵学历史上，"前孙子者，孙子不能遗；后孙子者，不能遗孙子"。

《孙子兵法》不仅是我国古代军事领域和传统文化中一颗璀璨夺目的明珠，同时也是世界军事王国里一朵绚丽多姿的奇葩。隋唐时期，它已被来华的留学生、学问僧介绍到了日本、朝鲜等亚洲国家。十八世纪以后，又被译为法文、英文、德文等，传播到欧美各地。日本人赞誉《孙子兵法》"闳廓深远"，"诡

---

① （清）孙星衍《孙子兵法·序》。

② 《便宜十六策·治军》。

③ 《孙子参同》。

谲奥深，穷幽极渺"，称其为"兵之要枢"，尊奉孙子为"兵圣"，"兵家不得背于孙夫子而别进矣"。德国皇帝威廉二世曾慨叹："早二十年读《孙子兵法》，就决不至于遭受亡国之痛了！"当代英国军事理论家利德尔·哈特在其所著《战略论》一书的扉页上选列了"军事家语录"共计二十一条，其中孙武的语录就有十五条，占三分之二强，且列于首位。美国军事理论家约翰·柯林斯在1973年出版的《大战略》一书中说："孙子是古代第一个形成战略思想的伟大人物……孙子十三篇，可与历代名著包括二千二百年后克劳塞维茨的著作媲美。今天，没有一个人对战略的相互关系、应考虑的问题和所受的制约，比他有更深刻的认识。他的大部分观点，在我们当前的环境中仍然有其和当时同样重大的意义。"英国的蒙哥马利元帅曾建议将《孙子兵法》列为军事院校的必修课程和将校必读之书。而在19世纪、20世纪的朝鲜、日本、美国等许多国家，的确都把《孙子兵法》直接纳入了军校和军官培训的教学体系。

《孙子兵法》以其系统的军事理论和卓越成就，超越时空限制，充分显示出其在中外军事史上的巨大影响和独特魅力。然而，就是这样一部震古烁今、举世公认的军事名著，在许多方面都直接受到《老子》的影响。中国台湾著名学者南怀瑾先生所著《老子他说》，显然已经注意到了这二者间的内在联系，所以，他才能够振臂一呼：孙武的军事哲学思想"正是由道家思想而来"。中国大陆军内学者吴如嵩则说："在以弱胜强这一问题上，《孙子兵法》明显地体现出上承老子、下启《孙膑兵法》的渊源关系。"① 根据我们的梳理，《孙子兵法》与《老子》二书中观点相同或密切相关的部分大致如下。

1. 战争观方面

《老子》第三十一章："夫佳兵者，不祥之器。物或恶之，故有道者不处。君子居则贵左，用兵则贵右。兵者，不祥之器，非君子之器。不得已而用之，恬淡为上，胜而不美。而美之者，是乐杀人。夫乐杀人者，则不可以得志于天下矣。吉事尚左，凶事尚右。偏将军居左，上将军居右，言以丧礼处之。杀人之众，以哀悲泣之，战胜，以丧礼处之。"

今译：兵器是不吉祥的东西，人们大都厌恶它，所以有道的人绝不轻易使用它。君子平时尊崇左方，用兵打仗时才以右为尊。用兵打仗是不吉祥之举，不是有道的君子随便可以施行的。在万不得已的情况下用兵，应以恬静淡泊的方式处理，打仗胜利了不能称美唱赞歌。大唱赞歌的人，就是喜欢好战的杀人份子。凡是好战的杀人份子，就不可能最终取得天下。吉祥喜庆的事以左为尊

---

① 吴如嵩《孙子兵法浅说》，第17页。

贵，不吉利的凶丧之事以右为尊贵。行军打仗时偏将军居左，上将军居右，这就是说要用凶丧礼仪来对待战事。因为打仗时杀人众多，所以要怀着悲哀的心情去莅临战场。战争打胜了，要用凶丧礼仪去处理。

《老子》第三十章："以道佐人主者，不以兵强天下，其事好还。师之所处，荆棘生焉。大军之后，必有凶年。"

今译：用大道辅佐君主的人，不会依仗武力逞强天下，他做事喜好回归无为。军队所至战火所及的地方，农事生产遭到破坏，到处变成了荆棘丛生的荒原。战争之后，跟随而来的必然是灾荒之年。

《计篇》："孙子曰：兵者，国之大事。死生之地，存亡之道，不可不察也。"

今译：孙子说：战争是国家的大事。它关系着军民的生死与国家的存亡，因此不能不加以认真考察和研究。

《火攻篇》："怒可以复喜，愠可以复说（悦），亡国不可以复存，死者不可以复生。故明主慎之，良将警之，此安国全军之道也。"

今译：愤怒可以转而欢喜，气恼可以转而喜悦，国家灭亡了就不可能再存在，人死了也不可能复生。所以，对于战争，贤明的君主要极为慎重，好的将领要时时警惕，这是使国家安定、全军将士性命得以保全的正道啊。

《用间篇》："孙子曰：凡兴师十万，出征千里，百姓之费，公家之奉，日费千金，内外骚动，怠于道路，不得操事者，七十万家。"

今译：孙子说：凡是兴兵十万，出征千里，百姓的花费，国家的开支，每天要花费千金之多，而为支援前线抽调大批人力用于粮草辎重运输及其他后勤服务，沿途疲于奔命，由此不能进行正常农事生产操持生计者多达七十万家。

评述：鉴于战争的残酷性与巨大破坏性，老子认为兵器（含军队）是不吉祥之物，用兵打仗是不吉祥之举，他坚决反对依仗武力随意发动争霸和兼并战争，但对遭受外敌入侵情况下"不得已"而进行的御敌自卫战争则表示认同，只是这样的御敌自卫战争也要注意把握好分寸，战胜即止，"胜而不美"；孙武认为战争不仅耗民财、费民力、误农事，而且关系到无数军民的生死与国家的存亡，所以必须从理性上予以高度重视和慎重对待（既重战又慎战），不能凭个人主观意愿和情感好恶来发动战争。可见，反对武力横行，反对穷兵黩武，是孙武与老子共同的战争观；但孙武承认用兵打仗是国家大事这一客观必然性与老子认为最好什么战事都不要发生，则体现出他们之间的差别。正因为如此，孙武才得以把战争现象及其内部变化发展规律作为专门的学问来进行研究，进而写成了纯军事理论著作《孙子兵法》；而老子却把军事问题纳入大道政治的范畴，故以哲理喻兵成为其论兵的一个显著特色。

《老子》第三十九章："故贵以贱为本，高以下为基。"

今译：所以，尊贵以低贱为根本，高以下为基础。

《老子》第四十九章："圣人无常心，以百姓心为心。"

今译：有道的圣人没有私心，他把百姓的心愿作为自己的心愿。

《计篇》："故经之以五事，校之以计，而索其情：一曰道，二曰天，三曰地，四曰将，五曰法。道者，令民与上同意，可与之死，可与之生，而不畏危也……凡此五者，将莫不闻，知之者胜，不知者不胜。故校之以计，而索其情。曰：主孰有道？……"

今译：所以，要用"五事"来研究和从事战争，用"七计"来比较交战双方的优劣势，以求得对战争整体的认识与把握：一是道，二是天，三是地，四是将，五是法。所谓"道"，就是要把民众的利益和想法与君主的意愿达成一致，如此才可以使他们为君主死，为君主生，勇于战斗而不惧任何危险……凡此五事，统兵的将帅没有不听说的，懂得其中道理的人就能获胜，不懂得其中道理的人就不能获胜。因此，要用"七计"也就是从七个方面来对敌我强弱优劣情况进行比较，以便获知与掌握战场态势。七计分别是：哪方的君主遵从道义政治开明得民心？……

《谋攻篇》："上下同欲者胜。"

今译：将帅与士卒上下同心协力、团结战斗的一方取胜。

《形篇》："善用兵者，修道而保法，故能为胜败之政。"

今译：善于用兵打仗的人，必定修明政治而获取民心、军心，同时又严明法纪，赏罚必信，所以能主宰战争的胜败。

评述：老子从大道谦退居下的属性而引申出执政者应"以百姓心为心"，这种民本主义思想对其战争观有着直接的影响；孙武把"令民与上同意"理解为道的内涵，认为修明政治而得民心、军心是战争取胜的关键，这完全是老子思想的实际运用。

《老子》第六十章："以道莅天下，其鬼不神。非其鬼不神，其神不伤人；非其神不伤人，圣人亦不伤人。夫两不相伤，故德交归焉。"

今译：用大道治理天下，鬼神起不了作用。不但鬼神不起作用，神祇也不伤害人；不但神祇不伤害人，圣人也不压迫伤害人。鬼神和圣人都不伤害人，所以彼此都不伤害，天下又回到了淳真质朴的原初世界。

《用间篇》："先知者，不可取于鬼神，不可象于事，不可验于度，必取于人，知敌之情者也。"

今译：战前要事先了解敌情，不可通过向鬼神问卜的方式来取得，不可用机械类比方法去推测吉凶，不可用星象运转的度数去验证，只能从了解和熟知敌人情况的人那里去取得。

评述：尊崇大道而贬抑鬼神，主张得道的圣人应该充分发挥其主观能动性以治国用兵，老子、孙武莫不如此宣讲。

2. 战略战术方面

《老子》第七十三章："天之道，不争而善胜，不言而善应，不召而自来，坦然而善谋。"

今译：上天的运行法则和自然规律是，不争斗而善于取得胜利，不表白而善于回应，不召请而自动到来，处事泰然而善于策谋。

《老子》第六十四章："其安易持，其未兆易谋。其脆易泮，其微易散。为之于未有，治之于未乱。合抱之木，生于毫末；九层之台，起于累土；千里之行，始于足下。"

今译：局势安稳时容易控制，纷乱事变尚未显露征兆时容易图谋。事物脆弱时容易消解，事情还微小时容易散失。做好一件事，要未雨绸缪；治理国家，要在祸乱没有发生之前。几个人合抱的大树，是从细小的种子萌芽生长而来；九层高台，是由一筐一筐的泥土累积而来；千里远行，是从脚下第一步开始行走而来。

《计篇》："夫未战而庙算胜者，得算多也；未战而庙算不胜者，得算少也。多算胜少算，而况于无算乎！吾以此观之，胜负见矣。"

今译：开战之前经过对比分析与密谋策划预计可以取胜的，取胜的机会就一定多；开战之前经过对比分析和密谋策划预计不能取胜的，获胜的机会就一定少。经过策谋得算多的会胜过得算少的，而何况于那些无策谋的呢！我从这些方面来观察战争情况，双方虽然未经交锋，但彼此的胜负已见分晓了。

《形篇》："孙子曰：昔之善战者，先为不可胜，以待敌之可胜。不可胜在己，可胜在敌。故善战者，能为不可胜，不能使敌之必可胜。故曰：胜可知，而不可为……故善战者，立于不败之地，而不失敌之败也。是故胜兵先胜而后求战，败兵先战而后求胜。"

今译：孙子说：从前善于打仗的人，通过策谋先要做到不会被敌人战胜，然后才可以战胜敌人。不会被敌人战胜的主动权在自己手中，而能否战胜敌人则决定于敌人是否犯战略战术方面的错误。因此，善于打仗的人，能够做到不被敌人战胜，却不能做到使敌人一定被战胜。所以说，获胜可以通过策谋而预知，但不可以强求……于是，善于用兵打仗的人，总是使自己立于不败之地，又不错失能打败敌人的良机。毫无疑问，获胜的军队是通过策谋先有了胜利的把握而后寻求与敌人交战，失败的军队则是在交战之后才企求侥幸取胜。

《谋攻篇》:"故上兵伐谋,其次伐交,其次伐兵,其下攻城。"

今译:所以,用兵的上策是挫败敌人的战略计谋,其次是瓦解敌人的联盟,挫败其外交,再次是以武力打败敌军,最下策是攻城。

《虚实篇》:"故策之而知得失之计……"

今译:所以,通过对战争的仔细谋划,就可能知道双方的得失,找到打败敌人获得胜利的对策。

评述:"善谋"是老子重要的战略思想,它注重在战前知人自知以充分掌握敌我双方情况的基础上预先对战争进行全面谋划,因而强烈地显示出发挥主观能动性以控制战争局面的谋战、计战色彩;孙武的"庙算""胜兵先胜而后求战""上兵伐谋"等,也都是强调战略谋划的问题,他认为通过对"五事"的考察和对敌我"七计"的比较分析,在知彼知己的基础上使用兵打仗达到"致人而不致于人"的境界,才能稳操胜券。在《孙子兵法》中,属于计谋的范畴很多,如"计""知""算""权""称""校(较)""索""察""谋""虑""法""策""度""料""识"等,第一篇和第三篇的标题便直接取名为《计篇》《谋攻篇》,其他各篇讲策谋的也比比皆是。汉朝任宏在划分兵书四大类别时,就把《孙子兵法》归入兵权谋家,所谓"以正守国,以奇用兵,先计而后战,兼形势,包阴阳,用技巧者也"①。

《老子》第三十三章:"知人者智,自知者明。胜人者有力,自胜者强。"

今译:了解别人的是睿智,认清自己的是高明。战胜别人的是有力,能战胜自己的才是真正的强大。

《谋攻篇》:"故曰:知彼知己,百战不殆;不知彼而知己,一胜一负;不知彼,不知己,每战必败。"

今译:所以说,既了解对手也了解自己,百战都不会有危险;不了解对手而只了解自己,胜负各半;既不了解对手,也不了解自己,每战都必然会失败。

《用间篇》:"相守数年,以争一日之胜,而爱爵禄百金,不知敌之情者,不仁之至也,非人〔民〕之将也,非主之佐也,非胜之主也。故明君贤将所以动而胜人,成功出于众者,先知也。"

今译:两军相持数年,为的是争取有朝一日的胜利,如果因为吝惜官位爵禄钱财而不重用间谍,以致不能获知敌情而遭到失败,这是最不仁慈的举措,这样的将领不是带兵打仗的好将领,不是君主的好帮手,也不是战争胜利的主宰者。因此,明智的君主,贤能的将帅,之所以能够动辄战胜敌人,其成功超

---

① 《汉书·艺文志》。

出众人之上，就在于他事先了解和掌握敌情啊。

评述：老子认为凡事都要知人自知，孙武专论用兵打仗须知彼知己，二者显然有着异曲同工之妙。不过，在知人自知中，老子又特别强调自知以及在此基础上的"自胜"，而孙武似乎更为注重"知彼"即对敌情的研究，而且还要"先知"即战前把握，所以他专列《用间篇》以探讨战略侦察的各个方面，并把担任"知彼"角色的间谍分为因间、内间、反间、死间、生间五大类。侧重点的不同，实际上反映出作为哲学家的老子与作为军事家的孙武在著述思想体系上的差异：哲学家更多地关注行为主体的自身修养，并希望以此带动他人和整个社会，所以老子说"自胜者强"；军事家考虑的首要问题是如何根据敌情的变化而因敌制胜，由此孙武在怎样才能预先把握敌情这一问题上大费笔墨。

《老子》第五十七章："以正治国，以奇用兵，以无事取天下。"

今译：用清静无为的正道来治理国家，以诡谲奇巧的方法来用兵打仗，以不恣意妄为不搅扰民众来获取天下。

《老子》第五十八章："祸兮福之所倚，福兮祸之所伏。孰知其极？其无正？正复为奇，善复为妖，人之迷，其日固久。"

今译：灾祸啊，幸福倚傍在它里面；幸福啊，灾祸藏伏在其中。有谁知道它们最终的结果呢？难道它们本来就没有一个定准？正又可转变为奇，善又可转变为恶。人们迷惑失道，已经有很长的日子了。

《计篇》："兵者，诡道也……攻其无备，出其不意。此兵家之胜，不可先传也。"

今译：用兵打仗是一种诡诈之术……攻其不备，出其不意，这是兵家指挥战争制胜的秘诀，不可事先传授啊。

《势篇》："凡战者，以正合，以奇胜。故善出奇者，无穷如天地，不竭如江海……战势不过奇正，奇正之变，不可胜穷也。奇正相生，如循环之无端，孰能穷之哉？"

今译：凡用兵打仗，都是以正兵合击敌人，用奇兵取胜。所以善于出奇制胜的将领，其战法变化就像天地广阔无边那样不可穷尽，象江海水长流那样不可枯竭……战场阵势和战术运用不过"奇"与"正"两大类，奇正变化无穷无尽。奇可以转化为正，正可以转化为奇，奇奇正正，彼此相生，相互转化，就像循环一样无始无终，谁能穷尽它呢？

评述：奇与正是中国古代军事领域内一对重要范畴，它由老子提出进而被孙武给予了全面深刻的阐发，其内涵也由用兵技巧与治国之道进而引申为战场上的各种战术变化、兵力分置等等。奇正相生，变化无穷，充分反映出历代兵家对战争规律的深刻认识与把握，也体现出我国古代军事发展的光辉成熟。

《老子》第八章："上善若水。水善利万物而不争，处众人之所恶，故几于道。"

今译：最上等的"善"就好像水一样。水善于滋润万物生长却不与万物争名争利争功，它总是停留在大家所讨厌的卑下低洼之地，所以和谦退居下的道差不多。

《老子》第四十三章："天下之至柔，驰骋天下之至坚，无有入无间，吾以是知无为之有益。"

今译：天下最柔弱的东西（如水），能够通达天下最坚硬之物，无形的东西能够穿透没有间隙的事物内部，我因此而知道了"无为"的益处。

《虚实篇》："（夫）兵形象水，水之形［行］避高而趋下，兵之形避实而击虚。水因地而制流［行］，兵因敌而制胜。"

今译：用兵打仗的情形与流水差不多，水的流动总是避开高处而流向低处，用兵打仗的情形也是避开敌人力量强大之地而攻击其虚弱之处。水因地形的变化而决定其流向，用兵也因敌情的变化而采用不同的战法克敌制胜。

评述：老子以水喻大道，借以说明谦退居下、柔弱不争、"柔弱胜刚强"的道理；孙武以水喻兵，用以阐述避实击虚、因敌制胜等战术原则。此充分说明他们思想的内在逻辑联系是十分密切的。

《老子》第十一章："三十辐共一毂，当其无，有车之用。埏埴以为器，当其无，有器之用。凿户牖以为室，当其无，有室之用。故有之以为利，无之以为用。"

今译：三十根条辐汇集在一个车毂中，只有当车毂有中空之地时，才能推动车子前进而发挥其作用。糅合陶土制作器具，只有当陶器有中空之地时，才能发挥其作为器皿装盛物品的功用。开凿门窗建造房屋，只有当门窗之地中空时，才能发挥房屋居住的功用。所以，万物之"有"给人们带来便利和益处，必须通过"无"来发挥其作用。

《老子》第六十九章："用兵有言，吾不敢为主而为客，不敢进寸而退尺。是谓行无行……"

今译：用兵打仗的兵家讲过，我不敢主动向敌人发起进攻，而是采取守势，在敌人已经向我攻击的情况下才起而应战，不敢冒进一寸而后退一尺。所以说，打仗时军队虽然摆有阵势，却随时会因为敌情变化而改变既定队列阵法，使人感到好像无阵势……

《虚实篇》："故兵无常势，水无常形。能因敌变化而取胜者，谓之神。"

今译：所以，用兵打仗没有固定不变的阵势，流水也没有固定不变的形状。能够根据敌情的变化而采取不同阵势阵法打败敌人以获取胜利者，才称得上是用兵如神。

《虚实篇》："故善攻者，敌不知其所守；善守者，敌不知其所攻。微乎微乎，至于无形；神乎神乎，至于无声，故能为敌之司命……故形人而我无形，则我专而敌分……故形兵之极，至于无形；无行则深间不能窥，智者不能谋。"

今译：所以，善于进攻的，敌人不知道怎么防守；善于防守的，敌人不知道从何处发动进攻。兵法微妙啊！微妙到了阵势看不出任何形迹；兵法神奇啊！神奇到了用兵无声无息。正因为如此，所以能成为敌人命运的主宰者……所以能使敌情暴露而我却不动声色不露痕迹，如此就可以达到我军兵力集中而敌人军力分散……所以，用兵打仗时布阵最好的，就是使阵势阵法无形可见；如此，即便是高明的间谍也窥察不出，足智多谋者也捉摸不透。

《军争篇》："故用兵之法……围师必阙……"

今译：所以，用兵的法则是……包围敌人一定要留缺口……

评述：老子重视"无"即虚空的功用，并认为用兵打仗时应根据敌情变化而随机应变，反对固定不变的战阵常法；孙武从"水无常形"而引出"兵无常势"，强调用兵贵"无形"，灵活机动，因敌制胜，"围师必阙"。这些战术原则都是对老子哲学思想的直接运用。

《老子》第二十六章："重为轻根，静为躁君……轻则失本，躁则失君。"

今译：持重是轻率的根本，静定是躁动的君主……轻率就失去了根本，躁动就失去了君王的主宰。

《老子》第四十五章："躁胜寒，静胜热，清静为天下正。"

今译：躁动能够战胜寒冷，清静能够克服炎热，清静无为是治理天下的正道。

《军争篇》："以治待乱，以静待哗，此治心者也。以近待远，以佚待劳，以饱待饥，此治力者也。"

今译：以我军的严整来对付敌人的混乱，以我军的冷静沉着来对付敌人的轻率躁动，这是把握好军队作战心理的方法；以我军的近便来对付敌人的远道而来，以我军的休整安逸来对付敌人的奔走疲劳，以饱餐的我军来应战饥饿的敌人，这是掌握军队战斗力的方法。

评述：静是大道的属性，静胜躁是自然之理，以静制动、以逸待劳因之而成为重要的战术法则。老子、孙武可谓一脉相承。

《老子》第六十八章："善胜敌者不与。"

今译：善于战胜敌人的人不会与敌人硬拼对打。

《计篇》："强而避之。"

今译：敌人兵力强大，就要避开它。

《军争篇》："善用兵者，避其锐气，击其惰归，此治气者也。"

今译：善于用兵打仗的人，要避开敌人初来时的锐气，等待敌人士气衰竭时再去攻打它，这是掌握军队士气的办法。

《谋攻篇》："不战而屈人之兵，善之善者也……故善用兵者，屈人之兵而非战也。"

今译：不打仗而能使敌人屈服，是用兵高明中最高明的……所以，善于用兵打仗的人，能使敌人屈服却不用直接交战。

评述：在御敌自卫战争中，柔弱者要扭转不利战局，不与强敌硬拼，而是在闪避中伺机发动攻击，是一个行之有效的战术，因此，老子说"善胜敌者不与"；孙武将此战术原则视为"善用兵"的具体表现之一，并进一步将其提升到战略高度，认为不使用武力、不直接兵戎相见就能够使敌人屈服，不战而胜，方能称得上是达到了用兵的最高境界。

《老子》第二十二章："曲则全，枉则直，洼则盈，敝则新，少则得，多则惑。"

今译：委曲反能保全，屈就反能伸直，低洼反能充盈，敝旧反能生新，少取反能多得，贪多反而迷惑。

《军事篇》："军争之难者，以迂为直，以患为利。故迂其途而诱之以利，后人发，先人至，此知迂直之计者也。"

今译：两军相争，最困难的是要把迂回变为捷径，把祸患变为有利。所以，采用迂回绕道法并以利诱惑敌人，从而做到比敌人晚出动却先到达双方必争之军事要地，这就是懂得战略迂回以迂为直计谋的善用兵者。

评述：老子讲"枉则直"是立足于哲学角度，是在讲一种普遍的辩证法则；孙武的"以迂为直"，显然是该辩证法则在军事上的直接运用。

《老子》第六十八章："善战者不怒。"

今译：善于打战的人不会轻易发怒。

《火攻篇》："主不可以怒而兴师，将不可以愠而致战，合于利而动，不合于利而止。"

今译：君王不可以因为愤怒而发动战争，将帅不可以因为气恼而出战；对我有利才能用兵，对我不利就要停战。

《九变篇》："故将有五危……忿速可侮。"

今译：所以，统兵的将帅在战场上面临着五种危险……暴躁易怒的人，可以对他进行侮辱和挑斗，促使他采取鲁蛮的行动而遭到失败。

《谋攻篇》："将不胜其忿而蚁附之，杀士卒三分之一，而城不拔者，此攻之灾也。"

今译：将帅抑制不住焦躁愤怒的情绪而悍然发动攻城战役，使众多士卒如成群蚂蚁般攀附城墙，士兵伤亡了三分之一，而城还是攻不下来，这就是攻城的灾祸啊。

《计篇》："怒而挠之。"

今译：敌将暴躁易怒，就要想办法挑动激怒他。

评述：老子的"善战者，不怒"，是告诫用兵者在事关无数军民生死与国家命运的战争中不要掺和个人的情感因素，要善于克制自己；孙武则将怒而用兵列为将帅面临的五大危险之一，认为从一国君王到直接统兵的将领，都不能因怒兴师，轻举妄动，而敌将的暴躁易怒则为我军因敌制胜创造了条件，所以，"怒而挠之"成为实际的战术运用。

《老子》第三十六章："将欲歙之，必固张之；将欲弱之，必固强之；将欲废之，必固兴之；将欲夺之，必固与之。"

今译：将要收敛的，必先扩张；将要削弱的，必先强盛；将要废弃的，必先兴举；将要夺取的，必先给予。

《势篇》："故善动敌者，形之，敌必从之；予之，敌必取之。以利动之，以卒待之。"

今译：所以，善于调动敌人的，要伪装乱、弱、怯等各种对敌有利的假象，敌人发现后必然相信并跟从而来；故意丢弃粮草辎重、钱财乃至一些无关紧要的阵地给敌人，敌人必定前来获取。用利益将敌人引诱上钩后，以强大兵力给其以猛烈打击。

《计篇》："故能而示之不能，用而示之不用，近而示之远，远而示之近。"

今译：因此，用兵时对敌人要做到本身能够却表现出不能够，本来要利用却表现出不利用，本来离得近却要表现出远，本身远却要表现出近。

评述：将取先予是老子哲学思想中的一个重要观点（当然，也有不少人认为老子这是在阐述事物对立转化的状态），而孙武从用兵要善于制造假象迷惑敌人、以利引诱敌人等方面给予充分发挥，使其具有更加切实的可操作性。

《老子》第三十章："善有果而已，不敢以取强……果而勿强。物壮则老，是谓不道，不道早已。"

今译：善于用兵的人只求打败来犯之敌、解除危难罢了，不敢依仗武力来逞强……战胜了不要耀武逞强。万物生长达到壮盛后就会趋于衰老，武力逞强是不符合大道的举动，不合乎道就会早早灭亡。

《老子》第四十四章："知足不辱，知止不殆，可以长久。"

今译：懂得满足就不会遭受屈辱，知道适可而止就不会有危险，这样才可以长久平安。

《军争篇》："穷寇勿迫。"

今译：对处于绝境的敌军不要过于逼迫。

《行军篇》："杀马肉食者，军无粮也；悬瓿［甄］不返其舍者，穷寇也。"

今译：杀马吃肉，是军中无粮；士兵们悬挂瓶罐不再返回营房，是陷入绝境准备决一死战的敌人。

评述：依据道守虚不盈的特点和物极必反的运行规律，老子主张御敌自卫战争应该战胜即止，不要冒险追击残敌；孙武继承并发展了这一思想，他的"穷寇勿迫"较老子的"善有果而已"显然更具有积极意义。"勿迫"不是一味地不追击，而是不要过分逼迫敌人，以防止其狗急跳墙，留敌一线生机，反而使敌人在求生欲望驱使下可能自乱阵脚，此更有利于我军最终全歼敌人。

3. 治军观方面

《老子》第三十四章："大道泛兮，其可左右。万物恃之而生而不辞，功成而不名有。"

今译：大道泛之四海而有，无所不在。万物依赖它而生长，道从不推辞，它生养了万物却不据有功名。

《老子》第八十一章："天之道，利而不害。人之道，为而不争。"

今译：天道法则，是利于万物而不伤害它们。人间大道，是有所作为而不与人争名夺利。

《老子》第九章："功遂身退，天之道。"

今译：功业完成急流勇退，这是天道法则。

《地形篇》："故进不求名，退不避罪，唯民是保，而利于主，国之宝也。"

今译：所以，进不求战胜的功名利禄，退不逃避战败的罪责，只求保护民众与有利于国家和君主，这样的将帅才是国家的珍宝啊。

评述：老子认为名利之争是一切祸害的根源，"为而不争"方能实现社会的和谐发展，所以，立身处世务必做到功成身退；孙武要求用兵的将帅不得计较个人的名利得失，要一心一意卫国保民。他自己之所以能在吴被越灭亡后还能全名节而保性命，是与具有这种精神境界分不开的。

《老子》第六十七章："我有三宝，持而保之。一曰慈，二曰俭，三曰不敢为天下先。慈，故能勇；俭，故能广；不敢为天下先，故能成器长。今舍慈且勇，舍俭且广，舍后且先，死矣！夫慈，以战则胜，以守则固，天将救之，以慈卫之。"

今译：我有三件宝物，持守而保有它们。第一是慈爱，第二是节俭，第三是不敢居于天下人的前面。慈爱，所以能勇武；节俭，所以能宽广；不敢居于天下人的前面，所以能立成器而有利于天下成为万物的官长。现在舍弃慈爱而求取勇武，舍弃节俭而求取奢华，舍弃谦退而争先好斗，这是走向死亡之路啊。慈爱，用来治军打战就能胜利，用来防守就能使阵地坚固，上天要救助谁，就会赋予他慈爱的本性，使他深得百姓的拥护和爱戴，并由此得到护卫。

《地形篇》："视卒如婴儿，故可与之赴深溪；视卒如爱子，故可与之俱死。"

今译：对待士卒就如同对待婴儿一样的慈爱关怀，就可以和他们共赴危难之地；对待士卒如同对待自己的爱子，就可以和他们一起出生入死。

评述：老子将慈爱列为"三宝"之首，认为一国之君、一军之将如能以慈爱为本，就能得民心、军心，从而达到战可胜、守可固的境地；孙武以人们对婴儿、爱子的慈爱关怀本性喻将帅治军爱兵，称如此便能使官兵一致，上下同心，同生死，共命运。

《老子》第八章："言善信。"

今译：说话善于遵守信用。

《老子》第十七章："信不足焉，有不信焉。"

今译：诚信不足，就不会得到别人的信任。

《老子》第六十三章："夫轻诺必寡信，多易必多难。"

今译：轻易许诺必定缺少信用，把事情看得太容易必定会遇到更多的困难。

《计篇》："将者，智、信、仁、勇、严也……凡此五者，将莫不闻，知之者胜，不知者不胜。故校之以计，而索其情。曰：……法令孰行……赏罚孰明？……"

今译：统兵的将帅，要智谋高远、赏罚有诚信、爱护士卒、勇敢坚定、严明法纪。……所有这"五事"，将帅没有不了解的，懂得其中的道理并能依此而做好的就能打胜仗，否则就不能取胜。所以，要时常从"五事""七计"方面比较敌我之间的优劣情况，以求得对整个战情的把握。"七计"是：……哪一方的军纪法令能得到一丝不苟的贯彻执行……哪一方能做到赏罚分明？……

《行军篇》："令素行以教其民，则民服；令不素〔素不〕行以教其民，则民不服。令素行者，与众相得也。"

今译：平时能一贯地严格执行军规法令并用它来教育广大士卒，那么士卒就会服从将帅的指挥；平时就不是一贯地严格执行军规法令并用它来教育广大士卒，那么士卒就不会服从将帅的指挥。军令能一贯地得到遵行，说明将帅与广大士卒诚信相待，上下融洽。

评述：老子认为，诚信待人处事是大道的必然要求，凡事都满怀诚信，才能得到他人的信任和拥戴；孙武将诚信视为仅次于智谋的将帅五大综合素养之一，并将诚信在军事领域内的具体表现明确为有令必行，赏罚分明。

《老子》第二十六章："是以圣人终日行不离辎重。"

今译：因此，得道的圣人成天出征在外，片刻也离不了粮草辎重等物。

《军争篇》："是故军无辎重则亡，无粮食则亡，无委积则亡。"

今译：所以，军队没有武器等装备就要败亡，没有粮食就不能生存打仗，没有物资储备和补充也要灭亡。

评述：吃饭穿衣等是人们的基本生活需要，"兵马未动，粮草先行"，老子、孙武对此都予以高度重视，孙武更把所有军需品的储备补充提到战略高度进行认识。

《老子》第三十六章："柔弱胜刚强。鱼不可脱于渊，国之利器不可以示人。"

今译：柔弱战胜刚强。鱼不可以脱离幽深的水而生存，国家的用兵治国法宝利器不可以随便夸示于人。

《九地篇》："将军之事……能愚士卒之耳目，使之无知；易其事，革其谋，使人〔民〕无识；易其居，迂其途，使人〔民〕不得虑……是故政举之日，夷关折符，无通其使……"

今译：率军打仗的事……作战计划、行动方案等对士卒要保密，使他们毫无所知；改变原来的作战部署，变更原有的行动计划，使他人无法识破军事机密；改换驻地，迂回行军路线，使他人无法掌握真实的行动意图……所以，确定与敌作战的当天，就要封锁国境线上的一切通道、关隘，销毁通行符证，不许使者往来……

评述："以奇用兵"有一个重要前提，就是要确保军事机密不泄露。老子说"国之利器，不可以示人"，尽管"利器"不仅仅是指用兵方略，但他显然已深知军机不可外露的用兵法则；孙武则从内外防备的各个环节阐述了军事保密问题。

4. 军事辩证法方面

《老子》第二十五章："有物混成，先天地生，寂兮寥兮，独立不改，周行而不殆，可以为天地母。吾不知其名，字之曰道，强为之名曰大。大曰逝，逝曰远，远曰反。"

今译：有一个混然而成的东西，在天地形成以前就已经存在，它寂然无声，空虚无形，独立长存而亘古不变，循环运行而永不终结，可以看作是天地万物之母。我不知道它的名字，称它为"道"，勉强称它为"大"。它广大无边看起来就像是消逝了，消逝就是运行到了十分遥远之地，运行到遥远之地就是返回到它的本根。

《老子》第十六章："万物并作，吾以观复。夫物芸芸，各复归其根。归根曰静，是谓复命。复命曰常，知常曰明，不知常，妄作，凶。"

今译：万物蓬勃生长，我从中观察循环往复的道理。万物繁盛茂生，各自都要返回其根本。返回根本叫"静"，这就是复归本性。复归本性是永恒的法则，懂得这些法则就是明智，不懂得这些永恒的法则，轻举妄动，就凶险。

《势篇》："凡战者，以正合，以奇胜。故善出奇者，无穷如天地，不竭如江海。终而复始，日月是也；死而更生，四时是也……战势不过奇正，奇正之变，不可胜穷也。奇正相生，如循环之无端，孰能穷之哉？"

今译：凡用兵打仗，都是以正兵合击敌人，用奇兵取胜。所以，善于出奇制胜的将领，其战法变化就像天地广阔无边那样不可穷尽，像江海那样不可枯竭。落下又升起，这是日月的运行规律；终结又开始，这是春、夏、秋、冬四季的运行规律……战场阵势和战术运用不过"奇"与"正"两大类，但奇正之间的相互变化，却是无穷无尽的。奇正相生，就像圆环一样无始无终，谁能够穷尽它呢？

《虚实篇》："故兵无常势，水无常形。能因敌变化而取胜者，谓之神。故五行无常胜，四时无常位，日有短长，月有死生。"

今译：所以，用兵没有固定的态势，就像流水没有固定的形状一样。能够根据敌情的变化而采取相应的战法取得战争胜利者，才称得上是用兵如神。因此，用兵之法没有一个定准，就像木、火、土、金、水五行相生相克没有一个常胜者，春夏秋冬交相更替没有一个固定的时季，白昼有长有短，月亮有缺有圆。

评述：物极必反和循环往复、周行不殆，是老子辩证法的核心；而孙武的"奇正相生，如循环之无端"与用兵无常势、因敌制胜战术等，明显可见老子思想的踪影。

从上述对《老子》与《孙子兵法》并不完全的对比分析中，我们已完全有理由相信这两部不朽名著之间有着十分直接的内在逻辑联系，它们竟然有如此众多的共通点和相似点，实在令人称奇。

《孙子兵法》的作者孙武是春秋晚期齐国人，生卒年月不详，大约与孔子同时。据《新唐书·宰相世系表》以及《古今姓氏书辨证》记载，孙武字长卿，他的先祖是陈公子完。公元前 672 年，陈完因为内乱逃奔到齐国，被齐桓公用为"公正"，从此改称田完。后来，田氏成为齐国新兴地方势力的代表，其五世孙田书伐莒有功，齐景公（前 547—490 在位）"赐姓孙氏，食采于乐安

(今山东惠民县)"。孙武就是田书的孙子,在齐国战乱中逃到吴国,由伍子胥推荐而得见吴王阖闾。孙武早期的经历目前尚无从查考,但他在拜见吴王之前就已写成了著名的兵法十三篇。其主要活动是会同伍子胥辅佐吴王,经国治军,积极谋划攻打楚国,终于五战五捷,攻取了楚国都城郢,并北上重创齐军,使吴国在公元前482年大会诸侯于黄池,从而完成了称霸之举。司马迁评价说:"西破强楚,入郢,北威齐、晋,显名诸侯,孙武与有力焉。"① 作为从事征战的将军,孙武在吴国被越王勾践于公元前473年灭亡后,不知所终,但人们多认为他是保全了性命与名节的。

关于孙子与老子的相互关系问题,学术界存有较大争议。美籍华人学者何炳棣撰写的《司马谈、迁与老子年代》《关于孙子兵法及老子的考证》等文,从考订司马谈、司马迁父子的人生经历以及孔安国的生卒年代、学术思想的师承关系、治史才德之历史渊源等,综合分析得出其结论:老子约生于公元前440年左右,而《孙子兵法》撰成于吴王阖闾召见孙武的公元前512年之前,二者之间相差百余年。于是,他断言《孙子兵法》早于《老子》,"不仅为我国现存最早之私人著述,其辩证思维对老子甚有影响"②。尹振环沿引了"《孙》为《老》祖"的观点,认为"一旦有了《孙》早于《老》的提示,再细审、比较《孙》《老》,即可看到《老子》在许多方面是借鉴《孙子兵法》的,即战略、战术、诡道、辩证思维诸方面的借鉴"③。

尽管有上述一家之言,但迄今主流的观点依然认为孙武出生晚于老子,其活动范围主要在齐、吴、楚等诸侯国,他是否像孔子那样与老子有过共同探讨问题的经历,人们不得而知。但从他所著的兵法十三篇中,我们能清楚地感到老子思想的巨大影响,也许是共同的时代环境造就了他们这种思想上的相通。老子从宇宙到人生,从社会政治、经济到军事,以大道论天下,无所不包,无所不容,充分显示出哲学家高屋建瓴的宏伟气势和博大情怀;而孙武专论军事,系统阐述用兵打仗的各个方面,他的许多思想虽宗老子但有了更加淋漓尽致的发挥,使战略、战术、治军诸原则成为清晰明朗的战场条令。此外,老子坚决反对争霸战争,而孙武却以自己的军事天才协助吴王阖闾打败强楚,威服各诸侯国而成为新的霸主,则显示出他们在军事思想上还是有着颇为明显的差异。

---

① 《史记·孙子吴起列传》。
② 何炳棣《中国最古私家著述:〈孙子兵法〉》,载1997年第5期《历史研究》。
③ 尹振环《重识老子与〈老子〉——其人其书其术其演变》,商务印书馆2008年版。

十二、关于楚简、帛书与今本《老子》

　　《老子》成书后，以其博大精深的思想体系和鲜明的道治理念，迅速在社会上引起重大关注。战国秦汉时，这一经典著作已经流传甚广，人们竞相阅读并领会引用其妙语精义，如《墨子》《庄子》《荀子》《吕氏春秋》《战国策》等均引《老子》，《韩非子》还专列《解老》《喻老》两篇，对《老子》思想进行系统解读。

　　在广为流传的过程中，《老子》出现了众多不同的版本。归结起来，迄今最具探讨意义的是楚简本、帛书本（含甲、乙本）和今本，它们因为面世的时间先后不同而在文句表述方面存在着一定的差异。这些差异的形成，或因当时当地的文字使用习惯与疏忽，或因誊抄者的个人理解不同。而多种版本的出现，自然令人猜想《老子》的祖本究竟是谁？这些不同的版本能够真正反映《老子》原著的思想吗？

　　所谓今本《老子》，是指魏晋唐宋传本，其中的善本包括由战国末期河上公作注的《河上公章句》（简称河上公本）、西汉严遵的《老子指归》（简称严遵本）、三国时王弼的《老子注》（简称王弼本）、唐朝初期傅奕校定的《古本老子》（简称傅奕本）、南宋时范应元的《老子道德经古本集注》（简称范应元本）等。应该说，这些版本既包括老子的言论，也融进了老子后学发挥的思想。

　　1973 年 12 月，长沙马王堆汉墓出土了大批帛书，其中有两种《老子》写本，现分别称为甲本和乙本，这是目前所能见到的最完整的《老子》古抄本。帛书甲本用带有隶书笔法的小篆写成，在汉高祖刘邦称帝以前就已抄写完成；帛书乙本字体为隶书，抄写年代略晚，大约在汉文帝时期。帛书《老子》的编排体系是《德经》在前，《道经》在后，甲、乙本均不分章，此与今本有重大区别。著名学者高亨等考证认为：《老子》传本在战国期间可能就已有两种：一种是《道经》在前，《德经》在后，这当是道家传本。《老子》本书论述道德，总是把道摆在第一位，把德摆在第二位。《庄子》论述道德，也是把"道"摆在第一位，把"德"摆在第二位，便是明证。另一种是《德经》在前，《道经》在后，这当是法家传本。《韩非子·解老》首先解《德经》第一章，解《道经》第一章的文字放在全篇的后部，便是明证①。帛书《老子》正是属于法家传本的编法。

楚简本《老子》，是指 1993 年在湖北荆门郭店楚墓出土的竹简版本，较帛书本早百余年，是迄今最古老的《老子》抄本。由于盗墓丢失等原因，楚简本内容不完整，包括甲、乙、丙三组共七十一枚竹简 2046 个字，仅相当于今本的五分之二。它不分《道经》和《德经》，绝大部分文句与今本《老子》相近或相似，分别见于今本的三十一章。

由楚简本到帛书本，再到今本，《老子》在流传的过程中，尽管后人对它的注释有所不同，正文也出现了一些改写和扩展，但综合比较看，它们的主要内容却是根本贯通一致的。以下列举论兵的一些篇章在三个版本中的具体表述，以兹说明。

第四十六章： 天下有道，却走马以粪；天下无道，戎马生于郊。

帛书甲本： 天下有□□走马以粪；天下无道，戎马生于郊。

帛书乙本： □□□道，却走马以粪；无道，戎马生于郊。

第五十章： 出生入死。生之徒十有三，死之徒十有三。人之生动之死地，亦十有三。夫何故？以其生生之厚。盖闻善摄生者，陆行不遇兕虎，入军不被甲兵，兕无所投其角，虎无所措其爪，兵无所容其刃。夫何故？以其无死地。

帛书甲本： □生□□□□□有□□徒十有三，而民生生，勤皆之死地之十有三。夫何故也？以亓生生也。盖□□执生者，陵行不□矢虎，入军不被甲兵。矢无所锗亓角，虎无所昔亓蚤，兵无所容□□□何故也？以亓无死地焉。

帛书乙本： □生入死生之□□□□之徒十又三，而民生生，僅皆之死地之十有三，□何故也？以亓生生。蓋闻善执生者，陵行不辟兕虎，入军不被兵革。兕无□□□□□□□□亓蚤，兵无所容□□□何故也？以亓无死地焉。

第五十七章： 以正治国，以奇用兵，以无事取天下。

帛书甲本： 以正之邦，以畸用兵，以无事取天下。

帛书乙本： 以正之国，以畸用兵，以无事取天下。

楚简本： 以正之邦，以奇用兵，以亡事取天下。

---

① 高亨、池曦朝《试谈马王堆汉墓中的帛书〈老子〉》，《文物》1974 年第 11 期。

第五十八章：其政闷闷，其民淳淳；其政察察，其民缺缺。祸兮福之所倚，福兮祸之所伏。孰知其极？其无正？正复为奇，善复为妖，人之迷，其日固久。

帛书甲本：□□□□□□□□□其正察察，其邦夬夬。猷福之所倚，福祸之所伏。□□

帛书乙本：亓正闵闵，亓民屯屯；亓正察察，亓□□□。猷，福之所倚；福，□之所伏。孰知亓极？□无正也？正□□□，善复为□，□之迷也，亓日固久矣。

第六十一章：故大国以下小国，则取小国；小国以下大国，则取大国。故或下以取，或下而取。大国不过欲兼畜人，小国不过欲入事人，夫两者各得其所欲，大者宜为下。

帛书甲本：□□宜为下，大邦□下小□，则取小邦；小邦以下大邦，则取于大邦。故或下以取，或下而取。□大邦者不过欲兼畜人，小邦者不过欲入事人。夫皆得亓欲□□□□为下。

帛书乙本：故大国以下□国，则取小国；小国以下大国，则取于大国。故或下□□□下而取。故大国者不□欲并畜人，小国不□欲入事人。夫□□亓欲，则大者宜为下。

第六十七章：夫慈，以战则胜，以守则固，天将救之，以慈卫之。
帛书甲本：夫兹，□□则胜，以守则固。天将建之，女以兹垣之。
帛书乙本：夫兹，以单则胜，以守则固。天将建之，如以兹垣之。

第六十八章：善为士者不武，善战者不怒，善胜敌者不与……
帛书甲本：善为士者不武，善战者不怒，善胜敌者弗□……
帛书乙本：故善为士者不武，善单者不怒，善胜敌者弗与……

第六十九章：用兵有言，吾不敢为主而为客，不敢进寸而退尺。是谓行无行，攘无臂，扔无敌，执无兵。祸莫大于轻敌，轻敌几丧吾宝。故抗兵相加，哀者胜矣。

帛书甲本：用兵有言曰，吾不敢为主而为客，吾不进寸而芮尺。是胃行无行，襄无臂，执无兵，乃无敌矣。猷莫大于无适，无适斤亡吾葆矣。故称兵相若，则哀者胜矣。

帛书乙本：用兵又言曰，吾不敢为主而为客，不敢进寸而退尺。是胃行无行，攘无臂，执无兵，乃无敌。祸莫大于无敌，无敌近亡吾葆矣。故抗兵相若，则依者胜□。

第七十三章：勇于敢则杀，勇于不敢则活。此两者，或利或害。天之所恶，孰知其故？是以圣人犹难之。天之道，不争而善胜，不言而善应，不召而自来，坦然而善谋。天网恢恢，疏而不失。

帛书甲本：勇于敢者□□□于不敢者则栝□□□□□□□□□□□□□□□□□□□□□□□不言而善应，不召而自来，弹而善谋□□□□□□□

帛书乙本：勇于敢则杀，勇于不敢则栝。□两者，或利或害。天之所亚，孰知亓故？天之道，不单而善胜，不言而善应，弗召而自来，单而善谋。天网恢恢，疏而不失。

第七十六章：故坚强者死之徒，柔弱者生之徒。是以兵强则不胜，木强则兵。强大处下，柔弱处上。

帛书甲本：故曰，坚强者死之徒也，柔弱微细生之徒也。兵强则不胜，木强则恒。强大居下，柔弱微细居上。

帛书乙本：故曰，坚强死之徒也，柔弱生之徒也。□以兵强则不胜，木强则兢。故强大居下，柔弱居上。

第二十六章：重为轻根，静为躁君，是以圣人终日行不离辎重。

帛书甲本：□为垩根，清为趮君，是以君子众日行不离其菑重。

帛书乙本：重为轻根，清为趮君，是以君子冬日行不远亓菑重。

第三十章：以道佐人主者，不以兵强天下，其事好还。师之所处，荆棘生焉。大军之后，必有凶年。善有果而已，不敢以取强。果而勿矜，果而勿伐，果而勿骄，果而不得已，果而勿强。物壮则老，是谓不道，不道早已。

帛书甲本：以道佐人主，不以兵强□天下，□□□□□□所居，楚朸生之。善者果而已矣，毋以取强焉。果而毋骄，果而勿矜，果而□□，果而毋得已居，是胃□而不强。物壮而老，是胃之不道，不道蚤已。

帛书乙本：以道佐人主，不以兵强于天下，亓□□□□□□□□棘生之。善者果而已矣，毋以取强焉。果而毋骄，果而勿矜，果□□伐，果而毋得已居，是胃果而□强。物壮而老，胃之不道，不道蚤已。

楚简本：以道佐人主，不欲以兵强于天下，善者果而已，不以取强。果而弗伐，果而弗骄，果而弗矜，是谓果而不强。亓事好长。

第三十一章：夫佳兵者，不祥之器。物或恶之，故有道者不处。君子居则贵左，用兵则贵右。兵者，不祥之器，非君子之器。不得已而用之，恬淡为上，胜而不美。而美之者，是乐杀人。夫乐杀人者，则不可以得志于天下矣。吉事尚左，凶事尚右。偏将军居左，上将军居右，言以丧礼处之。杀人之众，以哀悲泣之，战胜，以丧礼处之。

帛书甲本：夫兵者，不祥之器□物或恶之，故有欲者弗居。君子居则贵左，用兵则贵右。故兵者，非君子之器也。□□不祥之器也，不得已而用之，铦袭为上，勿美也。若美之，是乐杀人也。夫乐杀人，不可以得志于天下矣。是以吉事上左，丧事上右。是以便将军居左，上将军居右，言以丧礼居之也。杀人众，以悲依立之，战胜，以丧礼处之。

帛书乙本：夫兵者，不祥之器也。物或亚□□□□□□□□子居则贵左，用兵则贵右。故兵者，非君子之器。兵者，不祥□器也，不得已而用之，铦爄为上，勿美也。若美之，是乐杀人也。夫乐杀人，不可以得忘于天下矣。是以吉事□□□□□是以偏将军居左，而上将军居右，言以丧礼居之也。杀□□□□立□□胜，而以丧礼处之。

楚简本：君子居则贵左，用兵则贵右。故兵者，非君子之器，不得已而用之，铦袭为上。弗美也，美之，是乐杀人。夫乐杀人，不可得志于天下。故吉事尚左，丧事尚右；是以偏将军居左，上将军居右。言以丧礼居之也。故杀人众，以哀悲莅之。战胜，以丧礼居之。

第三十六章：将欲歙之，必固张之；将欲弱之，必固强之；将欲废之，必固兴之；将欲夺之，必固与之。是谓微明，柔弱胜刚强。鱼不可脱于渊，国之利器不可以示人。

帛书甲本：将欲拾之，必古张之；将欲弱之，□□强之；将欲去之，必古与之；将欲夺之，必古予之。是胃微明，友弱胜强，鱼不脱于渊，邦之利器不可以视人。

帛书乙本：将欲歙之，必古张之；将欲弱之，必古强之；将欲去之，必古与之；将欲夺之，必古予□。是胃微明，柔弱胜强，鱼不可说于渊，国利器不可以示人。

以上各部分涉及战争观、战略观、战术观、治军论等，仔细对照，它们并没有因为版本的不同而出现重大差异，恰恰相反，无论是文字表达还是内在涵义，都是如此的同一。这充分说明，《老子》作为一部政治哲学巨著，其在探讨以道救世、以道治国时，直接论兵和以哲理喻兵都是确凿无疑的。虽然《老子》并非兵书，但它对一代代兵家的潜移默化、对中国军事文化的巨大影响却是浩瀚至深至远的。

大道泛兮纵古今，

治国用兵询老子；

奇正善谋论高下，

守静从容迎凯旋。

仰望茫茫星空，唯有智慧成为永恒！

要读懂中国，读懂中国的国防与外交，请首先读懂《老子》吧！

参考书目

楼宇烈《老子道德经注校释》（王弼注），中华书局 2008 年版

陈鼓应《老子注译及评介》，中华书局 1996 年版

高亨《老子注译》，清华大学出版社 2010 年版

马王堆汉墓帛书整理小组编《马王堆汉墓帛书——老子》，文物出版社 1976
年版

《马王堆汉墓出土〈老子〉释文》，文物出版社 1976 年版

张俊龙《帛书老子通解》，广陵书社 2013 年版

徐志钧《老子帛书校注》，凤凰出版社 2013 年版

尹振环《帛书老子再疏义》，商务印书馆 2007 年版

尹振环《重识老子与〈老子〉——其人其书其术其演变》，商务印书馆 2008
年版

彭裕商、吴毅强《郭店楚简老子集释》，巴蜀书社 2011 年版

何晓明《兵家韬略》，湖北教育出版社 1996 年版

李零《孙子译注》，中华书局 2007 年版

王学典《六韬·三略》，蓝天出版社 2007 年版

邓泽宗《孙膑兵法注译》，解放军出版社 1986 年版

娄熙元、吴树平《吴子译注》，河北人民出版社 1995 年版

李解民《尉缭子译注》，河北人民出版社 1995 年版

李零《司马法译注》，河北人民出版社 1995 年版

普颖华、郑吟韬《白话诸葛亮兵法》，时事出版社 1997 年版

骈宇骞《唐太宗李卫公问对译注》，河北人民出版社 1992 年版

（明）揭暄《（原注）兵经百篇》，广西民族出版社 1996 年版

张文才《白话百战奇略》（刘基原著），岳麓书社 1995 年版

刘先廷《太白阴经译注》（李筌原著），军事科学出版社 1996 年版

唐汉《长短经》注释（赵蕤原著），三秦出版社 1995 年版

蔡锷辑录、肖玉叶译注《曾胡治兵语录》（黄埔军校版），漓江出版社 2014

年版

李炳彦《三十六计新编》，解放军出版社 1995 年版

金景芳、吕绍纲《周易全解》，吉林大学出版社 1991 年版

邓秉元《周易义疏》，上海古籍出版社 2011 年版

（唐）李鼎祚《周易集解》，中央编译出版社 2011 年版

杨淦植《周易宗义》，北京大学出版社 2010 年版

高锐主编《中国军事史略》，军事科学出版社 1992 年版

张文儒、李葆华《军事辩证法》，北京大学出版社 1986 年版

方克《中国军事辩证法史》（先秦），中华书局 1992 年版

张云勋《中国历代军事哲学概论》，西南交通大学出版社 2012 年版

军事科学院战争理论与战略研究部《中国古代经典战争战例》（三卷），解放军
　　出版社 2012 年版

袁庭栋、刘泽模《中国古代战争》，四川省社会科学院出版社 1988 年版

田旭东《古代兵学文化探论》，中国社会科学出版社 2010 年版

高润洁《中国古代军事谋略文化》，白山出版社 2012 年版

张文儒《中华兵学的魅力》，北京大学出版社 2008 年版

台湾三军大学《中国历代战争史》，中信出版社 2012 年版

〔意〕尼科洛·马基列维利著、袁坚译《兵法》，解放军出版社 2007 年版

〔古罗马〕塞·尤·弗龙蒂努斯著，袁坚译《谋略》，解放军出版社 1991 年版

朱晓鹏《老子哲学研究》，商务印书馆 2009 年版

张松辉《老子研究》，人民出版社 2009 年版

南怀瑾《老子他说》（续集），东方出版社 2010 年版

郑良树《老子新论》，上海古籍出版社 2011 年版

王蒙《老子的帮助》，贵州人民出版社 2013 年版

天谷子《老子道德经经解》，四川大学出版社 1996 年版

徐志钧《老子帛书校注》，凤凰出版社 2013 年版

蒋丽梅《王弼〈老子注〉研究》，中国社会科学出版社 2012 年版

王联斌《中华武德发展史略》，军事科学出版社 2011 年版

解文超《先秦兵书研究》，上海古籍出版社 2007 年版

刘国祥《中国古代战略家及其著作解读》，巴蜀书社 2009 年版

黄朴民《先秦两汉兵学文化研究》，中国人民大学出版社 2010 年版

张芳《当代中国军事外交——历史与现实》，时事出版社 2014 年版

后　记

我对老子和老子文化的喜爱源于读研究生时。还记得恩师李耀仙先生讲授先秦思想史课程，我写了一篇《谈老子眼中的"道"》的学期论文，把老子在不同语境下"道"的内涵分成几个层次进行梳理和探讨，未料得到老师大为夸奖，由此兴致盎然。20世纪90年代，与四川省社会科学院中华道学文化研究中心诸君论道时，逐渐选取了老子与中国军事文化这个课题深研，且于1998年夏天完成了本书的大部分初稿。在那个"七月流火"的季节，当我在成都体育中心现场融入山呼海啸的"人浪"为中国队与伊拉克队足球赛呐喊完后，市场经济强大的气场就此让我顺势而为，同时也想借此历练获得一些更加深入的思考。

2014年9月，作为访问学者，我跨进了北京大学的校门。在此后一年多的时间里，我徜徉于燕园"一塔湖图"的美景与博大。多少个黎明和黄昏，当我漫步未名湖畔的时候，老子、军事、中国的国防与外交思维等概念，不断地萦绕脑际，真有"眼底未名水，胸中黄河月"之感。坐在北大图书馆三楼宽敞而拥挤的阅览大厅里，我翻出十余年前的初稿，竟然读得热血沸腾，于是立马决定必须在访学期间完成这部著述。如今，就要排印了，实在有种畅然释怀之感！虽说电子与互联网＋时代的到来，让传统出版物似乎不再受人青睐，但新媒体并未改变知识本身的价值体系，更何况翰墨书香从来就是装点人生不可或缺之物！

回首茫茫，忽觉潜心学问其实是件极喜感的事。既要精骛八极，心游万仞，亦须严谨求实，探幽索微，方能鉴古察今，纵横天地。学之所得，思之所成，如果于社会有所裨益，则功莫大焉，此也是我孜孜追求之境界！这本《大道兵法——老子与中国军事文化》，从严格意义上讲，属于文化与管理哲学的范畴，相信于治军、治国、治企或者各种领域的管理均有相当价值和启发。衷心感谢北京大学陈少峰教授、华侨大学黄海德教授，他们不吝慧思，拨冗作序，令拙著生辉；感谢四川音乐学院党委书记、院长林戈尔教授，副院长刘立云教授，科研处长雍敦全教授鼎力支持，将本书纳入川音学术专著出版资助序列；感谢四川大学出版社邱小平总编、谢正强编辑等为本书出版问世所做的精心工作。本书最早的初稿为手写稿，我岳母汤声壮女士和周冰琦等几位川音同学帮我誊抄了正稿，后来蒋玉华小姐又花数月时间将其录为电子稿，在此一并感谢他们；还要特别感谢我的大学同窗、我的夫人杨蓉老师数年来在生活与学术方面的巨大付出与支撑。

最近看到微信朋友圈里有篇转自新浪微博@游识猷、科学松鼠会题为《哈佛实验：只要遇到真爱，人生繁盛的几率就会显著提升》的文章，介绍了1938年由哈佛大学卫生系主任阿列·博克（Arlie Bock）教授发起、著名心理学家乔治·瓦利恩特（George Vaillant）教授主持、持续长达76年的著名"格兰特研究"（The Grant Study），268名哈佛人（其中包括约翰·肯尼迪总统）的成功人生经历说明：赢家必须"十项全能"，其中有两条跟收入有关，四条和身心健康有关，四条与亲密关系和社会支持有关。瓦利恩特说，爱、温暖和亲密关系，会直接影响一个人的"应对机制"，而"温暖亲密的关系是美好生活的最重要开场"。对此，我深信不疑！

廖勇传思

2016 年 5 月 1 日

附：诗词七首

妈妈，你在天堂好吗？

今天，
世界被一种浓烈的氛围浸润着，
人们用温馨的话语，
诉说着对母亲赤诚的情怀。

今天，
宇宙被一种伟大的母爱驱使着，
人们用肺腑的真言，
表达着对妈妈无尽的挚爱！

我为所有祝福母亲的朋友点赞，
而我，
却只能在沉睡的心底，
默默打捞着那并不遥远的记忆！

老家那株已长得枝繁叶茂的黄桷树，
妈妈说，
那是她和爸爸爱情的见证，
也是我降临世间的同年老庚。

还有那棵虬枝盘曲如钢拱的核桃树，
妈妈说，
春天里很多精灵瞬间就会把它打扮得曼妙，

绿树浓荫里又悄悄酝酿着秋天的丰饶！

童年的小河湾啊，
盛夏炎炎时总是回荡着兄弟们嬉水的欢笑，
妈妈的黄荆条①下，
曾有过多少殷殷的警告。

走向学堂的路上，
穿着妈妈熬夜纳好的新布鞋，
小伙伴们，
总是投来称慕的惊叫！

启蒙的教室里，
当老师的妈妈教会了我，
用勤奋和智慧，
砌就通往成功的锦绣大道！

青春远征的途中，
妈妈的叮咛，
汇成家书的芳香和电话的絮叨，
抚慰我疲惫的身心再扬帆奔跑！

妈妈，亲爱的妈妈，
当我蟾宫折桂还未来得及报答时，
你却驾鹤西行，
拈花含笑隐身去了新的维度。

那里可曾有尘世的风华？
那里可曾有人间的冷暖？
那里能否通行时光隧道？
那里能否微信互联我们再相会？

---

① 黄荆条，从前四川地区家长教育孩童时吓唬用的小树枝条。

妈妈，亲爱的妈妈，
你的血液，
在我生命中涌动；
你的慈爱，
在我生命中光华；
你的教诲，
在我生命中永恒！

我知道，
茫茫太空中，
你依然如儿时注视着我！

我知道，
浩浩寰宇里，
我终会再扑进你的怀抱！

妈妈，
在这独特的母亲节，
我要对你说，
祝你在天堂快乐！

——2015年母亲节于北大燕园

走过东门①

一条路，
纵贯南北，
中关村是它的坐标。

一道门，
连通东西，

---

① 东门，位于中关村北大街的北京大学东门，是师生进入校园的主要通道之一。

博雅塔是它的原点！

这条路，
喧嚣宁静，
那是世界前行的脚步！

这道门，
幽深高阔，
那是学子远航的锚渡！

初秋的季节，
背着行囊，
趟过这条落英缤纷的路，
跨进这道玉阶殿堂的门，
满眼是朝圣的饥渴！

冬雪飘零的时候，
寒风嘶叫，
冰封的未名湖静若处子，
图书馆灯火阑珊，
暖意浸润着那霜冻的门和路！

春回燕南，
海棠依旧，
攀缘的爬山虎悄悄吐出了新绿，
康博斯飘香的豆奶啊，
齿舌生津日渐迷蒙归乡的路！

盛夏的丰姿，
在荷叶翩翩中起舞，
喧闹枝头的花喜鹊做了最好的伴奏，
悠扬的钟声响起，
教学楼师生潮涌！

走过东门，
在北京湛蓝的天空下，
点亮生命新的精彩！

走过东门，
在一塔湖图的版式里，
续写人生新的丰华！

走过东门，
看过、读过、笑过、沉思过，
串串脚印烙向远方……

——2015 年 6 月 26 日于北大燕园

水调歌头·中秋问月

一轮明月，万般思绪，
问李白床前，东坡案头，九龄海上，
这穿越千年的清辉，无言处，
照了多少过客？
又勾起几番心韵？

松间嬉戏，柳梢私约，
玉兔还追金乌跃；
举望柔情，把酒甚亲，
天涯共此念欢悦！
近水楼台，暗香浮动，丹桂随风，
婵娟不醉笙箫夜！

——2015 年 9 月 27 日于成都川音

风景驿站

脚踏飞轮世间晃，步履轻盈红尘欢；
驿亭驻望琴音绕，风景无边闲逸漫。
还闻牧童书声琅，笑走天涯儒为妆；
鼓声又起荡豪情，大道无为自芳香。

——2015 年 12 月 4 日（农历十月二十三）于成都川音

天府之四·春天里

春天里，
羞涩的红云还在沉醉，
撩人的春风却已直白。
心扉，萌动了梦境，
揉碎微漾的涟漪，
迷蒙爱的边际！

春天里，
吐绿的新芽还在叠翠，
争艳的花儿却已告退。
方寸，纵横着天地，
弹拨轻摇的江水，
弥漫潮的情意！

春天里，
欢唱的鸟儿还在喳叽，
性急的青果却已枝立。
风月，激荡了柔情，
点燃喷发的熔焰，
灼耀生的绚丽！

春天里，

温润的夜雨还在淅沥，
缀露的青藤却已满壁。
韶华，历练了风韵，
沐浴醍醐的圣泉，
消融年的痕迹！

——2016 年 4 月 17 日于成都川音

未名湖畔·之一

燕南喜鹊闹枝头，长空蓝云舒广袖；
中关俊杰攀高处，竹林料峭虚若谷。
未名湖上冰封景，溜姿翩翩入画图；
踏浪人生悠扬曲，新歌沁脾盈如阜。
蜀都京城大道行，浅酌低吟盘马步；
海韵龙腾啸声起，酣然矫健应坦途。
欣闻寰宇中国梦，闲看江湖竞飞渡；
穿越千年醉红尘，八段锦里笑春风。

——2014 年 12 月 14 日（农历十月二十三）于北大燕园

未名湖畔·之五

落花残红化春泥，嫩柳垂枝生万机；
鸭嬉清波水涟漪，鹊闹树梢天迷离。
暖风撩人心飞絮，冷雨润物问情深；
才堪冬宁夏又促，几许光景借游闲？
寻寻觅觅回眸处，粉妆疏影顾流连；
微群生辉漫彩信，最看香艳是何人？

——2015 年 3 月 31 日于北大图书馆二楼北厅